Gilbert Brands

Parallele Programmierung

Dr. Gilbert Brands

26736 Krummhörn

Email: gilbert@gilbertbrands.de

ISBN-13: 978-1505819984

Published on CreateSpace

CreateSpace is a DBA of On-Demand Publishing LLC, part of the Amazon group of companies

Auf den Internetseiten des Verfassers (http://www.gilbertbrands.de) finden Sie Beispielprogramme sowie ein Forum für Fragen und Diskussionen

Inhaltsverzeichnis

1 Grundüberlegungen

1.1 Anforderungen

Heutige Mobiltelefone weisen nicht selten mehr Rechenpower auf als Großrechner früherer Jahre. Aber da die Technik uns bekanntlich bei der Lösung von Problemen hilft, die wir ohne sie gar nicht hätten, sind die Anforderungen der Kunden an die Maschinen noch stärker gestiegen als deren Leistungsfähigkeit. Die Aufgaben werden immer komplizierter und umfangreicher, und die Kunden möchten oder können auf das Ergebnis nur eine bestimmte Zeit warten. Die Informatiker drücken dies in zwei „Gesetzen" aus. Das erste ist das Mooresche Gesetz:

- Die Leistungsfähigkeit der Hardware verdoppelt sich seit mehr als Jahrzehnten alle zwei Jahre gemäß dem Mooreschen Gesetz, steigt also exponentiell an. Der Begriff „Leistungsfähigkeit" umfasst hierbei sowohl den Umfang der nutzbaren Ressourcen (Speicher) als auch die Geschwindigkeit, mit der Aufgaben abgearbeitet werden.

Man muss sich daher Gedanken machen, wie man die Prozesse durch geschickte Hard- und Softwarekonstruktion so weit beschleunigen kann, dass sie den Anforderungen der Kunden noch halbwegs hinterher hinken können. Dabei ist die Hardware inzwischen bereits an einem Punkt angekommen, an dem man (derzeit) die Geschwindigkeit der einzelnen Komponenten nur noch mäßig steigern kann und das Wachstum durch eine Vergrößerung der Komponentenanzahl umsetzt.[1] Deshalb werden Rechner heute mit zunehmend größeren Anzahlen von intelligenten Einzelsystemen ausgestattet, die durch Arbeitsverteilung einen größeren Gesamtdurchsatz erlauben.

---

1 Im Hardwarebereich sind allerdings optische Komponenten, die eine mehrfach höhere Geschwindigkeit als die elektrischen Komponenten erreichen können, bislang nur im Busbereich realisiert. Eine Ablösung der elektrischen durch optische Komponenten würde die Geschwindigkeit der Einzelkomponenten wieder auf die Wachstumsspur setzen.

- Laut dem Wirthschen Gesetz kann sie allerdings steigen, so schnell sie will, die Anforderungen der Nutzer (zu denen auch die Programmierer zu zählen sind) steigen trotz allem noch schneller. Dies betrifft in Summe den Ressourcenverbrauch der Software, die Menge an umzusetzenden Daten, die Komplexität der Algorithmen und die Zeitvorstellungen der Nutzer.

Rechnerboards werden heute nicht mehr mit einer Recheneinheit (CPU) ausgestattet, sondern mit mehreren. Solche Multi-CPU-Mainboards führen ohne eine dazu passende Software jedoch nicht zu einer schnelleren Ausführung einer Anwendung. Ein normales seriell arbeitendes Programm ist auf einem Multi-CPU-Mainboard nicht schneller als auf einem Mainboard mit nur einer CPU, die es exklusiv nutzen kann. Es lassen sich lediglich mehrere solche Programme in einer Zeiteinheit abwickeln.

Auch die Eigenintelligenz insbesondere der Grafikkarten kann man sich zu Nutze machen. Diese besitzen eigene Recheneinheiten (GPU), allerdings mit anderen Eigenschaften als die CPU, und machen den Computer zu einem heterogenen Hardwaresystem. GPUs können nicht alleine operieren, sondern bedürfen der Steuerung durch die CPU. Es sind spezielle Programmierschritte notwendig, wenn man sie zur Beschleunigung einsetzen will. In den meisten Fällen werden sie lediglich für die Bedienung der Grafikeinheit eingesetzt.

Da die Geschwindigkeit der einzelnen CPU-Komponente kaum noch zunimmt, tritt dann ein Problem auf, wenn der Nutzer nicht am Gesamtdurchsatz interessiert ist, sondern für die Ausführungszeit einer Anwendung eine Obergrenze fordert. Im Extremfall gilt für so genannte Echtzeitsysteme sogar die Forderung

$$T_{Anwendung} + max(T_{System}) \leq T_{Garantie}$$

d.h. nicht nur die Anwendung muss ihre Arbeit innerhalb einer bestimmten Zeit erledigt haben, sondern auch das darunter liegende Betriebssystem darf durch seinen Ressourcenverbrauch nicht zu einer Überschreitung der Vorgaben führen.

Echtzeitprobleme stellen jedoch einen Grenzfall dar und treten insbesondere bei schnellen Steuerungsvorgängen oder multimedialen Anwen-

dungen auf. Wir werden in unseren Untersuchungen von der abge-
schwächten Forderung

$$T_{Anwendung} + T_{System} \approx T_{Kundenvorgabe}$$

ausgehen. T_{System} ist dabei der mittlere Zeitbedarf des Systems, wobei
kleine Abweichungen nach oben, die durch sporadische Sondertätigkei-
ten auftreten, nicht interessieren. In der Regel wird der Anteil des Systems in unseren Anwendungsfällen ohnehin klein bleiben; ganz vernachlässigen wollen wir ihn aber nicht, da Softwaremaßnahmen, die die zur
Verfügung stehende Hardware für eine Aufgabe erschließen, auch durch
einen höheren Verwaltungsaufwand im System erkauft werden müssen.

Um die Kundenanforderungen zu erfüllen kann man sukzessiv mehrere
Wege beschreiten, die erst zum Schluss in eine Parallelisierung münden:

> ➤ Man kann zunächst versuchen, die Algorithmen zu optimieren.
> Hier stehen mehrere Möglichkeiten zur Verfügung:
>
> > ✗ Ist der verwendete Algorithmus unter den gegebenen Be-
> > dingungen der geeignete?
> >
> > *Beispiel: der Bubblesort-Algorithmus zur Sortierung eines
> > ungeordneten Feldes ist mit einem Zeitaufwand proportio-
> > nal $O(n^2)$ ungünstiger als der Quicksort mit eine Auf-
> > wand von $O(n*\log(n))$. Bei einer Nachsortierung eines
> > bereits weitgehend sortierten Feldes ist der Bubblesort mit
> > $O(n)$ jedoch vorzuziehen.*
> >
> > *In sortierten Feldern kann man mit einem Aufwand von
> > $O(\log(n))$ nach Elementen suchen. Ein Einfügen in ein
> > Feld erfordert einen Aufwand von $O(n*\log(n))$, erlaubt
> > aber auch indizierte Zugriffe. Kann man auf indizierte Zu-
> > griffe verzichten, lässt sich mit binären Bäumen auch ein
> > Aufwand von $O(\log(n))$ für ein Einfügen erreichen. Was
> > passt am Besten zur Aufgabe?*
> >
> > ✗ Kann der implementierte Code verbessert werden?
> >
> > *Beispiel: codeoptimierte Algorithmen haben oft nicht mehr
> > viel mit der formalen Umsetzung der Mathematik in ein
> > Programm zu tun. Als Beispiel kann man sich über das In-
> > ternet die Codes der Hashalgorithmen der neuesten Gene-*

ration verschaffen, die beim NIST-Wettbewerb eingereicht wurden. Es fällt oft schwer, die Referenzimplementation, die meist 1:1 der Theorie entspricht, noch in einer für eine bestimmte Hardwarearchitektur optimierten Implementation wieder zu finden.[2]

✗ Kann der Algorithmus vereinfacht werden?

Beispiel: ist bei einer Berechnung abzusehen, dass bestimmte Komponenten – auch wenn es sich um sehr viele handelt – nur einen Anteil $< 10^{-5}$ auf das Ergebnis haben, kann man unter Umständen auf ihre Berücksichtigung verzichten.

➤ Die nächste Stellschraube ist die verwendete Hardware:

✗ Ist schnellere Hardware verfügbar?

Ein Wechsel der Hardware erfordert meist auch eine Neuübersetzung der Software, wobei die Hardwareeigenschaften automatisch berücksichtigt werden. Das kann zu Gewinnen führen ohne dass der Anwendungsprogrammierer selbst aktiv werden muss.

✗ Ist ein Rückgriff auf spezielle Hardware möglich?

Beispiel: im Bereich der Echtzeitanwendungen findet man häufig spezielle Hardwarelösungen wie DSP-Prozessoren im Multimediabereich oder Grafikprozessoren im Bereich der Computerspiele. Die Hardware ist hier für einen speziellen Zweck entworfen und für andere Aufgaben nur bedingt geeignet. Solche Lösungen sind aber nur mit einem entsprechenden Markt dahinter interessant.

✗ Kann man mehr Hardware einsetzen? Diese Strategie lässt sich in der Regel nur im Zusammenhang mit der folgenden Frage beantworten:

---

2 Das Stichwort lautet hier auch „Hardware-Architektur". Für spezielle zeitkritische, vom Umfang begrenzte Aufgaben werden häufig spezialisierte Hardwarekomponenten eingesetzt, die einer speziellen Programmierung bedürfen, um sie vollständig ausnutzen zu können.

➤ Lässt sich die Aufgabe in Teilaufgaben zerlegen, die weitgehend unabhängig voneinander erledigt werden können? Die notwendigen Hardwareressourcen vorausgesetzt können die Teilaufgaben gleichzeitig parallel und damit die Gesamtaufgabe insgesamt schneller gelöst werden. Und damit sind wir beim Thema!

Gelangt man schließlich in den Bereich der Parallelisierung durch Zerlegung in Teilaufgaben, tut sich wieder ein neuer Fragenkatalog auf:

- Welche Teilaufgaben lassen sich abspalten?

- Lassen sich nicht zerlegbare Algorithmen so umformulieren, dass eine Zerlegung möglich ist?

- Wie groß ist der Anteil der Zerlegungen am Gesamtaufwand?

- Welche Zeiteinsparung für die Erledigung der Gesamtaufgabe ist erreichbar?

- Ist der Nutzer bereit, den Preis für die Maßnahmen zu zahlen?

In dieser Reihenfolge werden wir uns mit abnehmender Intensität (Preise sollen uns hier nicht interessieren) den Themen widmen.

1.2   *Spielarten der Parallelisierung*

Wer zu diesem Buch gegriffen hat, wird sich auch bereits mit Programmierung beschäftigt haben und die eine oder andere Programmiersprache kennen. Am weitesten verbreitet ist derzeit vermutlich Java, gefolgt von C/C++ (Skriptsprachen wie Python, PHP und andere lassen wir einmal außen vor), und zumindest gehört haben wird der eine oder andere vielleicht von Lisp oder Prolog, die auf einem völlig anderen Programmierverständnis basieren, oder dem den beiden ersten Sprachen wieder näheren Oldtimer FORTRAN.[3] Was sofort bei einem kurzen Nachdenken über die Sprachen auffällt: es gibt keinerlei Sprachkonstrukte für eine Parallelisierung! Der gesamte Code, sei es nun prozedural oder objektorientiert, beschreibt einen rein seriellen Ablauf. Die

---

3   Alt, aber nicht tot! Im Bereich der Parallelisierung spielt FORTRAN nach wie vor eine sehr große Rolle, obwohl die Sprache in der Lehre kaum noch vertreten ist.

Kapselung von Code, Daten und Schnittstellen in Objekten ist zwar ein Schritt in Richtung einer die Welt in parallele Streifen zerlegende Denkweise, beinhaltet aber keine parallele Ausführung dieser Streifen. Wie haben wir uns Parallelisierung dann vorzustellen ? Man kommt bei einigem Nachdenken auf mehrere Möglichkeiten:

a) Eine größere Aufgabe wird in kleinere (nicht notwendig) gleichartige Teile zerlegt, die nichts anderes sind als eine kleinere Version der Gesamtaufgabe und von mehreren Prozessen gleichzeitig erledigt werden, vergleichsweise etwa dem Ausheben einer großen Grube durch mehrere Bagger gleichzeitig.

b) Die Aufgabe wird in (nicht notwendig) verschiedene hintereinander auszuführende Stücke zerlegt. Von jedem Bearbeiter wird ein Stück ausgeführt und das Ergebnis an den nächsten Bearbeiter weitergereicht. Der frei werdende Bearbeiter kann bereits eine weitere Aufgabe beginnen.

Es entsteht so eine Bearbeitungspipeline ähnlich der Fließbandherstellung eines Gerätes. Das ist zunächst noch keine Parallelisierung, wird es aber, wenn die gleiche Aufgabe sehr oft wiederholt wird. Die „Fertigungszeit" eines Stückes wird zwar nicht kürzer, da aber schon weitere in der Pipeline sind, steigt der Ausstoß entsprechend an.

c) Die Aufgabe wird wiederum in hintereinander liegende Teilaufgaben zerlegt, nun aber solche, für die spezielle Hardware zur Verfügung steht. Das ist formal ebenfalls keine Parallelisierung, allerdings ist spezialisierte Hardware oft massiv parallel organisiert, was vom Anwendungsprogrammierer berücksichtigt werden muss.

Alle Möglichkeiten basieren darauf, die aufgeteilte Aufgabe auf verschiedenen Hardwareeinheiten gleichzeitig zu bearbeiten. Mit „Hardwareeinheiten" sind hier vorzugsweise die CPUs gemeint, und jede muss auf die Daten zugreifen können, um ihre Aufgabe zu erledigen. Beim Datenzugriff sind wiederum verschiedene Arbeitsmodi denkbar:

1. Jede CPU ist autark, d.h. sie hat einen eigenen Programmcode (der nicht notwendigerweise von dem der anderen CPUs ver-

schieden sein muss) und einen eigenen Speicherbereich für ihre Daten (*Distributed Memory Application*).

Bei ihrer Arbeit wird sie von den anderen laufenden Programmen = Prozessen daher nicht gestört. Der Anwendungsprogrammierer muss allerdings dafür sorgen, dass die Arbeit der CPUs an bestimmten Punkten synchronisiert wird.

Diese Arbeitsweise ist in **MPI** (= Message Passing Interface) realisiert (Kapitel 6 ab Seite 99).

2. Alle CPUs teilen sich den Programmcode und den Speicherbereich (*Shared Memory Application*). Sie besitzen lediglich eigene Arbeitsstacks. Die parallel arbeitenden Programmteile sind in so genannten Threads organisiert.

   Eine Verteilung der Daten ist nicht notwendig und die Synchronisation ist einfacher, im Gegenzug muss man aber darauf achten, dass ein Thread nicht die Arbeit des anderen durch Überschreiben von Daten sabotiert (Race Condition).

   Diese Arbeitsweise wird im Kapitel 7 über **Threads** ab Seite 180 diskutiert.

Sind die parallelisierbaren Stücke granular, umfassen also jeweils nur wenige Programmzeilen, kommt man mit der Programmierung nach dem Distributed Memory Model oft nicht weiter, weil der Kommunikationsanteil jeglichen theoretischen Vorteil auffrisst. Auch normale Programmierung nach dem Shared Memory Model wird schnell zu aufwändig, um noch gut handhabbaren Code zu ergeben. Außerdem ist es in beiden Modellen nicht möglich, spezielle Hardwareeigenschaften zu aktivieren, da diese aus der Hochsprache gar nicht angesprochen werden können. Das ist nicht ehrenrührig, denn von der Hochsprache kommt man nicht fort, wenn man den Überblick über große Projekte behalten will, und zum Glück ist die Zahl der Fälle recht überschaubar.

Man führt für diese Fälle Erweiterungen der Hochsprache ein, die dem Compiler an den entsprechenden Stellen mitteilen, welche Hardwareeigenschaften er bei der Übersetzung und Optimierung nutzen darf. Wiederum stoßen wir auf zwei Funktionalitäten:

3. Die Aufgabe wird an vielen Stellen in kleine Threads zerlegt, allerdings vollautomatisch vom Compiler, der auch weitere sonst unsichtbare Hardwareeigenschaften zusätzlich aktiviert. Dies Arbeitsweise wird in **OpenMP** ausgeführt und in Kapitel 8 ab Seite 215 vorgestellt.

4. Die Parallelisierung erfolgt mit Hilfe spezieller zur Verfügung stehender Hardwareeinheiten, beispielsweise den Prozessoren auf Grafikkarten (GPU). Was diese zu tun haben, wird ebenfalls in speziellen Compileranweisungen in der Hochsprache hinterlegt.[4] Während die vorhergehenden Modi in homogenen Umgebungen ausgeführt werden, befindet man sich nun in inhomogenen Umgebungen. Eine kleine Übersicht ist in Kapitel 9 über **OpenCL** ab Seite 245.

1.3 *Thematisches und Übungsanteile*

Der Titel des Buches enthält explizit den Begriff „Programmierung", und auf ihn werden wir uns auch weitgehend konzentrieren. Gerade bei der Programmierung paralleler Anwendungen ist allerdings eine Kenntnis der grundlegenden Hardwareeigenschaften notwendig. Programmierung ist an sich schon ein kostspieliges Unterfangen, und Einsatz und Betrieb großer Rechner mit n Rechnereinheiten kosten ebenfalls deutlich mehr als der Einzelpreis eines Arbeitsplatzrechners multipliziert mit n . Die Peinlichkeit, nach vielen Versuchen eine parallele Lösung zu liefern, die 3% schneller ist als die serielle, aber 300% mehr kostet, kann man sich nur ersparen, wenn die Software gut mit der Hardware kooperiert. Außerdem sollte man die erwartbaren Gewinne bei einer Parallelisierung bereits vorab berechnen können. Das Buch wird daher um einen entsprechenden Anteil an Theorie nicht herum kommen zu können. Allerdings werden wir den Ball bei einigen Themen flach halten:

---

4 Das erfolgt zwar auch in C-ähnlicher Syntax, allerdings können GPUs mit der seriellen Welt von C überhaupt nichts anfangen, weil sie völlig anders funktionieren. Dazu später mehr.

✗ Die Rechnerhardware werden wir in den wesentlichen Grundzügen beschreiben. Wer an mehr Details interessiert ist, muss zu speziellen Büchern über *Rechnerarchitektur* greifen.

✗ Das gleiche gilt für die *Verbindungsnetzwerke* zwischen den Einheiten eines Rechnerverbundes.

✗ Auch nur kurz gestreift, wenn auch mit einem gewissen Übungsanteil versehen sind *Betriebssysteme* und *Virtualisierungssysteme*.

✗ Parallele Programmierung betrifft in der Regel mathematische Probleme, weshalb Grundkenntnisse der *linearen Algebra* und *Analysis* erforderlich sind und ggf. wiederholt werden sollten.

Es kann nicht schaden, flankierend zu der Arbeit mit diesem Buch Lehrbücher mit in dieser Liste kursiv gestellten Titeln griffbereit zu haben. Was die Programmierung angeht: eine Übung nützt oft mehr als hundert Seiten Theorie, und entsprechend sollte der Leser die hier diskutierten Maßnahmen auch durch eigene Übungen selbst ausprobieren, so weit das in beschränktem Rahmen möglich ist. Deshalb werden Sie im Buch immer wieder Übungsaufgaben finden, die Sie bearbeiten sollen, bevor oder während Sie weiter lesen. Mit gegebener Zielsetzung und gegebenenfalls zusätzlichen Hinweisen sollen Sie für die Aufgaben anhand der zuvor diskutierten Theorie eine Lösung entwickeln können – normale Programmierarbeit eben. Ich setze allerdings fortgeschrittene Programmierkenntnisse voraus. Sollten weitere Hilfen notwendig sein, die über das hier dargestellte hinaus gehen, können sie diese in der Regel problemlos im Internet finden.

Die praktischen Übungen beschränken sich weitgehend auf die Programmierung; vermutlich ist es nicht allen Lesern möglich, über ihren eigenen PC oder ihr Notebook hinaus auch Parallelrechnerhardware in Form diverser Schaltschränke in Anspruch zu nehmen.[5] Das stellt jedoch kein Problem dar, denn unter den gängigen Betriebssystemen (Linux, Windows, MacOS) stehen sämtliche notwendigen Werkzeuge und Bi-

---

5 In einem Kurs über Parallelrechnen an einer Hochschule hat man so etwas natürlich – manchmal, und dann auch meist nur für die Dauer des Kurses. Wenn man das Thema mit Gleichgesinnten angeht, kann alternativ für bestimmte Versuche auch mehrere Rechner über ein LAN koppeln.

bliotheken zur Verfügung und alle Übungen lassen sich auf einer Maschine durchführen, d.h. Sie können sich alles im Selbststudium aneignen.

Für die Praxis setze ich voraus, dass Sie mit Softwareprojekten umzugehen wissen und in der Regel mit einer IDE arbeiten. Verwenden Sie möglichst das für Ihr OS konzipierte Entwicklungssystem und vermeiden Sie, wo weit möglich, die Nutzung von virtuellen Maschinen. Viele Anwendungen nutzen intern Parallelisierung, so dass die Bibliotheken in der Regel vorhanden und die Compilerumgebungen auch darauf eingerichtet sind, parallele Anwendungen zu entwickeln. Notwendige Einstellungen sind auf den Hilfeseiten zu Ihrer IDE beschrieben; ich werde mich hier auf rudimentäre Hinweise zur Arbeit unter Linux beschränken, die Sie dann selbst auf Windows oder MacOS anpassen können.

Natürlich beschränkt sich die Praxis in diesem Fall auf die Simulation einer parallelen Maschine, d.h.

> die bearbeiteten Aufgaben bleiben vom Umfang her klein und dienen der Erläuterung der Prinzipien und dem Üben mit den Parallelisierungsmethoden.[6] Einen praktische Nutzbarkeit in der realen Welt dürfen Sie nur sehr eingeschränkt erwarten.

> Effizienz- und Einsparpotentiale eines Realsystems können nur abgeschätzt werden, d.h. Sie müssen darauf bauen, dass Sie im Ernstfall den richtigen Weg eingeschlagen haben.

Gewisse Zugeständnisse gibt es natürlich bei der Aufgaben. Parallelisierung lohnt sich nur, wenn auf Aufgaben in einem angemessenen Umfang anfallen. Neben wenigen Algorithmen der Informatik haben wir es dabei in der Regel mit mathematischen Problemen zu tun, was erfahrungsgemäß für einige Leser bereits eine Hürde darstellen dürfte. Bei Implementationen versucht der numerische Mathematiker naturgemäß zunächst, die Theorie für den Rechenvorgang möglichst effektiv aufzuarbeiten, was zur Folge hat, dass aus gut verständlichen allgemeinen Algorithmen eine Reihe von problemspezifischen Spezialisierungen entstehen, zu deren

---

6   Das geht leider kaum anders, da Aufgaben, die in der Praxis eine Parallelisierung erfordern, nicht selten so komplex sind, dass die Beschreibung der Theorie dazu schon ein eigenes Buch erfordert.

Verständnis in der Regel mehr Arbeit eingesetzt werden muss als für das Verständnis des allgemeinen Algorithmus.

Wir werden hier aus diesem Grund Aufgaben auf der Basis der allgemeinen einfachen Algorithmen formulieren. Für Übungszwecke ist das ausreichend, denn wir wollen ja kein Mathematikstudium betreiben, sondern lernen, Rechnersysteme effektiv zu nutzen. Behalten Sie die Vereinfachung aber bitte im Hinterkopf: sollten Sie in Ihrer beruflichen Laufbahn auf Aufgaben der hier gestellten Art stoßen, greifen Sie bitte zunächst zu einem Lehrbuch der Numerik und informieren sich über den Stand der Technik. Forsch aus diesem Buch übernommene und implementierte Algorithmen könnten Ihnen sonst merkwürdige Blicke Ihres Chefs einbringen und karriereknickend wirken.

Insgesamt sollten Sie nach Lektüre und Übungen trotzdem fit genug sein, um auch in der realen Wirtschaft an Projekten dieser Art erfolgreich mit zu arbeiten.

2   Zeitgewinn und Effizienz

Die Erstellung von Anwendungsprogrammen ist eine zeitraubende und kostspielige Angelegenheit. Für die nachfolgenden Stationen – parallele Programme – gilt dies noch verstärkt. Insbesondere der Kostenfaktor spielt nicht nur bei der Programmentwicklung eine Rolle, sondern auch für den Betrieb. Grund genug, sich vor Aufnahme der Entwicklung einer parallelen Anwendung Gedanken darüber zu machen, welcher Zeitgewinn zu erwarten ist. Solche Gedanken beruhen einerseits auf theoretischen Überlegungen, andererseits auf praktischen Messungen. Die Grundlagen betrachten wir hier.

Aber auch hier wieder Achtung! In manchen Büchern und Vorlesungen zu dem Thema Parallelisierung nimmt die folgende Theorie mehr Raum ein als in diesem Buch. Die Überlegungen müssen zwar bei der Projektierung angestellt werden, sind in der Regel aber zu stark vereinfachend. Die Praxis weicht nicht selten deutlich von der Theorie ab – leider meist zum Schlechten. Wir gehen am Ende des Kapitels ausführlicher darauf ein.

2.1   Messbares

Lässt sich eine Aufgabe auf n Maschinen verteilen, so ist die theoretisch beste erreichbare Zeit durch

$$T_p \approx T_s / n$$

gegeben, wobei T_p die im Parallelbetrieb benötigte Zeit zur Lösung der Aufgabe, T_s die von einen einzelnen, alles alleine berechnenden Programm ist. Die Gesamtrechenzeit ist natürlich die gleiche, und der Gewinn ist durch den Einsatz mehrerer Maschinen realisiert. Dieses theoretisch beste Ergebnis ist in der Praxis (natürlich) nicht erreichbar.

Ein realeres Bild erhalten wir, wenn wir davon ausgehen, dass die Aufgabe nicht vollständig in parallelisierbare Teile zerfällt, sondern alternierend in parallel durchführbare und nur seriell durchführbare

$$T_s = \left(\sum_{i=0}^{k/2-1} T^s_{s,2*i+1} + T^p_{s,2*i+2} \right) + T^s_{s,k}$$

Im parallelen Bild wird daraus

$$T_p = \left(\sum_{i=0}^{k/2-1} T^s_{p,2*i+1} + \left(T^p_{p,2*i+2} + T_{comm,2*i+2} \right) \right) + T^s_{p,k}$$

wobei im ersten Ansatz

$$T^s_{p,2*i+1} = T^s_{s,2*i+1}$$
$$T^p_{p,2*i} = T^p_{s,2*i}/n$$

gesetzt werden kann, wenn n die Anzahl der parallelen Einheiten bezeichnet. In der Berechnung der Gesamtzeit der Parallelanwendung haben wir auch berücksichtigt, dass auch Kommunikationsaufwand zwischen den Einheiten zu treiben ist, um die parallel berechneten Ergebnisse wieder zusammen zu führen. In der Regel sind zwei Kommunikationsvorgänge notwendig:

- zu Beginn einer parallelen Programmsequenz werden die Startdaten an die einzelnen Recheneinheiten übertragen,

- das ermittelte Ergebnis wird an eine zentrale Instanz oder bei Fortsetzung der Arbeit an alle Parallelprozesse zurück übertragen.

Beide Vorgänge sind hier in einem Zeitterm zusammen gefasst.

Für einige Probleme ist dieses Bild jedoch zu einfach. Wird die Aufgabe komplexer, so erledigen nicht notwendigerweise alle parallel arbeitenden Maschinen die gleiche Aufgabe und besitzen folglich unterschiedliche Laufzeiten. Für die Gesamtlaufzeit ist jeweils die maximale Laufzeit einer parallelen Einheit maßgeblich

$$T_p = \sum_{i=0}^{k/2} T^s_{p,2*i} + \max_{1 \le m \le n} \left(T^p_{p,m,2*i+2} + T_{comm,m,2*i+2} \right) + T^s_{p,k}$$

Die Parallelisierungsaufgabe ist natürlich um so schlechter gelöst, je mehr die Ausführungszeiten der Parallelstränge voneinander abweichen. Bei solchen asymmetrischen Zerlegungen sind folgende Zusatzanalysen notwendig:

➢ Hängt der Aufwand im zeitbestimmenden Teil von der Anzahl der Prozesse ab ? Vielfach ist das nicht oder nur sehr eingeschränkt so, d.h. die Gesamtanzahl der parallelen Prozesse ist so zu beschränken, dass der Prozess gerade der zeitbestimmende wird.

➢ Kann der zeitbestimmende Prozess seinerseits in parallele Untereinheiten zerlegt werden ? Falls das so ist, können nun alle Überlegungen für den Teilprozess wiederholt und anschließend die optimale Anzahl der Gesamtprozesse im Hauptzweig berechnet werden.

In vielen Algorithmen ist es auch nicht möglich, den einfachen Zusammenhang zwischen den Teilen des seriellen und des parallelen Programms beizubehalten, sondern es muss ein zusätzlicher Aufwand einkalkuliert werden, der durch Verwaltungsvorgänge oder Anpassung des Algorithmus verursacht wird:

$$T^s_{p,2*i+1} = T_{s,2*i+1} + \Delta_{s,2i+1}$$
$$T^p_{p,2*i} = T_{s,2*i}/n + \Delta_{s,2*i}$$

Soweit es den Algorithmus betrifft, lässt sich die Änderung Laufzeitordnung aufgrund der Anpassungen meist gut berechnen. Die Details sind allerdings meist schwieriger abschätzbar. Will man nun durchrechnen, was durch eine Parallelisierung im Vergleich zum seriellen Programm erreichbar ist und was der Aufwand letztendlich kostet, muss man aber die einzelnen Zeiten kennen.

In der Praxis wird man häufig so vorgehen, dass der Zeitverbrauch kleinerer Testimplementierungen mit begrenzten Datenmengen gemessen und daraus auf das Gesamtprojekt extrapoliert wird. Misst man beispielsweise die Zeiten für die Verarbeitung von 1.000, 10.000 und 50.000 Datensätzen, kann man auch auf den Zeitbedarf bei 100.000.000 Datensätzen zuverlässig extrapolieren, und vergleicht man einen rein seriell konstruierten Programmteil mit einem für die Parallelisierung erweiterten, kennt man auch den zusätzlichen Zeitbedarf. Der Kommunikationsaufwand hängt in der Regel von der Datenmenge und der Anzahl der beteiligten parallelen Einheiten und nicht vom Problem selbst ab und lässt sich daher oft ohne Messung recht zuverlässig ermitteln.

Nehmen wir uns daher als erste experimentelle Baustelle die Messung von Zeiten im System vor. Dafür stellen die Systeme verschiedene Uhren zur Verfügung:

a) Absolutzeitbezogene Uhren liefern Datum und Uhrzeit. Aus der Differenz zweier Zeiten erhält man die Gesamtverweilzeit der Anwendung im System einschließlich der Zeiten, die für die Kommunikation notwendig waren oder in denen das Betriebssystem die Ressourcen anderen Prozessen zugewiesen hatte.

b) Ressourcennutzungsbezogene Uhren liefern die echte CPU-Zeit, die ein Programm verbraucht hat. Diese Uhren laufen nur dann mit, wenn das Programm ausgeführt wird, und die Zeitauflösung liegt im Nanosekundenbereich.

Uhren des Typs b) mit extremen Zeitauflösungen sind kein Selbstzweck, um dem Programmierer die Messung der Laufzeit zu ermöglichen. Computersysteme sind in den letzten 20 Jahren zu Multimediamaschinen mutiert, die Bild und Ton in höchster Qualität liefern müssen. Dazu kommen schnelle Netzwerke, die ebenfalls bedient sein wollen. Das ist nur möglich, wenn Uhren mit der notwendigen Auflösung zur Verfügung stehen. Allerdings muss man wissen, wie man auf welche Uhren des Systems zugreifen kann.

Aus der C-Bibliothek sind meist die Funktionen **clock()** und **time()** bekannt. **clock()** misst die echte Laufzeit, die Funktion **time()** die absoluten Zeitticks einschließlich Zeiten, in denen das Programm gar nicht arbeitet. Allerdings ist **clock()** häufig ungeeignet, da die Zeitbasis die Umschaltzeit des Schedulers des Betriebssystems ist, und die liegt bei etlichen Millisekunden. In Testprogrammen sind die reinen Rechenabschnitte mitunter recht kurz und **clock()** möglicherweise noch gar nicht weitergelaufen. Man muss sich daher nach der geeigneten Uhr für die Messung umschauen.

Die C++ (11) - Bibliothek **std::chrono** stellt mehrere Uhren für die Messung der absoluten Zeit oder der verbrauchten CPU-Zeit zur Verfügung, deren Auflösung bis in den Nanosekundenbereich geht. Für die **std**-Bibliothek sieht eine hoch aufgelöste Zeitmessung folgendermaßen aus:

```
#include <chrono>
using namespace std::chrono
. . .
time_point<high_resolution_clock> t1 =
                    high_resolution_clock::now();
. . .
time_point<high_resolution_clock> t2 =
                    high_resolution_clock::now();

cout << duration_cast<nanoseconds>(t2 - t1).count()
        << " nanoseconds\n";
```

Das Auslesen der Hardwareuhren erfolgt mit der statischen Methode **now()** der betreffenden Uhr (neben **high_resolution_clock** existieren noch **system_clock** und **steady_clock**), die in Abhängigkeit von der verwendeten Uhr ein **time_point<..>** - Objekt liefert. Die Zeitdifferenz zwischen zwei Zeitpunkten wird durch **duration_cast<..>** ermittelt (genauer: durch die Methode **count()** des hierbei konstruierten Objekts der Klasse **duration**), wobei man die Zeitbasis zwischen **hours** und **nanoseconds** wählen kann. In der Programmierpraxis kann man den Code auch durch

```
auto t1 = high_resolution_clock::now();
```

weiter vereinfachen, da der Compiler aufgrund der Zuweisung in der Lage ist, den notwendigen Datentyp für **t1** selbst zu ermitteln.

Auf C – Ebene gehen die Möglichkeiten der Datengewinnung weiter, erfordern aber auch etwas etwas mehr Programmieraufwand. So erlaubt die Funktion

```
#include <sys/time.h>
#include <sys/resource.h>

int getrusage(int who, struct rusage *usage);
```

mit dem ersten Parameter **who** die Ressourcennutzung vom aufrufenden Prozess, dessen Kindprozessen oder seiner Threads auszuwählen, wobei der Begriff „Ressource" wesentlich mehr als nur die Zeit umfasst. Im Objekt **usage** stecken folgende Informationen:

```
struct timeval {
    long tv_sec;        // Zeit in Sekunden
    long tv_usec;       // Zeit in Mikrosekunden
};
```

```
struct rusage {
    struct timeval ru_utime;   /* user CPU time used */
    struct timeval ru_stime;   /* system CPU time used */
    long    ru_maxrss;         /* maximum resident set size */
    long    ru_ixrss;          /* integral shared memory size */
    long    ru_idrss;          /* integral unshared data size */
    long    ru_isrss;          /* integral unshared stack size */
    long    ru_minflt;         /* page reclaims (soft page faults) */
    long    ru_majflt;         /* page faults (hard page faults) * 
    long    ru_nswap;          /* swaps */
    long    ru_inblock;        /* block input operations */
    long    ru_oublock;        /* block output operations */
    long    ru_msgsnd;         /* IPC messages sent */
    long    ru_msgrcv;         /* IPC messages received */
    long    ru_nsignals;       /* signals received */
    long    ru_nvcsw;          /* voluntary context switches */
    long    ru_nivcsw;         /* involuntary context switches */
```

ru_utime liefert die vom Prozess verbrauchte CPU-Zeit, **ru_stime** die
vom Kernel in den Prozess investierte Zeit. Die beiden ganzzahligen
Größen werden zur Ausgabe zweckmäßigerweise auf einer Fließkomma-
variablen zusammengefasst.

Mit der Struktur **timeval** arbeitet ebenfalls die Funktion

```
int gettimeofday(struct timeval *tv,
                 struct timezone *tz);
```

die die absolute Zeit liefert.

Aufgabe. Da die Zeitmessungen im Rahmen einer Parallelisierung
recht umfangreich geraten können, empfiehlt es sich, die Uhrfunktio-
nen nochmals in einer Klasse **TMeasure** zu kapseln, die bei Aufruf der
Methode **mark(string)** identifizierbare Zeitstempel in einem Vektor
notiert (zusätzlich kann auch ein mitlaufender Zähler die Zeitpunkte
durchnumerieren) und auf Anforderung (Methode **report()**) ein de-
tailliertes Protokoll der ermittelten Zeiten erstellt (Rückgabe in einem
String und nicht als direkter Export auf die Ausgabeeinheit; der Grund
wir später deutlich).

Jedes instanziierte Objekt von **TMeasure** kann für seinen Verwen-
dungsbereich eine eigene Historie registrieren. Modellieren Sie ein wenig die Ausgabe pro Messpunkt, um möglichst umfangreiche Informationen zu erhalten (neben Texten sind beispielsweise auch Tabellen-
darstellungen [z.B. csv-Dateien] denkbar, die mit einer Tabellenkal-
kulation aus einem Office-Paket weiterbearbeitet werden können).

Das Klasse kann/soll folgendermaßen eingesetzt werden:

```
TMeasure rt("Messung in foo()");
 . . .
rt.mark("send short");
 . . .
cout << rt.report() << endl;
```

Es empfiehlt sich auszuprobieren, was mit den Uhren gemessen wird. Das kann beispielsweise für ein Programm folgendermaßen aussehen:

```
Mark(1) send short
    High_res   0.003257
    system     0.003191
    steady     0.003132
    utime      0
    stime      0.003
Mark(2) send short
    High_res   6.48935
    system     6.4893
    steady     6.48931
    utime      3.021
    stime      0.003
Mark(3) send long
    High_res   506.579
    system     506.579
    steady     506.58
    utime      3.021
    stime      0.003
Mark(4) send long
    High_res   517.89
    system     517.89
    steady     517.89
    utime      5.914
    stime      5.152
```

Das Programm hat bis zu Mark(1) nur das Zeitmessungsobjekt initialisiert und einen ersten Zeitpunkt eingetragen. Zwischen Mark(1) und Mark(2) werden blockierende MPI-Funktionen aufgerufen (siehe Kapitel 6 auf Seite 99 ff.), die das Programm in einen idle-Zustand versetzen, d.h. keine CPU-Zeit verbrauchen (sollten). Zwischen Mark(2) und Mark(3) wird zusätzlich **usleep()** aufgerufen, zwischen Mark(3) und Mark(4) wieder idle-Zustände.

rusage liefert CPU-Statistiken aus dem Kernel und sollte daher die Ausführungszeit des reinen Programmcodes abzüglich aller Idle-Zeiten und Zeiten, die das Betriebssystem anderen Prozessen zuteilt, messen. Die kurzen Zeiten zwischen den Marken bestätigen diese Funktion, zusätzlich wird zwischen Mark(3) und Mark(4) noch eine Funktion aufgerufen, die dem Betriebssystem selbst einigen Aufwand bereitet. Die Uhren der chrono-Bibliothek zeigen hier alle die gleichen Daten, die der Absolutzeit entsprechen, an.

Durch Modifikation der Programms kann nun so lange experimentieren, bis man weiss, was die verschiedenen Uhren messen (man kann noch weitere in den Bibliotheken finden), und die Ausgabe auf die benötigten Angaben reduzieren. Sie können nun Ihre Messpunkte in den Programmen gezielt so setzen, dass die gewünschten Aussagen heraus zufiltern sind.

Setzen Sie die Marken allerdings nicht zu eng, sondern gestalten Sie die Programme eher so, dass zumindest für Testzwecke lange Zeiten herauskommen. Diese sind genauer und der Zeitverbrauch, den das Zeitmessobjekt für seine Funktion selbst benötigt, spielt keine Rolle. Messen Sie die Zeiten mehrfach. Auf einem System läuft eine große Zahl von Prozessen, die unvorhersagbar irgendwelche Operationen durchführen und zu Schwankungen in den Zeitmessungen führen. Auch diese Effekte mitteln sich um so mehr heraus, je länger eine Anwendung läuft. Vergessen Sie bei solchen Tests nicht: bei der Entwicklung ist man meist relativ ungeduldig und möchte nicht minutenlang auf ein Ergebnis warten, die fertige Anwendung ist jedoch nicht selten über Stunden mit Berechnungen beschäftigt. Zumindest einige der Tests sollten sich frühzeitig an die echten Problemgrößen herantasten, um nicht unangenehme Überraschungen zu erleben, wenn der Ernstfall eintritt.

2.2   Zeitgewinn

Für den Nutzer ist bei einer Parallelisierung zunächst interessant, wie groß der Zeitgewinn für ihn ist. Dies wird durch das Verhältnis

$$S = \frac{T_s}{T_p}$$

der Gesamtlaufzeiten beantwortet. Nehmen wir an, der parallelisierbare Anteil des Gesamtprogramms sei durch $0 \le w \le 1$ gegeben, so erhalten wir unter Vernachlässigung des Kommunikationsanteils

$$S = \frac{1}{(1-w) * \Delta_s + w * \Delta_p / n}$$

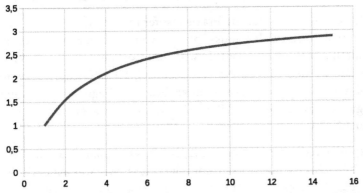

Abbildung 2.1: S(n) mit w=0,7 in Abhängigkeit von der Anzahl der Prozesse

wobei in den $\Delta_{s/p}$ der für die Parallelisierung zusätzliche Zeitaufwand als Faktor verrechnet sei. Diese Beziehung ist wichtig, um die Frage zu beantworten, was durch eine Parallelisierung überhaupt erreicht werden kann.

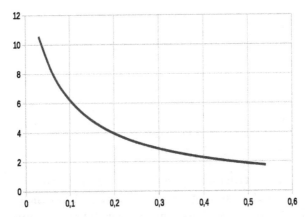

Abbildung 2.2: S(1-w) mit n=15 in Abhängigkeit vom Anteil parallelisierbaren Codes

Abbildung 2.1 zeigt, dass bei 70% Parallelisierbarkeit selbst bei Aufteilung auf viele Prozesse nur ein Gewinn von etwa 3 realisierbar ist. Oder umgekehrt betrachtet sinkt der erreichbare Gewinn sehr schnell mit zunehmendem Anteil nicht parallelisierbaren Code (Abbildung 2.2).

Die Beziehungen sind für die Praxis insofern relevant, als mit Ihnen erst einmal analysiert werden muss, ob das vom Auftraggeber gewünschte Ziel überhaupt erreichbar ist und wie viele Rechner zweckmäßigerweise eingesetzt werden sollten. Aus Abbildung 2.1 lässt sich beispielsweise entnehmen, dass ca. 8 Prozesse unter diesen Bedingungen die sinnvolle Obergrenze darstellen, da weiterer Aufwand mehr oder weniger nur die Kosten erhöht.

In diesen Diagrammen haben wir $\Delta_{s/p}=1$ gesetzt. Weicht $\Delta_{s/p}$ jedoch von 1 ab, sinkt der Gewinn weiter (Abbildung 2.3). Wir können dabei in $\Delta_{s/p}$ nicht nur höheren Codeaufwand subsummieren, sondern auch den Kommunikationsaufwand hineinrechnen, der um so höher ausfällt, je stärker das Programm in serielle und parallelisierbare Teile zerfällt und je mehr Rechner an der Lösung der Aufgabe beteiligt werden.

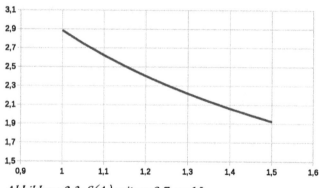

Abbildung 2.3: S(Δ) mit w=0,7, n=15

Ebenfalls nicht berücksichtigt haben wir Asymmetrien in den parallelen Vorgängen (siehe vorhergehendes Kapitel). Lässt sich der Aufwand nicht gleichmäßig aufteilen, geht nur der Teilprozess mit dem größten Zeitkonsum in unsere Rechnung ein und verschlechtert die Bilanz nochmals. Von Ausnahmefällen abgesehen sollten Parallelisierungen daher nur für solche Algorithmen durchgeführt werden, die eine symmetrische Verteilung der Last ermöglichen.

Fassen wir zusammen: da solche Aufgaben nicht aus dem Nichts auftauchen, können wir davon ausgehen, dass der Auftraggeber den von ihm gewünschten Gewinn S gegenüber der bestehenden (rein seriellen) Lösung vorgibt. Der nächste Schritt besteht in einer sorgfältigen Codeanalyse, um festzustellen, ob das Ziel erreichbar ist und wie viele Rechner einzusetzen sind. Stellt sich bei der ersten Analyse, die noch keinen zusätzlichen Aufwand berücksichtigt ($\Delta_{s/p}=1$), heraus, dass man bereits im kritischen Bereich ist, sind Vorversuche und Messungen notwendig, um die Realisierbarkeit sicherzustellen (oder dem Auftraggeber zumindest sagen zu können, mit was er schlechtestenfalls rechnen muss).

2.3   Effizienz

An die Frage nach dem Gewinn schließt sich die Frage nach dem Preis, den der Kunde dafür zu zahlen hat, an. Der orientiert sich an mehreren Größen:

a) Anzahl der gebuchten Systeme. Das Rechenzentrum muss im Bedarfsfall die benötigte Anzahl an Systemen zeitgleich zur Verfügung stellen und stellt hierfür einen Grundpreis pro System in Rechnung.

b) Speichervolumen der Plattenspeicher. Je nach Aufgabe kann dieser Wert bei n parallelen System im Bereich $V_{ser} \leq V \leq n^{*}V_{ser}$ liegen.

c) Datentransfervolumen zwischen den Systemen. Dieser Posten wird vermutlich nur bei größeren Datenmengen zu Buche schlagen.

d) Verbrauchte CPU-Zeit. Da die Systeme in der Zeit, in der eine parallele Anwendung auf die nächste Synchronisation wartet, andere Aufgaben erledigt, wird von den Rechenzentren nur die verbrauchte CPU-Zeit, nicht aber die Verweilzeit der Anwendung im System in Rechnung gestellt.

Im Idealfall ist die verbrauchte CPU-Zeit die gleiche wie im seriellen Programm. In der Praxis müssen wir sämtliche Zeiten in allen Systemen bzw. im vereinfachten Bild sämtliche $\Delta_{s/p}$ addieren. In der Regel wird sich dadurch ein höherer Gesamtbedarf an Rechenzeit ergeben als im normalen seriellen Programm.

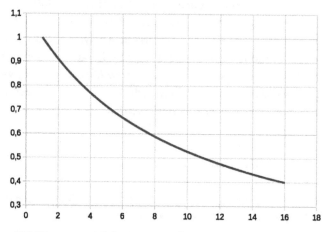

Abbildung 2.4: E(n) mit w=0,9 (n .. Prozessanzahl)

Näherungsweise kann man die Positionen in der Kostenliste im Begriff der Effizienz zusammenfassen, der folgendermaßen definiert ist:

$$E = \frac{S}{n} = \frac{T_s}{n * T_p}$$

Trotz eines Gewinns $S = 6,4$ besitzt das in Abbildung 2.4 dargestellte (ideale!) System bei 16 Prozessen nur noch eine Effizienz von 0,4 gegenüber dem rein seriellen System. Letzten Endes wird eine weitere Steigerung des Ressourceneinsatzes nur zu einer Kostenzunahme, nicht aber zu einer Verbessung der Leistung führen (Abbildung 2.5).

Vereinfachen wir die Zeitzusammenhänge nochmals zu

$$T_p = T_s / n + \Delta$$

so können wir einen weiteren Einfluss berücksichtigen: die Größe S der Aufgabe.

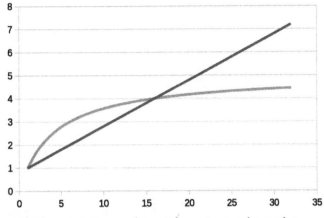

Abbildung 2.5: Kosten (Gerade) vs. Gewinn (w=0,8) in Abhängigkeit von der Zahl der Prozesse

In der Regel kann man davon ausgehen, dass T_s mit zunehmender Problemgröße wesentlich stärker steigt als Δ. Wird der Datenumfang größer, wird die parallele Anwendung in der Regel effizienter, während die Effizienz bei kleiner werdendem Problemumfang schnell sinkt. In Abbildung 2.6 ist dieser Zusammenhang grafisch dargestellt, wobei allerdings angemerkt sei, dass aufgrund der eingeführten Vereinfachungen die Abbildung eher qualitativen Charakter besitzt.

Als weiterer theoretischer Begriff kann man die **Skalierbarkeit** einer Parallelanwendung einführen. Hierunter versteht man den Zusammenhang

$$E(n, S) = const$$

d.h. die Fragen

- wie muss/kann n bei gegebener Steigerung von S bzw.

- wie muss/kann S bei gegebener Steigerung von n angepasst werden,

so dass die Effizienz konstant bleibt. Wir werden diesen Aspekt aber nicht weiter formelmäßig aufarbeiten.

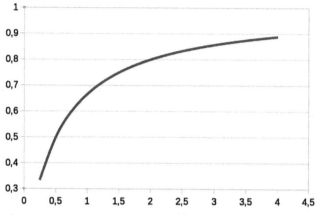

Abbildung 2.6: E(S) in Abhängigkeit der Problemgröße S

2.4   *Warum die Praxis anders aussieht*

Wie bereits in der Einleitung zu diesem Kapitel erwähnt sind Überlegungen dieser Art anzustellen, um erst einmal heraus zu finden, ob sich durch eine Parallelisierung die Wünsche des Auftraggebers realisieren lassen und was sie ihn kosten werden. Aber: „Grau ist alle Theorie" sagt ein bekanntes Sprichwort – und leider gilt das besonders bei diesem Thema. Wenn man nicht aufpasst, hat man aus programmiertechnischer Sicht eine schöne parallele Anwendung erstellt und durchgerechnet, aus wirschaftlicher Sicht aber einen namhaften Geldbetrag in den Sand gesetzt.

Die Zeitbeziehungen lassen sich selten so allgemein und einfach ermitteln, wie es den Anschein hat. So muss man sich zunächst die verwendeten Algorithmen genauer ansehen, denn in der Parallelanwendung laufen nicht unbedingt die gleichen wie in der seriellen Anwendung. Wenn man alles über einen Kamm schert und die Zeitberechnung auf der Basis eines parallelisierbaren, aber in der seriellen Form ineffizienteren Algorithmus macht, hat man schon mal den ersten Fehler gemacht.

Distributed Memory Application. Der Kommunikationsaufwand wurde in unseren mathematischen Untersuchungen ziemlich global betrachtet, und sich nicht von einer solchenAnschauung zu trennen kann der zweite Fehler sein. Zu berücksichtigen sind

1. das Verhältnis der zwischen den Prozessen zu transferierenden Daten zum Rechenaufwand zwischen den Synchronisationspunkten. Liegt die Datenmenge und die Schleifengröße, in der diese Daten verarbeitet werden, in der gleichen Größenordnung, hat man möglicherweise Rechenaufwand durch Transportaufwand ersetzt und der Gewinn fällt entsprechend kleiner aus als erwartet.

2. die Änderung von Kommunikations- und Rechenaufwand bei Änderung der Problemgröße. Ändert sich der Rechenaufwand mit $O(n^2)$, der Transportaufwand aber nur mit $O(n)$, wird die Parallelanwendung mit größer werdendem Datenumfang besser skalieren – aber wann ist das der Fall ?

Der Transportaufwand ist ohnehin eine schlecht abzuschätzende Größe. Arbeiten die Anwendungen auf einer Rechnerplatine, so dass der Austausch durch Kopieren von RAM-Inhalten erfolgt, oder laufen die Anwendungen auf verschiedenen Maschinen, die über ein Verbindungsnetz miteinander verkoppelt sind ? Und können Daten von einem Prozess ohne Verzögerung über das Netzwerk an einen anderen gesandt werden, oder ist ein Routing notwendig, das Zeitverluste verursacht ? Wenn die Topologie des Netzwerkes nicht zur der Prozesskommunikation passt, kann eine Anwendung, die nach 2. eigentlich mit steigender Problemgröße besser skalieren sollte, genau den entgegengesetzten Effekt zeigen.

Shared Memory Application. Hat man diese Effekte berücksichtigt und wähnt sich noch auf der Siegerstraße, kann im Weiteren auch die Hardware einer Rechnerplatine dem Anwendungsprogrammierer einen üblen Streich spielen, wenn er nicht aufpasst. Wie wir noch sehen werden, gibt es unterschiedlich schnelle Speicherbereiche, und hebelt der verwendete Algrotihmus aufgrund der Parallelisierung die Benutzung des schnellen Speichers aus, kann eine parallele Anwendung sogar langsamer sein als die serielle. Wir werden dazu noch ein Beispiel diskutieren.

Generelle Systemeigenschaften. Im Rahmen einer Parallelisierung kommt spezielle Systemsoftware zum Einsatz, die ebenfalls unerwartete

Effekte haben kann. Wie wir noch sehen werden, sind viele Kommunikationsfunktionen „blockierend", d.h. sie geben die Kontrolle an die rufende Funktion erst zurück, wenn der Dialog abgearbeitet ist. Man würde erwarten, dass die untätigen Rechnereinheiten während des Wartens andere Aufgaben übernehmen können, stellt aber unter Umständen fest, dass das nicht passiert. In Abbildung 2.7 ist ein Beispiel aktiven Wartens dargestellt. Statt die nicht benötigten Prozesse „schlafen" zu legen, wie man es erwarten würde, lässt die Parallelisierungssoftware die Anwendungen in einer Endlosschleife „warten", weil sie selbst keinen Zugriff auf die dafür benötigten Ressourcen besitzt.

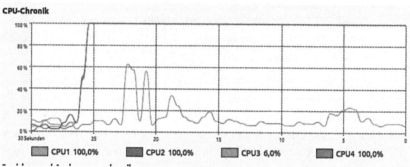

Abbildung 2.7: CPU-Auslastung bei 3 „wartenden" Prozessen

Der Entwickler des Kommunikationssystems, das die Prozesse untereinander verbindet, hat auf maximale Effizienz optimiert und Ruhezustände von Prozessen dabei als eher hinderlich gar nicht erst vorgesehen. Selbst die ruhende Einheit in diesem Beispiel, die auf eine Eingabe des Anwenders wartet und eigenlich gar nichts tun dürfte, ist mit 5-20% CPU-Auslastung immer noch gut beschäftigt – oder besser gesagt, das Kommunikationssystem des Prozesses macht weiterhin irgendetwas „Wichtiges". Das mag vordergündig uninteressant erscheinen, bekommt jedoch eine Bedeutung, wenn man das System nicht exklusiv belegt und die verschwendete Rechenzeit, in der ein anderer Kunde hätte bedient werden können, bezahlt werden muss.

Das Entwicklungssystem kann weitere unerwartete Effekte aufweisen. So beobachtet ein Programmierer den eigentlich recht passablen Gewinn bei der Parallelisierung eines Sortieralgorithmus mit dem „Distri-

buted Memory Model" auf seinem Versuchs-PC gemäß der folgenden
Tabelle:

Serieller Aufwand	3.650 ms
Parallelisierung (4 Prozesse)	1.150 ms

Der serielle Aufwand wurde hier in der parallelen Anwendung vor der
Aufteilung der Daten an die drei anderen Prozesse gemessen, die in dieser Zeit in der Wartestellung nach Abbildung 2.7 standen, d.h. obwohl
nur ein Prozess wirklich arbeitete, waren alle 4 aktiv. Eine weitere Messung mit verschiedenen Anzahlen an parallelen Prozessen zeigt aber etwas Merkwürdiges. Die folgende Tabelle enthält nur die Ausführungszeiten der seriellen Version:

1 Prozess	2 Prozesse	3 Prozesse	4 Prozesse
780 ms	1.660 ms	2.600 ms	3.650 ms

Erstaunlicherweise gilt in diesem Beispiel für die Rechenzeit bei p Prozessen näherungsweise $t_p \approx p * t_1$, und der Anwendungsprogrammierer wäre besser beraten gewesen, auf eine Parallelisierung komplett zu
verzichten, denn dann wäre er mit 780 ms statt mit 1.150 ms ausgekommen.

Der Grund für dieses eigenartige Verhalten ist darin zu suchen, dass mit
dem Kommunikationssystem und den von ihm koordinierten Prozessen
immer noch nicht alle Mitspieler erfasst sind. Unterhalb des Kommunikationssystems sorgt das Betriebssystem für die Ressourcenverteilung an
alle Prozesse, und je nach verwendeter Hardware, aktiver Gesamtkonfi-
guration und Speicherbedarf der Prozesse können unerwartete Effekte
auftreten.[7]

> **Wichtig für die Praxis!** Im Laufe der Untersuchungen in diesem
> Buch werden sie immer wieder auf Messungen stoßen. Alle wurden

---

7 Dieses Beispiel weist darauf hin, dass die Domäne des „Distributed Memory Model" die Verbindung verschiedener Rechner ist, in denen ein „Shared
Memory Model" nicht realisierbar ist. Die Entwicklung der Software erfolgt
aber oft auf einem einzelnen Rechner.

auf einem PC-System gemacht, wie es auch die meisten Leser des Buches vermutlich verwenden werden.

Die Erfahrungen zeigen, dass solche Ergebnisse nicht immer übertragbar sind: auf einem System erfolgreiche Parallelisierungen dümpeln auf einem anderen ziemlich lahm vor sich hin, und wenn Sie die Versuche auf Ihrem System nachfahren, bekommen Sie möglicherweise andere Ergebnisse. Deshalb: seien Sie kritisch! Wenn eine Parallelisierung nicht den erwarteten Erfolg zeigt, versuchen Sie, Ursachen anhand der in den weiteren Beispielen genannten Kriterien zu finden. Oft hat man in der ersten Analyse einige Kleinigkeiten übersehen, die sich dann als wichtig herausstellen. Schließen Sie aber auch nicht aus, dass Ihr System Ihnen aus irgendwelchen Gründen einen kleinen Streich spielt.

Wenn es schließlich darum geht, eine professionelle Anwendung für einen Kunden zu entwickeln, sollte das möglichst auf dem System erfolgen, auf dem sie später auch eingesetzt wird, und die Tests sollten auch Datenmengen umfassen, die der späteren Realität entsprechen (oft erledigen sich bereits dadurch Versuche, durch Programmierung auf Ihrem PC zu quantitativen Aussagen über die spätere Anwendung zu gelangen). Die Techniken, mit denen Sie sich versichern können, den gewünschten Erfolg auch zu erzielen, kennen Sie dann ja bereits von Ihrem eigenen System.

3   Systemware

3.1   Was ist Systemware?

Der Mensch als Entwickler des Computers hat gewissermaßen eine seiner Eigenschaften auf seine Schöpfung übertragen: die ungehinderte und ungebremste Vermehrung der Hardwarekomponenten. Das gilt sowohl für die IC-Dichte auf dem einzelnen Rechnerboard als auch für die Zusammenschaltung vieler Boards zu Superrechnern.

Abbildung 3.1: NSA - Großrechenzentrum (Lizenz CCA 3.0)

Ein heutiges Rechnerboard besitzt nicht selten bereits die Rechenkapazität einer Großrechneranlage früherer Zeiten, und auch die Schaltschrankreihen sind dank moderner Bustechniken fast im gleichen Maße gewachsen gegenüber gewachsen. Ging ein Techniker früher zu einem der hinteren Schaltschränke, um Wartungsarbeiten durchzuführen, so benötigt er heute fast schon ein Fahrrad dazu. Welche Ausmaße das angenommen hat, zeigt Abbildung 3.1 mit dem NSA-Rechenzentrum in Utah, das in etwa die Dimensionen einer kleinen Automobilfabrik besitzt. Bei einer Einspeisung von 60 MW elektrischer Leistung und einer angenommenen Leistungsaufnahme von 250 W/Mainboard lässt sich abschätzen, dass hier um die 150.000 Rechner versammelt sind. Allein die NSA hat mindestens drei solcher Fabriken, und google, facebook, amazon und andere stehen dem nur wenig nach. Gemäß dem Wirthschen Gesetz sind die Ansammlungen heute somit noch gewaltiger als früher.

Solche Rechenzentren führen hochgradig parallele Anwendungen aus, aber nicht unbedingt in dem Sinn, der uns hier beschäftigen soll. Wenn man einmal google als Modell nimmt, muss die Hardware riesige Mengen von Nutzeranfragen in kurzer Zeit bewältigen und für jede Anfrage die passende Antwort aus den gigantischen Datenbanken extrahieren, wobei die Datenbanken ebenfalls rund um die Uhr aktualisiert werden müssen. Die Maschinen arbeiten zwar zusammen, aber nicht konzertiert im Sinne einer parallel durchzuführenden Aufgabe mit genau festgelegten Synchronisationspunkten, die peinlich einzuhalten sind, wenn das gewünschte Ergebnis auf erzeugt werden soll.

Ein Teil der Rechner solcher Rechenzentren wird trotzdem parallele Anwendungen in unserem Sinn durchführen, aber meist verbindet man damit eher den Begriff „Supercomputer". Die sind nur für aufwändige Rechnungen, aber nicht für Serverbetrieb vorgesehen, in der Regel kompakter und nehmen „nur" die Maße einer großen Turnhalle ein. Die innere Technik ist oft hochgradig hybrid. Die Leistungen der Spitzensysteme sind – nach wichtigen Ländern sortiert – in der folgenden Tabelle aufgelistet. Der leistungsfähigste deutsche Rechner liegt dabei auf Platz 6 der „Weltrangliste".[8]

Anlage	Leistung
Jülich (Deutschland)	5.900 Teraflops
Oak Ridge (USA)	17.590 Teraflops
Changcha (China)	33.860 Teraflops

Nun ist es nicht damit getan, einfach die Hardware in gewaltigen Massen aufzutürmen. Das Graben eines Lochs von 1x1 m Seitenlänge dauert mit 100 Bauarbeitern vermutlich mindestens so lange wie mit 6, da sich 94 permanent gegenseitig im Weg stehen. Es sind also schon eine ganze

---

8   Zum Vergleich: ein PC liegt etwa bei 45 Gigaflops, das ist ca. 1/1.000.000 der Leistung des jülicher Rechners.

Menge Hardwaremaßnahmen notwendig, damit die Masse tatsächlich mit voller Effizienz arbeiten kann, und die Bedienung dieser Hardware ist eine Kunst, die in der normalen Anwendungsprogrammierung nicht vorgesehen ist (sie besitzt normalerweise noch nicht einmal die Rechte hierzu).

Bei der folgenden Darstellung halten wir uns im Wesentlichen an die Technik großer Serverfarmen. Die Bedienung der Hardware vollzieht sich auf drei Ebenen:

a) Massen von hochleistungsfähigen Mainboards zu verwalten ist meist die Aufgabe eines Virtualisierungssystems. Dieses bricht die Menge auf einen Anteil herunter, der von dem nächsten, dem normalen Nutzer bereits bekannten System verwaltet wird:

b) Das Betriebssystem organisiert die Arbeit von Anwendungsprozessen auf Mainboards mit überschaubarer Kapazität.

c) Der Compiler zum Übersetzen von Anwendungsprogrammen aus einer Hochsprache in die Maschinensprache kennt die speziellen Hardwareeigenschaften, für die er konstruiert ist, und kann günstigere Rechenwege, die vom Hardwareingenieur vorgesehen aber nicht in der Hochsprachenformulierung vorhanden sind, automatisch berücksichtigen.

Die Rechner werden natürlich für alle möglichen Aufgaben eingesetzt. Vielfach sind Aufgaben als Server zu erledigen: spezielle relativ kurze Anfragen eines Nutzers (Webseite, Datenbank) sind möglichst schnell zu erledigen, und der große Pool erlaubt die Bearbeitung vieler gleichzeitiger Anfragen. Jeder Server führt seine Aufgabe unabhängig von den anderen aus. Andere Aufgaben erfordern eine Verarbeitungspipeline: Daten aus einer flächendeckenden Überwachung von Geheimdiensten werden schrittweise verdichtet und wiederfindbar abgelegt. Ein gewisser Anteil der Maschinen ist ausschließlich mit der Verwaltung der anderen betraut und tritt nach außen nicht sichtbar in Erscheinung. Andere Maschinen erledigen Einzelaufgaben und sind beispielsweise einem bestimmten Anwender zugeteilt. Und schließlich ist auch ein Pool von Maschinen mit der Bearbeitung paralleler Programm betraut.

Das Einsatzspektrum weist darauf hin, dass es sich weitgehend um Universalmaschinen handelt, die alle Arten von Aufgaben erledigen können, und auch bei der Systemsoftware handelt es sich meist um spezielle Versionen bekannter Systemsoftware. Das darf man allerdings nicht so verstehen, dass alle Maschinen gleich sind. Je nach vorgesehenem Einsatzzweck unterscheiden sich die Rechner- und Netzwerkarchitekturen teilweise erheblich voneinander.

Universalmaschinen besitzen nicht die Leistungsfähigkeit, die man mit spezialisierten Maschinen erreichen kann; die können aber im Gegenzug nur ein begrenztes Spektrum von Aufgaben sehr effektiv erledigen und werden bei anderen Aufgaben weniger gut abschneiden. Spezialisierte Hardware wird, wo schon angemerkt, meist erst in Verbindung mit Universalrechnern eingesetzt, wenn es darum geht, Supercomputer zu bauen.[9] Wir gehen dem aber erst in Kapitel 9 nach.

Nach diesem gigantomanischen Ausflug ist noch ein kleines Zurückrudern angebracht. Der eine oder andere Leser könnte auf den Gedanken *„was soll ich hier? Ich habe doch nur ein Notebook/einen PC/eine Workstation."* kommen und sich etwas frustriert abwenden. Das ist allerdings nicht angebracht. Wir haben in Kapitel 1.3 „Thematisches und Übungsanteile" bereits darauf hingewiesen, dass alle Übungen auf genau diesen Geräten ausgeführt werden können, und die im Weiteren beschriebenen Hard- und Softwareeigenschaften der großen Maschinen gelten zu einem großen Teil auch für diese kleinen.[10] Auch viele „normale" Anwendungsprogramme benutzen daher bereits parallele Programmierung, um die Fähigkeiten der kleinen Hardware auszunutzen. Oder anders ausgedrückt: auch als Anwendungsprogrammierer für PC-Anwendungen können Sie von der parallelen Programmierung profitieren.

---

9 Das Design von Supercomputern dürfte sich nach der zu erledigenden Hauptaufgabe richten. So lag die Motivation beim Bau nicht weniger Supercomputer im Durchrechnen der Vorgänge bei Kernexplosionen, die wie neue Autos nicht mehr in der Wüste sondern auf dem Rechner getestet werden. Glücklicherweise sind die mathematischen Strukturen anderer Probleme ähnlich, so dass man zum Schluss doch Universalmaschinen geschaffen hat.

10 Große Maschinen basieren oft sogar auf Hardwarekomponenten aus dem „kleinen" Bereich, und umgekehrt kommt auch manche Spezialentwicklung wieder in den normalen Zivilbereich zurück.

3.2 Hardware

3.2.1 Aufbau der Mainboards

Wir beginnen wir mit der Technik auf den Mainboards. Als 19"-Platinen fallen sie deutlich wuchtiger aus als normale PC-Technik und verfügen derzeit (2014) über[11]

- 32-64 CPUs, aufgeteilt in 4-8 einzelne CPU-Chips,

- 1-2 Tbyte RAM und

- 4-16 Ports für optische Hochgeschwindigkeitsnetze mit 40 Gbit/s.

Abbildung 3.2: Beispiel für Server-Mainboards (INTEL S6400-Familie)

Das Beispiel in Abbildung 3.2 stellt eine Variante dar, die nicht über die Hochgeschwindigkeitsports von Supercomputern verfügt, da die Ma-

---

11 Zum Vergleich: PC mit 4 (max. 8) Kernen, 8 (16) GB Speicher und 1-2 TB Festplatte.

schine vorzugsweise als Server wurde, gibt aber schon einen Eindruck der Technik. Optische Hochgeschwindigkeitsnetze sind allerdings wichtige Voraussetzung für Hochleistungsrechner in der Parallelverarbeitung.

Die einzelnen Komponenten auf einem Mainboard sind hierarchisch organisiert:

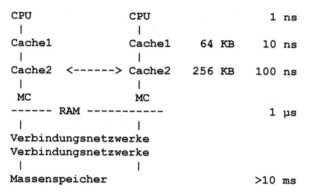

```
CPU              CPU              1 ns
 |                |
Cache1           Cache1    64 KB  10 ns
 |                |
Cache2  <------> Cache2  256 KB  100 ns
 |                |
 MC               MC
------ RAM -----------             1 µs
 |                |
Verbindungsnetzwerke
Verbindungsnetzwerke
 |                |
Massenspeicher                    >10 ms
```

Jeder CPU-Chip besitzt neben 8 oder mehr Kernel, die für die Ausführung der Rechenaufgaben zuständig sind, einen schnellen Cache L1 und einen etwas größeren, aber langsameren Cache L2 und Cache L3 sowie einen Memory-Controller MC. Je nach vorgesehenem Haupteinsatzzweck des Rechnerchips können auch mehr Cache-Ebenen vorhanden sein, und die Kernel können ihren eigenen Cache besitzen oder sich ihn mit anderen Kernel teilen (Abbildung 3.3).

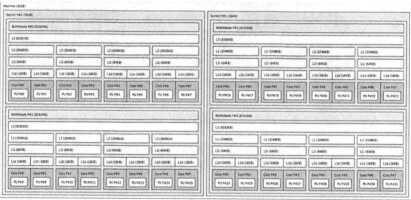

Abbildung 3.3: Organisation eines Multi-Core-Boards

40

Der RAM wird von allen CPUs gemeinsam benutzt. Die Kernel besitzen Zykluszeiten in der Größenordnung 1-5 ns.[12] Als Faustformel kann man davon ausgehen, dass jede Stufe um einen Faktor 10 langsamer ist als die vorhergehende, d.h. die Zugriffszeit auf den RAM liegt bei 1 µs, Verbindungsnetzwerk- und Plattenzugriffe benötigen noch einmal um den Faktor 100 bis 10.000 länger.[13]

Wir sehen: nicht nur die Software ist immer komplizierter geworden, auch auf die Hardware trifft dies zu. Waren die ersten PCs im Wesentlichen größer als Spielcomputer oder Steuerungscomputer, sind verschiedene Platinen heute zusätzlich auch anders. Das Anderssein führt zu dem einen oder anderen bereits erwähnten Resultat, wenn man Parallelisierungsansätze von Versuchs-PCs auf größere Maschinen überträgt.

3.2.2   Cache-Ebenen

Die Kernel können dann effektiv arbeiten, wenn aufeinander benötigte Daten aus dem nächsten Cache gelesen werden können und nicht erst aus dem RAM oder gar von einem Massenspeicher geladen werden müssen. Hierbei ist die Zugriffszeit allerdings nur eine Größe, die zu berücksichtigen ist. Man muss zwischen

- Latenzzeit, d.h. der Verzögerung, mit der angeforderte Daten tatsächlich zur Verfügung stehen, und der

- Bandbreite, d.h. der Menge der Daten, die hintereinander geliefert werden können,

unterscheiden. Die Caches besitzen zwar nur eine sehr kleine Latenzzeit, aber nur eine geringe Bandbreite, weil sie nur wenige Daten enthalten. Typische Größen sind (Intel P7-CPU-Chip)

- L1-Cache: je Kern 32 + 32 KiB (Daten + Instruktionen)

---

12   Es ist zwischen Zykluszeiten und Instruktionsausführungszeiten zu unterscheiden. Instruktionen wie ein Multiplikationsbefehl benötigen mehrere Zyklen, eine Multiplikation ist wiederum aufwändiger als eine AND-Verknüpfung usw.

13   In Supercomputern werden auch Chips mit höheren CPU-Anzahlen eingesetzt. Dazu kommen wir aber erst in Kapitel 8.2 ab Seite 217 .

- L2-Cache: je Kern 256KiB mit Prozessortakt

- L3-Cache: 4096 KiB mit QPI-Takt

Der Cache ist daher in relativ kurzer Zeit mit seiner Lieferfähigkeit am Ende, wenn nicht ständig von unten nachgeliefert wird. Außerdem müssen sie auch Daten, die von der CPU angeliefert werden, wieder loswerden.

Wenn ein Kernel Daten anfordert (das kann der nächste Befehl oder ein Datenelement sein), prüft die Cachelogik, ob die Daten im Cache vorliegen und liefert im Hit-Fall (die Daten sind vorhanden) aus. Im Miss-Fall (die Daten liegen nicht im Cache vor) erfolgt eine Anforderung bei der nächsten Instanz in der Kette, die nun mit größerer Latenzzeit sowohl an die CPU als auch an den Cache ausliefert (Abbildung 3.4). Damit das relativ selten passiert, ist der Cacheinhalt in der Regel in Form von Spei-

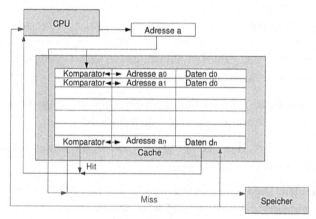

Abbildung 3.4: Cache-Zustände

cherzeilen und nicht von Speicherstellen organisiert. Während der Cache Daten einer Zeile an die CPU (oder die nächstschnellere Cache-Einheit) ausliefert, wird die nächste Zeile bereits geladen. Da zeilenorientiertes Laden schneller erfolgen kann als zellenorientiertes, kann durch die Ebenen im optimalen Fall eine weitgehend latenzfreie Versorgung der CPU realisiert werden.

Der Rücktransfer berechneter Daten kann

- unterbleiben, bis eine Umspeicherung von der Software befohlen wird. Die Daten sind gewissermaßen cachelokale Daten.

- verzögert erfolgen, bis ein Transfer an langsamere Ebenen die Ladearbeit nicht mehr behindern. Die Ergebnisse kommen in diesem Fall erst spät im RAM an.

- im Write-Through-Modus erfolgen, d.h. die Daten werden direkt durch die Ebenen hindurch in den RAM geschrieben. Dies führt allerdings zur Verlangsamung der Arbeit, da das Schreiben bis in den RAM hinein die Ladeoperationen behindert.

Die Hardware bietet (zumindest auf großen Maschinen) mehrere unterschiedliche Lade- und Speicherstrategien an, die vom Betriebssystem oder von der Compileroptimierung anwendungsabhängig eingestellt werden können. Die optimale Funktion hängt allerdings davon ab, dass sich der Anwendungsprogrammierer bei der Organisation seiner Daten und Algorithmen an die Strategiemöglichkeiten hält. Leider hat man als Anwendungsprogrammierer keinen Einfluss darauf, da zumindest die Entwicklungssysteme universell bleiben müssen und vermutlich auch nicht alles unterstützen. Auf hochspezialisierten Parallelrechnern wird dies vermutlich anders aussehen. Ein Beispiel, wie Cachestrategien und Implementation wechselwirken, finden Sie in Tabelle 1 auf Seite 73.

3.2.3 RAM-Organisation

Caches sind teilweise fest bestimmten Kernel zugeordnet, teilweise können mehrere Kernel auf den gleichen Cache zugreifen (Abbildung 3.3). Spätestens der RAM „gehört" aber allen CPUs gemeinsam. Klammern wir konkurrierende Zugriffe auf die gleichen Daten zunächst aus, sind geteilte Chaches noch relativ unproblematisch, wenn unterschiedliche Zeilen betroffen sind oder bei Zugriff auf die gleiche Zeile der Transfer in die nächste Cacheebene asynchron mit der Datenanforderung der CPU erfolgt. Kritisch ist der Zugriff auf den RAM als langsamste und größte Einheit. Wenn eine CPU Daten anfordert, müssen die anderen warten, bis die Operation abgeschlossen ist. Da der RAM mindestens um den Faktor 10^6 mal so viele Daten aufnimmt als die Cachebereiche, wird häufiger RAM-Zugriff gerade bei den großen Maschinen mit vielen CPUs/Kernel zu einem Problem.

Aus der Not kann man allerdings auch eine Tugend machen: aufgrund des großen RAMs kann man die Hardware so organisieren, dass jeder CPU (oder zumindest einer Gruppe von CPUs) ein eigener Bereich zugewiesen wird, der von einem Memory-Controller verwaltet wird und auf den ohne Wartezeiten zugegriffen werden kann (NUMA = non uniform memory access, Abbildung 3.4). „Eigener Bereich" bedeutet, dass der Bus logisch/physikalisch aufgetrennt werden kann, was gleichzeitige Bedienung ermöglicht, die Trennung aber nur logisch erfolgt und bei Bedarf auch im Bereich einer anderen CPU operiert werden kann, was dann natürlich zu Wartezeiten führt. Auch diese Funktionen kann teilweise vom Betriebssystem gesteuert werden, um den unterschiedlichen Aufgaben dynamisch die passenden Ressourcen zuzuteilen.

3.2.4   Konkurrenz

So lange jede CPU ihren eigenen Code ausführt und mit eigenen Daten arbeitet, bestehen keine Probleme mit einer NUMA-Architektur. Kritisch wird es aber, wenn mehrere CPUs die gleichen Daten benötigen und zusätzlich im gleichen Adressraum arbeiten (shared memory). Statische Daten wie Programmcode sowie der Stack können in den CPU-eigenen NUMA-Bereich kopiert und das Problem damit umgangen werden. Weniger trivial ist das bei dynamischen Daten. Daten, die nur gelesen werden, können ebenfalls aufgeteilt werden, veränderbare Daten müssen aber rechtzeitig synchronisiert werden, bevor eine andere Einheit sie verwendet (dies kann durch eine Kopie zwischen den NUMA-Bereichen oder durch Abschalten des exklusiven NUMA-Zugriffs erfolgen), wobei die Cache-Problematik hierbei noch gar nicht angesprochen wurde (wir holen das aber gleich nach).

Bei gleichzeitig von mehreren CPUs benötigten Daten kann es noch schwerwiegendere Probleme geben, wie das folgende Codebeispiel verdeutlichen soll:

```
if(i==0) { . . .; i++; }
```

Liest eine zweite CPU den Inhalt von i , bevor die erste diesen inkrementiert und in den Speicher zurückgeschrieben hat, haben beide das gleiche gemacht, was mit einiger Sicherheit falsch ist. Was nun auf welche Daten zutrifft, weiß allerdings nur noch der Anwendungsprogrammierer genau. Analysen vom Compiler und vom Betriebssystem sind nur sehr eingeschränkt möglich – falls überhaupt. Hardwareseitig werden folgende Möglichkeiten für die Verwaltung gemeinsamen Speichers unterstützt, die passend eingesetzt werden müssen:

(1) **Synchronisation.** In einem Bereich geänderte Daten werden in die anderen Bereiche übertragen. Teilweise ist das auch zwischen Cache-Ebenen der CPUs möglich.

Diese Strategie wird eingesetzt, wenn Daten zwar geteilt, aber nicht gleichzeitig genutzt werden (oder wenn gleichzeitige Nutzung unkritisch ist, was aber selten zutrifft).

Die Synchronisation kann auch an bestimmten Synchronisationspunkten in den Anwendungen erfolgen, also durch spezielle Anweisungen des Anwendungsprogrammierers, wodurch die Situation weiter entspannt wird.

(2) **Blockierung.** Die Daten werden zu Beginn einer Operation für andere Zugriffe blockiert und am Ende wieder freigegeben. Zum Zug kommt so jeweils nur eine CPU, die anderen müssen warten.

Diese Strategie wird eingesetzt, wenn die Daten oft geändert werden und die Änderung kritisch ist. Man kommt dadurch aber automatisch in die Situation, die wir bei den Betrachtungen zur Ausführungszeit bereits beschrieben haben: trotz formaler Möglichkeit zeitgleicher Arbeit müssen bestimmte Codebereich sequentiell bearbeitet werden und Effizienzverluste sind die Folge.

Die Blockierung und ihre Aufhebung ist Angelegenheit des Anwendungsprogrammierers. Das System kann hier automatisch nichts tun.

(3) **Markierung.** Geänderte Daten werden markiert, so dass eine CPU beim Schreibversuch „sehen" kann, dass die Daten verändert wurden, seit sie sie selbst gelesen hat.

Dies ist eine alternative Strategie zu (2), wenn die Daten relativ selten geändert werden. Lesezugriffe werden nicht blockiert, aber bei einer Änderung der Daten muss die zu spät kommende

CPU ihr Ergebnis verwerfen und mit den geänderten Daten noch einmal von vorne beginnen.

Die CPU muss natürlich über die notwendigen Ressourcen für ein Rollback verfügen (oder die Anwendung selbst muss auf ein Rollback eingerichtet sein) und die zusätzliche Rechenzeit darf die Blockadezeit bei (2) nicht übersteigen.

(4) **Copy-Update.** Geänderte Daten werden als neue Version gespeichert, die veralteten Daten aber erst gelöscht, wenn die letzte, zum Zeitpunkt des Updates noch laufende Leseoperation abgeschlossen ist.

Auch hier werden die Leseoperationen nicht blockiert, und auch die Schreiboperation muss im Grunde nicht warten, da lediglich die Datenversionen ausgetauscht werden. Diese Strategie ist beispielsweise brauchbar, wenn die Aktualität eines Datensatzes unerheblich ist, die Konsistenz aber gewahrt werden muss.

Bei all dem darf man nicht übersehen, dass die Situation durch die Caches noch verkompliziert wird. „Shared Memory" bezieht sich auf den RAM, aber nicht auf die Cache-Bereiche. Wie kritisch sich die Konkurrenz auf die Geschwindigkeit auswirkt, kann man sich vorstellen, wenn ein Wert in den Cache-Bereichen zweier Kernel liegt und von einem Kernel geändert wird.

➢ Handelt es sich um Shared-Cache, muss zumindest ein Write-Through auf diese Cache-Ebene erfolgen, um die Daten als geändert zu markieren (Strategie (3)) bzw. in den Cache der anderen CPU nachzuladen. Der Transaktionsstack kann hierbei i.d.R. klein bleiben.

➢ Handelt es sich um getrennte Cache-Bereiche, die aber signalmäßig direkt verbunden werden können, kann Strategie (4) eingesetzt werden, ggf. kombiniert mit einem automatischen Rollback, falls (!) der Ausführungsstack so groß ist, dass die Operationen rückgängig gemacht werden können. Der Datenaustausch der Aktualisierung erfolgt allerdings über den RAM.

➢ Ist ein Rollback nicht möglich, bleibt im Grunde im Fall eines Schreibens nur die Option, die anderes CPUs zu blockieren, bis die Daten vom Cache in den RAM und von dort wieder in den Cache der anderen CPU gelangt sind.

In ungünstigen Fällen wird die schnelle Cache-Arbeit durch Konkurrenzsituationen so weit unterdrückt, dass in Parallelprogrammen wesentlich längere Rechenzeiten resultieren als in der seriellen Anwendung.

Zwischenfazit. Das Meiste, was hier nur kurz angesprochen wurde, dürfte Programmierern allenfalls vage bekannt sein. Nur wenn man sich mit der Programmierung von Betriebssystemen oder dem Compilerbau beschäftigt, muss man sich auch mit den Hardwaretechniken beschäftigen, denn man muss sie schließlich zumindest teilweise bedienen. Und auch das, was auf dieser Ebene geschieht, entzieht sich vielfach der Kenntnis und Kontrolle des Anwendungsprogrammierers. Man muss sich daher nicht wundern, wenn zwischen Theorie und Praxis Lücken vorhanden sind.

3.2.5   Verbindungsnetzwerke

Optische Netzwerke, die bezüglich der Geschwindigkeit annähernd in der Lage wären, die CPU direkt mit Daten zu versorgen, verbinden die Rechnerplatinen untereinander und mit dem Massenspeicher. Insbesondere bei Parallelrechnern hängt die erreichbare Gesamtgeschwindigkeit

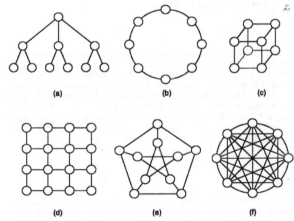

Abbildung 3.5: Typen von Netzwerktopologien

vom Datentransport an den Synchronisationspunkten ab. Da viele Rechner miteinander verbunden sind, die gleichzeitig etwas zu sagen haben, ist das nicht nur eine Angelegenheit der absoluten Geschwindigkeit, sondern auch von der Topologie des Verbindungsnetzes. Diese spielt daher beim Entwurf von Supercomputern eine große Rolle spielt.

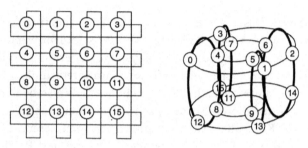

Abbildung 3.6: Torustopologie

Für einen universellen Rechner wäre es natürlich wünschenswert, jeden Rechner direkt mit jedem zu verbinden (Abbildung 3.5 (f)), was aber die Zahl der Verbindungen quadratisch mit der Zahl der Rechner ansteigen lässt. Man sucht daher nach Topologien, die möglichst wenige Routingknoten (Vermittlungsknoten, die die Daten weiterleiten, aber nicht die eigentlichen Empfänger sind) benötigen und zu möglichst vielen Aufgaben passen (Abbildung 3.6).

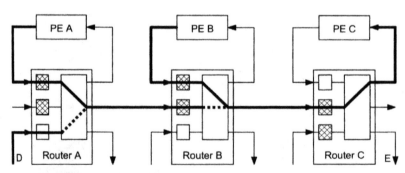

Abbildung 3.7: Konfliktfälle

Routing ist mit Konflikten verbunden, wenn mehrere Rechner an das gleiche Zielsystem senden (Abbildung 3.7), sowie ggf. mit Problemen, die schnellste Route in einem Netz zu finden (Abbildung 3.8).

Bei den Übertragungsprotokollen gibt es ebenfalls unterschiedliche Strategien, Daten schnell und sicher und Beachtung der Konfliktfälle zu transportieren. Nichtpuffernde Übertragung ist beispielsweise schneller als puffernde, die Konfliktauflösung ist hingegen wieder langsamer.

Nicht nur die Verbindungsnetze besitzen eine Topologie, auch die Aufgaben, die mit Parallelrechnern angegangen werden, besitzen eine solche. So werden einige der späteren Beispiele eine Sterntopologie erfordern (ein „Master" kommuniziert mit vielen „Workern"), einige eine „All-to-all"-Topologie oder nur eine Kommunikation mit den beiden nächsten Nachbarn. Bei der Konzeption eines Superrechners kann man eine Topologie wählen, die den späteren Aufgaben möglichst nahe kommen.

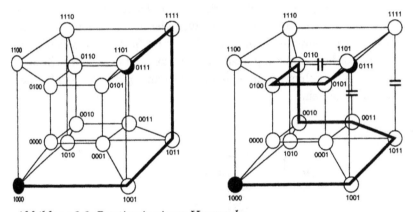

Abbildung 3.8: Routing in einem Hypercube

Glücklicherweise (wenn man diesen Ausdruck hier verwenden darf) sind viele Aufgaben so gestaltet, dass jedes System nur mit einer begrenzten Anzahl von Nachbarn kommunizieren muss. Lokal betrachtet liegt man mit einer Torus- oder Hypercube-Topologie ganz gut im Rennen, global betrachtet muss man diese ca. 16 Rechner umfassenden Lokalstrukturen aber auf Systeme mit einigen Hundert Rechnern abbilden, was eine nicht ganz anspruchslose Aufgabe ist.

In der Praxis ist dem Anwendungsprogrammierer die Topologie in der Regel nicht bekannt, und wenn er eine spezielle Topologie für seine Anwendung vorsieht, ist es aufgabe der darunter liegenden Systeme, diese optimale auf die physikalische Topologie abzubilden. Die Theorie relativiert sich ebenfalls, wenn anstelle spezieller Supercomputer „normale" Serverfarmen betrachtet werden, die für Webanwendungen oder unkoordinierte Anwendungen eingesetzt werden, aber natürlich auch verteilte Anwendungen erledigen können. Die Topologie ist hier darauf ausgelegt, alle Maschinen einer Funktionsklasse möglichst gleichmäßig zu erreichen.

3.2.6 Massenspeicher

Massenspeicher (Festplatten usw.) sind nicht direkt an die einzelnen Mainboards angeschlossen, sondern verstecken sich am anderen Ende der Netzwerkverbindungen in einer eigenen Hardwareburg, dem so genannten Storage Access Network (SAN). Jeder im Cluster laufenden Maschine wird ihr SAN-Anschluss zugewiesen, und auch hier sind wieder mehrere Hierarchiebenen von Hard- und Software am Werk, um die Datenanforderungen möglichst effizient zu gestalten. Eine Zuordnung von Daten und physischem Speicherort ist außerhalb des SAN in der Regel nicht möglich.

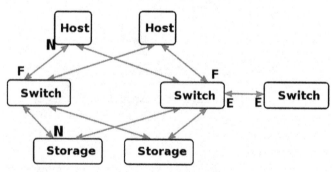

Abbildung 3.9: Fibre Channel Network

Sofern Datenbanken benötigt werden, residieren auch diese in der Regel in eigenen Clustern. Im Grunde handelt es sich hier um eigenständige

Parallelrechnereinheiten: Daten werden in der Regel im RAM der Maschinen vorgehalten, um schnelle Zugriffe zu gewährleisten, die Platten übernehmen die Sicherung der Daten. Das führt sowohl zu verteilten Daten (falls die Menge die RAM-Ressourcen übersteigt) als auch Synchronisationsvorgängen zwischen verschiedenen Maschinen mit gleichem Datenbestand (Transaktionen), die für die gleichzeitige Bedienung vieler Klientenanfragen notwendig sind.

3.3   Software

Die Organisation der Arbeitsabläufe auf einem Mainboard übernimmt bekanntlich ein Betriebssystem, und darüber hinaus muss natürlich auch für einen koordinierten Ablauf im Gesamtsystem gesorgt werden. Allerdings sind nur wenige, von vornherein auf solche CPU-Anzahlen konzipierte Betriebssysteme wie beispielsweis z/OS von IBM in der Lage, das im Alleingang zu versuchen (z/OS skaliert bis zu 640 CPUs; solche Hardwarearchitekturen sind aber bislang auf Supercomputer beschränkt, siehe Kapitel 8.2 ab Seite 217). Die häufig auch auf solchen Maschinen eingesetzten Betriebssysteme der Linux- oder Windowsschiene skalieren nicht mehr oberhalb 64 CPUs, weil bestimmte Steuerungsvorgänge nur seriell für alle CPUs nacheinander vorgenommen werden können und der Verwaltungsaufwand bei höheren CPU-Zahlen zu hoch wird. In einigen Anwendungsbereichen ist auch gar nicht unbedingt erwünscht, die einzelnen Maschinen zu groß werden zu lassen. Die Organisation des Gesamtsystems ist daher i.d.R. zweistufig:

- Eine Virtualisierung schneidet aus dem Gesamtsystem die gewünschten Arbeitseinheiten aus und versteckt weitere physische Details wie das SAN hinter einheitlichen Schnittstellen.

- Ein Betriebssystem (meist Linux oder Windows) übernimmt die Organisation der Arbeitseinheiten und der darauf laufenden Prozesse.

3.3.1 Virtualisierung

Zwischen Hardware und Betriebssystem liegt die Virtualisierungs-schicht. Der kleine Bruder der Virtualisierung auf Großrechnern, die virtuelle Maschine auf PCs, die es erlaubt, weitere Betriebssysteme in einem Wirtsbetriebssystem zu installieren, dürfte den meisten Lesern bekannt sein.[14]

Das Virtualisierungssystem ist ein verteiltes Betriebssystem, das mit Agenten auf jedem System läuft und in der Supervisoreinheit eine komplette Übersicht über das Gesamtsystem hat, d.h. (Abbildung 3.10)

➤ Ressourcenverteilung an die verwalteten Betriebssysteme,

➤ Auslastung der Maschinen,

➤ Auslastung und Topologie des Netzwerkes, Zuweisung von Netzwerkressourcen an Systeme,

➤ Auslasung des SAN und Zuordnung zu Systemen,

➤ ...

Wird ein Arbeitssystem einer bestimmten Leistungsklasse angefordert, organisiert der Supervisor die notwendigen Komponenten bei seinen Agenten:

a) Aus der verfügbaren Hardware wird auf einem Rechnerboard eine bestimmte Teilmenge (Anzahl der CPUs, Größe des RAMs) logisch ausgeschnitten und dem neuen Arbeitssystem zugeordnet.

b) Der Agent wird angewiesen, ggf. einen bestimmten Hardwaretyp zu emulieren.

c) Im SAN wird eine virtuelle Festplatte bestimmter Größe für das System reserviert und mit einer Standardschnittstelle angebunden.

---

14 Eine virtuelle Maschine ist nur bedingt mit einem Virtualisierungssysteme vergleichbar, da sie nicht auf der Hardware sondern selbst innerhalb eines Betriebssystems läuft und gewissen Rücksichten nehmen muss.

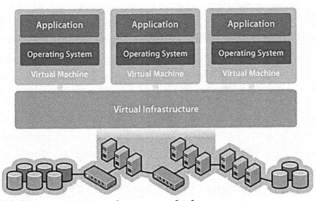

Abbildung 3.10: Virtualisierungsschichten

d) Die Infrastruktur emuliert ein bestimmtes Netzwerk (I/O-Ports, Cluster mit anderen Vms) ebenfalls als virtuelle Teilmenge des Gesamtnetzwerks.

e) Auf diesem virtuell definierten Bild eines physischen Systems wird das gewünschte Betriebssystem installiert – fertig ist die virtuelle Maschine.[15]

Viele der Zuordnungen werden vom Virtualisierungssystem dynamisch verwaltet. Initiale Zuweisungen von RAM sind oft knapp bemessen, wenn man den normalen Speicherverbrauch eines Betriebssystems betrachtet. Sie wird in einer virtuellen Maschine für WindowsXP 192 MB, Windows 7 512 MB, Windows 8 2.048 MB und Linux 512 MB fest reserviert. Auf einem physikalischen System mit diesen Ressourcen sagen die Betriebssysteme i.d.R. noch nicht einmal „Hallo". Im virtuellen System ist diese Zuweisung dynamisch, und die Hersteller von Virtualisierungssystemen begründen auf ihren Betriebsanweisungen auch recht ausführlich, weshalb andere Werte meist zu Perfomanzeinbrüchen anstelle von Steigerungen führen.

---

15 Achten Sie ein wenig auf die Nomenklatur: eine VirtualBox auf einem Arbeitsplatzrechner wird oft „virtuelle Maschine" genannt, gemeint ist aber eher Virtualisierungsmaschine. Hier haben wir nun eine virtuelle Maschine in einem Virtualisierungssystem in der Bedeutung virtuell simulierter Rechner mit Betriebssystem.

Plattenspeicher wird als virtuelle Festplatte zugeteilt und nur in der Größe tatsächlich belegt, in der er verwendet wird, und nicht in der reservierten Größe. Diese stellt die Obergrenze dessen dar, was ein System verbrauchen darf, und bis zu dieser Größe wird einfach angepasst, wenn mehr Platz benötigt wird. Das System „sieht" allerdings immer eine vermeintlich physische Festplatte der konfigurierten Größe.

Da nun nicht abzusehen ist, was in einem installierten System passiert – es werden zwar Leistungsmerkmale garantiert, aber immer noch das notwendige zugeteilt, was in der meisten Nutzungszeit deutlich weniger ist, ist ein „load balancing" durch das Virtualisierungssystem erforderlich. Bemerkt der Supervisor, dass die physikalischen Möglichkeiten eines Mainboards erschöpft sind, beispielweise weil alle Systeme auf dem Board zeitgleich hohe Rechenleistungen anfordern, werden komplette virtuelle Maschinen auf andere Mainboards verschoben, ohne dass dies den laufenden Betriebssystemen auffällt, und aufgrund der schnellen Netzwerkverbindungen erfolgt dies für den menschlichen Nutzer in Echtzeit. Mit angepasst werden SAN- und Netzwerkverbindungen der VM.

Der Supervisor ist in größeren Systemen eine spezielle Maschine, die mit den VM-Agenten der einzelnen Rechner kommuniziert die Gesamtnetzwerktopologie sowie die SAN-Topologie kennt. Was sich wo in einem großen System mit teilweise mehr 10.000 Rechnern mit noch mehr virtuellen Maschinen abspielt, weiß nur der Supervisor.

Anmerkung. In Supercomputern besteht die Notwendigkeit zu einer Flexibilität, wie sie die Virtualisierung in Serverfarmen leisten kann, nicht. Da es sich ohnehin nicht nur um superschnelle, sondern auch um superteure Maschinen handelt, erhalten sie auch speziell angepasste Betriebssoftware. Aus Performanzgründen wird eine Virtualisierung gleich in das Betriebssystem, bei dem es sich gar nicht einmal selten um eine spezialisierte Linuxversion handelt, integriert.

3.3.2   Betriebssystem

Die auf den virtuellen Maschinen laufenden Betriebssysteme steuern wiederum die Arbeit der einzelnen Anwendungen. Es existieren unterschiedliche OS-Strukturen (Abbildung 3.11), deren Details hier jedoch nicht interessieren sollen.

Wesentlich ist, dass alle Betriebssysteme im so genannten Kernel-Modus laufen, d.h. nur sie haben Zugriff auf die physikalischen Speicheradressen und die Peripherie. Alle Anwendungen können nur auf virtuelle Speicheradressen zugreifen, die vom Betriebssystem mit Hilfe der Memory Managing Unit MMU, einer speziellen Hardware, zugeteilt werden, und sind gegeneinander verriegelt, können also weder auf Daten anderer Prozesse noch die des Betriebssystems zugreifen. Will eine Anwendung einen speziellen Dienst eines Betriebssystems in Anspruch nehmen, löst es einen Interrupt aus, der die passende Funktion im Betriebssystem aktiviert, und diese kann nun auf den physikalischen Speicher der Anwendung zugreifen und die Daten manipulieren.

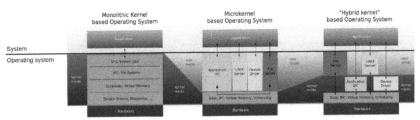

Abbildung 3.11: OS-Typen

Wenn der Leser nun mitgedacht hat, wird er einige Probleme bei dieser Beschreibung erkennen:

> ➤ Das Betriebssystem fordert exklusive Rechte auf der Hardware, sieht jedoch selbst aufgrund der darunter liegenden Virtualisierung nur einen Ausschnitt des Ganzen.

> ➤ Interrupts von I/O-Einheiten müssen dem zuständigen Betriebssystem zugeleitet werden (es laufen u.U. mehrere virtuelle Maschinen auf dem Board).

> ➤ Die Betriebssysteme müssen die NUMA-Einheiten des Boards korrekt bedienen

➤ ...

Eine Möglichkeit, das Zusammenspiel der Komponenten zu koordinieren, ist Unterstützung durch die Hardware, beispielsweise eine zweistufige MMU-Adressierung, nämlich (Abbildung 3.12)

- VM → OS und

- OS → Anwendungen

Greift eine Anwendung auf eine seiner virtuellen Adressen zu, wird diese durch die äußere Seitentabelle auf den Adressbereich des Betriebssystems gemappt, das die virtuelle Anwendungsadresse gewissermaßen pseudophysikalisch verwaltet, selbst aber über die innere Seitentabelle des Virtualisierungssystem auf die echte physikalische Adresse abgebildet wird. Fehlt eine Virtualisierungsschicht, so wird die Verwendung der inneren Tabelle hardwaremäßig abgeschaltet und das Betriebssystem greift direkt auf den physikalischen Speicher zu.

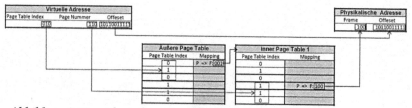

Abbildung 3.12: mehrstufiges Page-Lookup

Hardwaresignale landen im virtuellen System und werden auf die zuständigen Betriebssysteme rangiert. Da diese weiterhin die Arbeit erledigen, die sie auch machen, wenn sie ohne Virtualisierung laufen, ist der Aufwand in der Virtualisierungsebene meist marginal.

Umgekehrt rufen die Betriebssysteme auch Befehle auf, die von der Virtualisierungsschicht kontrolliert werden müssen, also nicht direkt ablaufen dürfen. Dies kann durch zwei Strategien umgesetzt werden:

(1) **Hardwareunterstützung.** Der Hardware wird durch ein spezielles Statusflag mitgeteilt, ob Betriebssystemcode oder Virtualisierungcode läuft, ähnlich dem Mechanismus, über den zwischen Betriebssystemcode und Anwendungscode unterschieden wird. Die kritischen Befehle eines Betriebssystems werden nicht

ausgeführt, sondern lösen einen Interrupt aus, der zur zuständige Methode der Virtualisierungsschicht springt, die die korrekte Ausführung und Kontrolle übernimmt.

(2) **Softwareunterstützung.** Die kritischen Befehle im Betriebssystemcode werden beim Installieren des Betriebssystems von der virtuellen Maschine modifiziert und können dann direkt ausgeführt werden. Das erfordert eine Kenntnis des Betriebssystems durch die Virtualisierungssoftware, kann also u.U. nicht mit jeder Version eines Betriebssystems durchgeführt werden. Aufgrund der Modifikation „weiß" ein Betriebssystem auch, dass es in einer virtuellen Umgebung und nicht direkt auf der Hardware läuft, und kann ggf. weitere Optimierungen vornehmen.

(2) ist die effektivste Methode der OS-Virtualisierung und daher auf großen Systemen Standard, auch wenn der eine oder andere Systemadministrator Vorbehalte gegen eine OS-Modifikation hat.

Trotz des immensen Aufgabenkatalogs, der durch die Virtualisierung zu erledigen ist, ist das Ganze außerordentlich effektiv: die Verluste gegenüber einem direkt auf der Hardware operierenden Betriebssystem liegen im günstigsten Fall bei 2-3%. Betriebssysteme sind in der Regel wesentlich anspruchsvoller.

3.3.3 (Parallele) Anwendungen

Am Ende der Nahrungskette stehen die Anwendungen. So lange wir es mit seriellen Anwendungen zu tun haben, ist hierzu nichts weiter zu sagen. Ob nun mit oder ohne Virtualisierung, eine CPU beschäftigt sich mit der Bearbeitung, bis die Aufgabe erledigt ist, wobei sie von Zeit zu Zeit vom Betriebssystem unterbrochen wird, das auch Konkurrenten zum Zug kommen lassen muss. Zerlegen wir eine Anwendung jedoch in zeitgleich ausführbare Teile, werden vom Betriebssystem zwei Ausführungsmodelle zur Verfügung gestellt:

(1) **Prozessmodell.** Jeder ausführbare Teil ist eine eigenständige Anwendung, die vom Betriebssystem als so genannter Prozess gestartet wird. Da jeder Prozess in seinem eigenen Adressbereich operiert (Distributed Memory Model), ist eine Koordina-

tion nur über eine vom Betriebssystem vermittelte Kommunikation möglich.

Besteht eine parallele Anwendung aus mehreren Prozessen, wird deren gleichzeitige Ausführung durch

a) Starten einer der Anzahl der vom Betriebssystem verwalteten CPUs entsprechenden Zahl von Prozessen,

b) Starten von Prozessen auf anderen virtuellen Maschinen auf dem gleichen Board, oder

c) Starten von Prozessen auf anderen Boards des Clusters

realisiert, wobei die Kommunikation in dieser Reihenfolge zunehmend mehr Zeit erfordert. Die Anzahl der einsetzbaren Prozesse wird im Prinzip nur durch die Größe des Clusters begrenzt.

(2) **Threadmodell.** Innerhalb des Adressraums eines Prozesses werden Unterprozesse oder Threads gestartet, die auf verschiedenen CPU zeitgleich arbeiten können (Shared Memory Model).

Eine spezielle Kommunikation entfällt, da alle Threads den kompletten Speicher auslesen können, die Anzahl der zeitgleich einsetzbaren Threads wird allerdings durch die Anzahl der vom Betriebssystem verwalteten CPUs begrenzt (welche bei Virtualisierung nicht mit der Zahl der auf einer Platine vorhandenen CPUs übereinstimmen muss).

Distributed Memory Model und Shared Memory Model sind schon aufgrund dieser Rahmenbedingungen weniger Konkurrenten als vielfach sich ergänzende Methoden.

3.4   Heterogene Systeme

Die massiven Rechenleistungen werden heute allerdings nur teilweise auf den diskutierten Strukturen erbracht. Die Hochleistungsgrafik der Echtzeitcomputerspiele läßt sich mit Universalmaschinen nicht mehr produzieren; sie erfordert von vornherein eine massive Parallelisierung. Die Algorithmen erfordern nur einen beschränkten Funktionsumfang, was die Angelegenheit erleichtert. Die Steuerung von inzwischen tausenden von Einheiten, die alle innerhalb einer kurzen Zeit synchron ihre Ergebnisse abzuliefern haben und obendrein unter der permamenten Direktive des Mainboards zu arbeiten haben, erfordert andere Hard- und Softwareprinzipien als die hier besprochenen. Wir gehen hier im allgemeinen Teil jedoch nicht darauf ein, sondern stellen dies bis zu Kapitel 9 zurück. Da die Karten über eigene Speicherbereiche verfügen, kann man die Anwendungsprogrammierung der Kategorie „Distributed Memory Model" zuordnen.

Zwischen den Mainboards mit der betriebssystemseitigen Beschränkung auf ca. 16 CPU-Kernel und den Grafikkarten mit tausenden von Prozessoren etabliert sich inzwischen auch ein mittlerer Bereich mit einigen Hundert eher konventionell gestrickten Prozessoren (siehe Kapitel 8.2), mit dem man die Kategorie „Shared Memory Model" bedienen will.

4   Überlegungen zur Software

Bevor wir zu den eigentlichen Parallelisierungsmechnismen kommen, entwickeln wir zunächst einige Arbeitstechniken sowie Kriterien, anhand derer wir parallelisierbare Teile eines Programms erkennen können. Einige schon konkreter ausfallende Fallbeispiele können wir später in den Übungen weiternutzen.

4.1   *Projekt: Parallelisierung*

Auch Programmierprojekte, die in eine parallelen Anwendung münden, beginnen (in der Regel) mit einer einfachen und überschaubaren, möglicherweise aber noch nicht sehr effizienten seriellen Version. Der primäre Grund ist darin zu suchen, dass die Theorie im allgemein seriell aufgebaut ist und mehr oder weniger 1:1 von der mathematischen Sprache in die Programmiersprache übersetzt werden kann. Darüber hinaus ist für die weiteren Arbeiten – Optimierung und Parallelisierung – eine Referenzimplementation notwendig, mit der kontrolliert werden kann, ob weiterhin korrekte Ergebnisse geliefert werden.

Auch die Referenzimplementation muss zunächst getestet werden, was jedoch nur bedingt das Einsetzen irgendwelcher Daten bedeutet, weil die Gefahr besteht, dass man damit nur eine Gefälligkeitsprüfung durchführt. Abhängig von der Theorie und dem eingesetzten Algorithmen muss der Prüfer nach kritischen Daten suchen, d.h. Fällen am Rande des Aufgabenspektrums, in denen wahrscheinlich ist, dass die Rechnung schiefgeht, wenn sich Nachlässigkeiten bei der Implementation eingeschlichen haben.[16]

Das mag sich für manchen Leser etwas verwirrend anhören, und kritische Daten zu bestimmen ist vielfach auch keine leichte Aufgabe, jedoch

---

16 Das entspricht der wissenschaftlichen Prüfung einer Theorie durch Falsifikation, also dem Versuch, nachzuweisen, dass die Theorie eben nicht zutrifft. Leider ist diese Denkweise etwas ins Hintertreffen geraten. Wer einmal in Praktika unsinnige Lösungen mit dem Argument „Was wollen Sie denn? Es läuft doch!" präsentiert bekommen hat, weiß, wovon ich rede.

treten solche Fälle in der Praxis häufiger auf als vermutet. Das größte Problem entsteht ensteht in der Regel dadurch, dass in der Theorie die Berücksichtigung der numerische Stabilität eines Programms fehlt. Bei der Berechnung der Lösung einer quadratischen Gleichung

$$x^2 + p * x + q = 0$$

mit den Lösungen

$$x_{1,2} = \frac{-p}{2} \pm \sqrt{\frac{p^2}{4} - q}$$

wie sie die Theorie liefert, treten beispielsweise große absolute Fehler auf, wenn eine der Lösungen in der Nähe der Null liegt (das gilt immer, wenn fast gleichgroße Zahlen voneinander abgezogen werden). Eine korrekte Implementation, die solche Fehler vermeidet, ist

$$x_1 = \left(\left| \frac{p}{2} \right| + \sqrt{\frac{p^2}{4} - q} \right) * sign(p)$$
$$x_2 = p / x_1$$

In diesem Fall ist die Lösung einfach, da man die Theorie erweitern kann, in anderen Fällen ist es weniger einfach oder eindeutig, wo die Probleme liegen und wie sie zu umgehen sind. Außer der numerischen Stabilität können weitere Problemfälle auftreten.

Im Anschluss an die Referenzimplementation erfolgt oft eine Optimierung. Diese kann in einer Optimierung des Codes oder des verwendeten Algorithmus bestehen. Die Korrektheit der optimierten Version wird mittels der einfachen Referenzimplementation verifiziert, wobei grundsätzlich alle Testfälle zu berücksichtigen sind. Dabei sollte der Prüfer den Gesichtspunkt, dass die optimierte Version aufgrund von Änderungen im Algorithmus auch andere Problemzonen aufweisen kann, nicht außer Acht lassen und auch hier nach kritischen Testfällen Ausschau halten.

Im letzten Schritt geht es nun an die Aufteilung des Programms in parallele Abschnitte. Die Programmiersprachen unterstützen Parallelisierung bislang nicht oder allenfalls nur sehr rudimentär. Parallelisierung ist deshalb immer etwas Aufgesetztes.

Bei überschaubaren Algorithmen kann man gleich den Code analysieren, bei größeren Aufgaben kann es vorteilhaft sein, zunächst zu untersuchen, wo die „Hotspots" der Aufgabe liegen, d.h. an welchen Stellen die meiste Arbeit anfällt. Diese Frage kann oft schon aus der Theorie heraus beantwortet werden, und in der Praxis helfen Werkzeuge zur Performanzanalyse oder Zeitmessungen an bestimmten Abschnitten des Programms. Parallelisierbar ist nämlich oft vieles, aber es nützt wenig, Projektteile zu zerlegen, die nur unwesentlich zum Gesamtaufwand beitragen, und es ist oft ebenfalls unproduktiv, einen Hotspot unnötigerweise in mehrere parallele Sequenzen aufzuteilen, die seriell miteinander verbunden sind und an denen sich die Arbeit doch wieder aufstaut.

Lässt sich ein Hotspot nicht sinnvoll parallelisieren oder spaltet man ihn in zu kleine Einheiten auf, die durch serielle Passagen doch wieder ausgebremst werden, hat man „Bottlenecks" vor sich. Bei solchen Bottlenecks ist zu prüfen, ob durch Umstrukturierung des Programms oder eine Restrukturierung beziehungsweise einen Austausch der Algorithmen etwas verbessert werden kann. Es muss wohl nicht weiter darauf hingewiesen werden, dass man sich im Falle größerer Umstellungen neben den normalen Testfällen auch wieder Gedanken über kritische Testfälle machen muss.[17]

Im Weiteren wollen wir im Rahmen der Zerlegung einer Anwendung in parallel bearbeitbare Teile von einer Zerlegung in Prozessen sprechen, womit aber nicht unbedingt Prozesse in dem Sinn gemeint sind, den wir zum Schluss des letzten Kapitels entwickelt haben. Bei den parallelen Teilen kann es sich sowohl um Prozesse als auch um Threads innerhalb eines Prozesses handeln.

Ein weiterer nicht ganz von der Hand zu weisender Grundgedanke besteht darin, dass die parallelen Teile auch nichts anderes sind als das serielle Grundprogramm, das mit einem eingeschränkten Parametersatz arbeitet. Alle parallel ablaufenden Prozesse beinhalten daher den gleichen Code. Aber auch das ist kein Muss: sowohl unterschiedliche Prozesse im Sinne des Betriebssystem als auch unterschiedliche Threads können völ-

---

17 Größere Umstellungen können auch zu weiteren seriellen Versionen oder einen Austausch der optimierten Version durch eine neue Version führen. Was notwendig oder sinnvoll ist, hängt vom Einzelfall ab.

lig eigenständigen Code besitzen. Was sinnvoll ist, entscheidet der Anwendungsfall.

Bei der Zerlegung ist eine sinnvolle Strukturierung der Kommunikation zwischen den Prozessen gefragt. Insbesondere sind zwei Fälle interessant:

1. Alle Prozesse sind mit sämtlichen Daten zu synchronisieren. Hierzu kann

   a) jeder Prozess an jeden anderen seine Daten senden. Der Aufwand ist aufgrund der vielen Nachrichten (in einem Netzwerk mit n Prozessen sind n^2 Nachrichten auszutauschen) sehr groß.

   b) jeder Prozess seine Daten an einen Masterprozess senden, der die Daten anschließend neu verteilt. Hier werden $2n$ Nachrichten ausgetauscht, die beim gleichen Anwendungsfall jedoch länger ausfallen als bei a).

   c) Einige Prozess senden ihre Ergebnisse an andere Prozesse, die wiederum die empfangenen Daten zusammen mit den eigenen weitersenden, bis alle beim Masterprozess angelangt sind. Dieser sendet die Daten an einige Kindprozesse, die wiederum die Daten weiter verteilen. Am besten stellt man sich hierzu eine Baumstruktur für die Datenwege vor. Der Aufwand für die Versendung liegt bei $log(n)$, wobei unterschiedliche Nachrichtenlängen auftreten.

2. Jeder Prozess benötigt nur Daten von ausgewählten Nachbarprozessen. Die Verteilung kann

   a) ähnlich 1.b) erfolgen, wobei der Masterprozess wissen muss, wer welche Daten benötigt. Hierbei fallen wieder $2n$ Nachrichten an.

Diese Modelle beinhalten implizit, dass die Daten aus allen Prozessen mehr oder weniger gleichzeitig vorliegen. Das wird zwar meist der Fall sein, aber man kann auch versuchen, die Aufgaben so zu verteilen, dass immer nur wenige Prozesse Daten austauschen (und dabei keine Rechenleistung erbringen), während andere noch mit voller CPU-Leitung ihre Berechnungen vornehmen. Die gesamte benötigte CPU-Rechenzeit bleibt so annähernd konstant, während die Gesamtzeit der Aufgabe im System sinkt. Ob die Aufgabe eine solche Aufteilbarkeit hergibt und ein Management implementierbar ist, dass das auch bewältigt, ist eine andere Frage.

b) Ist den Prozessen bekannt, welche Nachbarprozesse betroffen sind, können die Daten direkt an diese Prozesse gesendet werden. Sind beispielsweise 4 Nachbarprozesse zu informieren, liegt der Aufwand bei *4n* Nachrichten. Trotzdem kann diese Option, eine entsprechende Netztopologie vorausgesetzt, günstiger sein als 2.a)

Die zu rechnenden Aufgaben sind in der Regel nicht singulär, sondern fallen regelmäßig an. Hierbei kann der Fall eintreten, dass die nächste Aufgabe schon in der Warteschlange steht, bevor die laufende beendet ist. Wieviel weitere Rechenkapazität muss dazu bereit gestellt werden? Wenn der Kommunikationsanteil oder der Anteil der nur seriell ausführbaren Berechnungen an der Gesamtzeit relativ hoch ist, kann die neue Aufgabe unter Mitnutzung der vorhandenen Ressourcen gestartet werden bevor die alte zu Ende gerechnet ist. Wenn das Modell passt, verbraucht eine Aufgabe die CPU-Ressourcen, die die andere brachliegen lässt.

4.2   Parallelisierbarkeit

Sind die Hotspots in einer Anwendung gefunden, folgt die Analyse, ob die Arbeit parallelisierbar ist. Ein erster Ansatzpunkt sind häufig durchgeführte gleichartige Arbeitsabläufe oder – in der Programmierersprache – Schleifen, d.h. **for-** oder **while-** Konstruktionen. Die Kriterien für eine Parallelisierbarkeit sind sehr einfach: wenn das Ergebnis eines Schleifendurchlaufs unabhängig von den anderen Schleifendurchläufen ist, kann die Bearbeitung in parallele Prozesse[18] zerlegt werden.

Beispielsweise ist in der Schleife

---

18 „Prozesse" wird hier wieder als parallel durchgeführte Arbeit verstanden, d.h. es kann sich sowohl um einen Prozess als auch einen Thread im Sinne des Betriebssystems handeln.

```
for(int j=0;j<N;j++)
    sum+=y[j]*x[j];
```

jeder Schritt von den anderen völlig unabhängig und man kann die Arbeit auf verschiedene Prozesse verteilen:

```
for(int j=my_start;j<my_end;j++)
    sum+=y[j]*x[j];
```

Jedes Teilprogramm erzeugt überschneidungsfreie Partialsummen, die von einem Koordinator, der die Indexbereiche zuteilt und die Zwischenergebnisse einsammelt, zur Gesamtsumme addiert werden.

Aufgabe. Implementieren Sie eine solche Zerlegung innerhalb eines seriellen Programms. Die Teilprogramme können als Funktionen implementiert werden, die vom „Masterprogramm" in einer Schleife aufgerufen werden. Diese Zerlegung dient später als Ausgangspunkt für eine echte Parallelisierung.

Das gilt beispielsweise auch für

```
for(int i=0;i<M;i++)
    for(int j=0;j<M;j++)
        y[i]+=a(i,j)*x[j];
```

Eine solche geschachtelte Schleife lässt sich theoretisch sogar doppelt zerlegen, was aber in der Praxis nur unter bestimmten Umständen sinnvoll sein dürfte.

Aufgabe. Zerlegen Sie die geschachtelte Schleife trotzdem in geschachtelte Paralellisierungen. In der Praxis sinnvoll könnte beispielsweise eine Aufteilung der äußeren Schleife auf Prozesse sein, in denen die innere durch mehrere Threads abgearbeitet wird.

Die Verteilbarkeit ist darauf zurück zu führen, dass Operanden auf der linken Seite des Zuweisungsoperator nicht zu irgendeinem späteren Zeitpunkt auf der rechten Seite auftreten.

Nicht diese Kriterien erfüllen Aufgaben der Art

```
for(int i=1;i<N;i++)
    x[i]=f(x[i-1]);

F[0]=F[1]=1;
for(int i=2;i<N;i++)
    F[i]=F[i-1]+F[i-2];
```

da zur Berechnung des nächsten Wertes der vorhergehende bekannt sein muss.

Man muss aber genau hinschauen. Ist die Aufgabe umfangreicher wie im folgenden Beispiel

```
for(int i=1;i<N;i++){
    x[i]=f(x[i-1]);
    y[i]=f(y[i-1]);
}
```

so kann die Schleife selbst zwar nicht in Teilschleifen zerlegt werden, die parallel ausgeführt werden, jedoch sind die Berechnungen für x und y völlig unabhängig voneinander und können getrennt und damit auch parallel ausgeführt werden.

Aufgabe. Formulieren Sie den Code so um, dass die Parallelisierbarkeit sichtbar wird.

Auch der Wortlaut *„zu einem späteren Zeitpunkt"* in unserer Kriteriendefinition ist wesentlich, denn in

```
for(int i=0;i<N;i++)
    for(int j=0;j<M;j++)
        x[i]=f(x[i]);
```

taucht zwar jeder Operand links und rechts auf, aber zum gleichen Zeitpunkt, und man kann wieder Parallelisieren.

Schwieriger wird es in **while**-Konstrukten. Im folgenden Code

```
while(fabs(f1-f2)>1.0e-8){
    f1=f2;
    f2=foo();
}
```

hängt die Abbruchbedingung von aufeinander folgenden Schleifendurchläufen ab, so dass rein formal keine Parallelisierbarkeit gegeben ist. Erfüllt jedoch der Schleifenblock die Parallelisierungskriterien, kann man mehreren Prozessen den Auftrag zur Berechung einer Serie von **f2**-Werten erteilen, die vom Koordinator auf die Erfüllung der Abbruchbedingung geprüft werden. Dabei muss in Kauf genommen werden, dass einige **f2**-Werte unnötigerweise berechnet werden, weil das Abbruchkriterium auch ohne sie erfüllt wird. Man nimmt also bewusst Mehrarbeit in Kauf, um schneller fertig zu werden.

Ein anderer Fall, dem man die Parallelisierbarkeit nicht unmittelbar ansieht und der auf eine ähnliche Art angegangen werden kann, ist

```
if(f(x))
    g(x);
else
    h(x);
```

Ist die Auswertung der Funktionen **f**, **g** und **h** zeitaufwändig und werden in **f** keine Daten produziert, die **g** oder **h** für ihre Arbeit benötigen, kann es sinnvoll sein, drei parallele Prozesse mit der Auswertung zu beauftragen. In der **if** – Verzweigung wird nach Ermittlung des Funktionsergebnisses von **f** das bereits fertige Ergebnis von **g** oder **h** ohne Zeitverlust übernommen, während man bei serieller Ausführung nun noch auf die zweite Auswertung warten muss. Es ist klar, dass man auch hierbei einen Lauf in den Sand gesetzt hat, weil das Ergebnis verworfen wird, aber wenn die Ressourcen ohnehin angefordert sind und der Zeitfaktor eine Rolle spielt, kann man das in Kauf nehmen.

Eine abgeschwächte Form dieser Strategie wird eingesetzt, wenn die überprüfte Bedingung asymmetrisch ausfällt. Ist das Ergebnis beispielsweise in 75% der Fälle TRUE, kann ein zweiter Thread bereits $g(x)$ berechnen, während $f(x)$ ausgewertet wird. In ¾ aller Versuche wird so Rechenzeit eingespart, während in ¼ die Zeit rein serieller Verarbeitung erreicht wird. Ob sich das lohnt, hängt von den Kosten für die zusätzliche Hardware ab.

Zusätzlich ist zu berücksichtigen, was diese Aufspaltung an weiteren Ressourcen kostet. Handelt es sich nur um Rechenzeit, ist eine Aufspaltung unkritisch, sind jedoch hunderte von MB Daten zu duplizieren, um später nur das benötigte Ergebnis zu übernehmen, wird eine solche aufspaltung wenig Sinn machen.

Kommen wir an dieser Stelle auf die letzte Aufgabe zurück (ich habe ein wenig gewartet, damit Sie nicht sofort die Lösung im Text erkennen). Eine Lösung ist die Aufteilung der **for**-Schleife in zwei **for**-Schleifen, die jeweils nur für **x** oder **y** zuständig sind. Das Prinzip kann man verallgemeinern: auch größeren Codeabschnitte können voneinander unabhängig sein und in unabhängige Teilprogramme zerlegt werden, die parallel ausführbar sind. Man benötigt allerdings einen Koordinator der die Teile zusammenfügt.

Abschließend ist zu überlegen, ob es sinnvoll ist, eine die Kriterien erfüllende Schleife sofort freudestrahlend in parallele Teilprogramme zu zerschneiden. Trifft das auf mehrere hintereinander liegende Programmabschnitte zu, müssen die Teilergebnisse nach jeder Einzelzerlegung durch den Koordinator wieder zusammengesetzt werden, bevor der nächste Parallelteil anläuft. Das kann erneut zu Bottlenecks in der Anwendung führen. Alternativ kann man versuchen, die Parallelisierung direkt über einen größeren Bereich d.h. viele Schleifen auszudehnen, um solche Bottlenecks zu vermeiden.

4.3   Compilerarbeit

Wer Programme entwickelt, weiß, dass die Entwicklungsumgebungen zwei Übersetzungsziele anbieten: den Debug-Modus und den Release-Modus. Im Debug-Modus wird das Programm Anweisungszeile für Anweisungszeile seriell übersetzt und ausgeführt, was mittels eines Debuggers das Verfolgen einer Berechnung erlaubt. Dieser Modus dient dazu, Fehler in der Umsetzung eines Algorithmus zu finden und zu beseitigen.[19]

Funktioniert das Programm schließlich fehlerfrei, kann es im Release-Modus übersetzt werden. Hierbei werden nicht nur die Informationen entfernt, die das Verfolgen des Programmablaufs im Quellcode erlauben, der Code wird auch optimiert, wie an einigen einfachen Beispielen erläutert sei:

```
int i;
for(i=0;i<100;i++) …
```

Die Schleifenvariable ist hier als RAM-Variable definiert und muss in jedem Schleifenaufruf und auch in jedem Aufruf innerhalb der Schleife von dort geladen und ggf. wieder zurückgeschrieben werden. In der optimierten Version wird sie nicht mehr im Speicher verwaltet, sondern

---

19 Eine weitere Methode besteht in der Ausgabe von Zwischenergebnissen, ohne das Programm in einzelnen Schritten auszuführen (Trace). Hierbei ist es egal, in welchem Modus sich der Compiler befindet.

nur noch in einem CPU-Register. Das Rückschreiben des Inhalts in den RAM erfolgt in der Regel erst bei Verlassen der Schleife.

Der Aufruf der Methode

```
inline int foo(double const& d) …
```

sieht im Debug-Modus zunächst völlig normal aus. Im optimierten Code wird die Methode jedoch nicht über einen CALL – Befehl aufgerufen, sondern der Code wird direkt an alle Stellen kopiert, an denen der Aufruf erfolgt. Der Stack wird nicht mehr durch einen Funktionsaufruf belastet, und ein Aufwand in der Größenordnung von 25 und mehr Assemblerbefehlen wird eingespart. Bei Funktionen, die nur aus wenigen einfachen Anweisungen bestehen, ist die Zeiteinsparung erheblich.

Vektoroperationen

```
for(int i=0;i<n;i++) x[i] = x[i] + y[i];
```

werden umgewandelt in die effektivere Iterator-Form

```
for(pi=x,pj=y;pi!=x+n;++pi,++pj)
    *pi+=*pj;
```

In diesen Beispielen ersetzt der Compiler den Programmcode automatisch durch einen effektiveren, und auch **x+n** wird vorausgewertet und in einem CPU-Register abgelegt und nicht in jedem Schleifendurchlauf neu berechnet.

Aufgabe. Ein gut konstruierter Compiler macht solche Optimierungen selbständig. Der Programmentwickler muss sich um solche Feinheiten in der Regel keine Gedanken machen, wenn auch das letzte Beispiel im Rahmen des Iteratorkonzeptes von C++ in der optimierten Form Programmierstandard ist. Führen Sie an einigen Beispielen Zeitmessungen durch, um zu verifizieren, dass der Compiler korrekt optimiert.

Bereits solche einfachen Optimierungen, die noch gar nichts mit Parallelisierung auf Anwendungsebene zu tun haben, können durchaus dazu führen, dass sich die Ausführungszeiten von Debug- und Relase-Version um den Faktor 10-100 unterscheiden. Grundsätzlich sind Messungen, wie effektiv ein Programm ist und ob weitere Optimierungsmaßnahmen sinnvoll sind, nur an der Release-Version durchzuführen, und zwar möglichst auch auf dem System, auf dem später die Rechnungen durchgeführt werden, weil die Hardware weitere Beschleunigungswerkzeuge bereit halten kann, die der Compilerbauer im Release-Mode berücksichtigt. Einige Beispieldaten finden Sie in Tabelle 1 auf Seite 73.

4.4   Caching und Datenstrukturen

Wie oben bereits ausgeführt wurde, verfügen Rechner über verschiedene Cache-Ebenen. Datenzugriffe der CPU, die auf dem Cache ausgeführt werden können, sind um den Faktor 10-100 schneller als wenn bis auf den normalen RAM durchgegriffen werden muss.

Das Betriebssystem, das für die Definition der Ladestrategie der Cache-Ebenen zuständig ist, geht gewöhnlich davon aus, dass der nächste zu bearbeitende Datenpunkt direkt neben dem augenblicklichen liegt und daher aus einem Cache-Bereich genommen werden kann. Während die CPU mit der Bearbeitung von Daten beschäftigt ist, sieht die Ladestrategie das Nachladen der vermutlich in den nächsten Befehlen genutzten Daten vor. Optimal aufeinander abgestimmt wird die CPU kaum durch Zugriffe auf langsamere Speicher ausgebremst, es sei denn, es handelt sich um gemeinsame Daten mit anderen CPUs, die nach Änderungen mindestens synchronisiert werden.

Die Effekte seien an einigen Beispielen verdeutlicht. Wir betrachten dazu eine Matrixmuliplikation, die wir später (Kapitel 6.3.1 ab Seite 106) parallelisieren werden. Die Codedetails zur Implementation finden Sie dort. Mit einer Matrixmultiplikation lässt sich sehr leicht eine hohe CPU-Last erzeuge, da der Rechenaufwand proportional zur 3. Potenz der Matrixdimension ist. Der erste Beispielcode folgt der mathematischen Formulierung einer Matrixmultiplikation, aber nur fast, wenn Sie genau hinschauen:[20]

```
for(size_t i=0; i<SIZE_C; i++)
    for(size_t j=0; j<SIZE_C; j++)
        for(size_t k=0; k<SIZE_C; k++)
            c(i,j)+=a(i,k)*b(j,k);
```

---

20 Im korrekten Algorithmus ist das Skalarprodukt Zeile*Spalte zu berechnen. Wir verwenden hier Zeile*Zeile bzw. Spalte*Spalte, um den Einfluss des Caching studieren zu können.

Die Zugriffe auf die Matrizen **a** und **b** erfolgen auf hintereinander liegende Speicherstellen, da als Speichervariante eine zeilenweise Speicherung der Matrixzeilen gewählt wurde.

In einer zweiten Variante ist dies bei gleicher Speichervariante nicht der Fall:

```
for(size_t i=0; i<SIZE_C; i++)
    for(size_t j=0; j<SIZE_C; j++)
        for(size_t k=0; k<SIZE_C; k++)
            c(i,j)+=a(k,i)*b(k,j);
```

Die einzelnen Matrixelemente liegen im RAM **SIZE_C** Positionen voneinander entfernt.

In einer alternativen Implementation des Algorithmus ist der indizierte Zugriff in der inneren Schleife ausgelagert, was zwei weitere Versionen ergibt:

```
for(size_t i=0; i<SIZE_C; i++) {
    for(size_t j=0; j<SIZE_C; j++) {
        double r=0;
        for(size_t k=0; k<SIZE_C; k++) {
            r+=a(i,k)*b(j,k);
        }
        c(i,j)=r;
    }
}
```

Die Doppelindizierung rechts vom **+=** Operator lässt sich mit Hilfe der Iterator-Technik beseitigen, was eine weitere Laufzeitverbesserung ergeben sollte:

```
for(double* b1=&a(i,0),*b2=&b(j,0);
    b1!=&a(i,0)+SIZE_C;b1++,b2++)
    r+=*b1 * *b2;
```

Im eigentlichen Rechenschritt hat sich dadurch nichts geändert, allerdings muss die CPU nun nur noch die Adresse in einem Register vorhalten, auf die der Zugriff erfolgt, und das Register anschließend für den nächsten Schleifendurchlauf inkrementieren. In der urspünglichen Version ist $*(c+i*dim+j)$ auszuwerten, d.h. mit drei Variablen ist ein Offset zu berechnen, der zur Startadresse – eine weitere Variable – des Arrays zu addieren ist, um die Datenadresse zu erhalten, auf die zugegriffen wird. Man macht wohl keinen Fehler, wenn man davon ausgeht, dass

- auch den Möglichkeiten des Compilerbauers Grenzen gesetzt sind, diese Operationen so weit zu optimieren, dass die Auswertung auf den simplen Adresszugriff mit Inkrementierung geschrumpft wird, und

- die CPU nicht über so viele Register verfügt, dass alle Größen gespeichert werden können.

Es werden daher zusätzliche Rechenoperationen und Cache-Zugriffe notwendig sein, die sich in der Laufzeit merkbar auswirken.

Dies waren nun Versionen des regulären Algorithmus, in denen zwar mathematisch falsch, aber sehr regelmäßig auf die Speicherstellen zugegriffen wurde. Als „Härtetest" kann man eine komplett zufällige Indizierung implementieren:

```
for(size_t i=0; i<SIZE_C; i++)
    for(size_t j=0; j<SIZE_C; j++)
        for(size_t k=0; k<SIZE_C; k++) {
            size_t i1,i2,i3;
            i1=rand()%SIZE_C;
            i2=rand()%SIZE_C;
            i3=rand()%SIZE_C;
            sum=i1+i2+i3;
            mi=min(mi,min(i1,min(i2,i3)));
            ma=max(mi,max(i1,max(i2,i3)));
            c(i1,i2)+=a(i1,i3)*b(i3,i2);
        }
```

Irgendwelche Cache-Strategien sollten hier nicht mehr greifen, so dass fast alle Zugriffe über den normalen RAM abgewickelt werden. Um diesen Algorithmus mit den vorhergehenden vergleichen zu können – es sind ja einige zusätzliche Codezeilen vorhanden[21] – eichen wir den Algorithmus durch eine Implementation, in der

```
c(i,j)+=a(i,k)*b(j,k);
```

---

21 Die merkwürdig anmutende Summation und die Min/Max-Auswertung dient lediglich dazu, den Compiler davon abzuhalten, „unnütze" Codezeilen in der Optimierung einfach fort zulassen. Das täte er nämlich, wenn i1, i2, i3 nicht weiter verwendet würden. Sie sehen: die Konstruktion von Testcodes ist oft weniger einfach als man glaubt.

als Summenschritt implementiert ist. Bei Zeitmessungen erhält man folgenden Ergebnistrend (Ergebnisse in [ms] beim Multiplikation vom 500*500-Matrizen):

Modell	Debug-Modus	Release-Modus
Normal, kontinuierlich	5.390	353
Normal, einzeln	5.450	384
Opt. Summe, kont.	3.660	124
Opt. Summe, Zeiger	1.957	117
Opt. Summe, Distanz	3.685	201
Random, Kalibrierung	11.350	4.694
Random	15.300	7.981

Tabelle 1: Laufzeitmessung Cache/Compileroptimierung

Beobachtung 1. Zunächst fällt der große Laufzeitunterschied zwischen Programmen, die im Debug-Modus kompiliert wurden und solchen, bei denen der optimierte Modus des Compilers eingestellt wurde auf. Bei der nach unseren Überlegungen optimalen Cachestrategie ist die Debug-Version um den Faktor **30** langsamer als die optimierte Version, die Random-Version zwar nur noch um den Faktor **2**, aber damit immer noch deutlich langsamer.

Eine Ursache lässt sich bei der Zeigerversion erkenne: bei der Optimierung werden unnötige Funktionsaufrufe beseitigt. Trotzdem finden wir auch hier einen Faktor **16** gegenüber der optimierten Version. Der Compiler kann auf Optimierungsstrategien der Hardware zurückgreifen, die der Hochsprache nicht zugänglich sind. Wilde Optimierungsversuche des Anwendungsprogrammierers haben nur begrenzte Wirkung und können bei einem Zuviel des Guten auch störend auf die Optimierung wirken

Beobachtung 2. Die simple Herausnahme von $c(i,j)$ aus der inneren Schleife hat den zweitgrößten Effekt und beschleunigt die Ausführung nochmals um den Faktor **2-3** im optimierten Code. Der Ersatz der indizierten Zugriffe durch Iteratoren ergibt allerdings „nur" noch eine Verbesserung um ca. 5%. Wir haben somit Cache-Effekte vorliege: $c(i,j)$

kann in dieser indizierten Form nicht optimal im Cache gehalten werden (wie vermutet) und vermindert die Effizienz (write through operation), während zweidimensionale Adressarithmetik schon recht weitgehend optimiert ist.

Beobachtung 3. Auffallend gering fällt der Unterschied zwischen Speichermodellen aus, bei denen die Speicherstellen hintereinander liegen oder weiter entfernt sind, aber regelmäßige Abstände besitzen. Am deutlichsten ist der Unterschied noch im optimierten Zwischensummenmodell, wo immerhin noch ein Faktor **1,6** erreicht wird. Nun ist genau dieser Fall – regelmäßige Abstände zwischen den Zugriffsadressen – ein in der Praxis recht häufig auftretender Fall. Hardware, Betriebssystem und Compiler haben sich darauf eingestellt und halten Ladestrategien für die Cacheebenen vor, die die nicht optimalen Zugriffsstrategien großenteils ausgleichen können (mehrere Cacheebenen vereinfachen das). In der Anwendungsprogrammierung kann man bestimmte Optimierungen daher auch vernachlässigen, wenn die Programme dadurch unübersichtlich komplex zu werden drohen.

Beobachtung 4. Die Effizienz der Cachezugriffe zeigt die zufällige Indizierung der Speicherstellen deutlich. Die Differenz der beiden Random-Implementierungen ist mit der ersten Zeile der Tabelle zu vergleichen, d.h. die zufällige Indizierung ist um den Faktor **10** langsamer als die regelmäßige. Hier greifen keinerlei Cache-Strategien mehr und wir messen die Arbeitsgeschwindigkeit eines Systems, das über keinen Cache verfügt.

In den weiteren Kapiteln des Buches stoßen wir immer wieder auf Anwendungsbeispiele, in dem Caching bzw. dessen Verhinderung eine Parallelisierung problematisch macht. Aber auch in anderen Bereichen spielen Caches eine Rolle. Ein etwas exotisches Gebiet sind so genannte Timing Attacks auf Verschlüsselungssysteme. Verschlüsselungsalgorithmen arbeiten aus Effizienzgründen meist mit Substitutionstabellen, und die Zugriffe entsprechen unserem Zufallsmodell. Die Tabellen sind zwar nicht besonders groß, aber doch oft groß genug, um nicht komplett in den Cachespeicher zu passen, so dass es einige Zugriffe mit hoher Geschwindigkeit ablaufen, andere ein Nachladen des Cacheinhaltes erforden. Obwohl es hierbei nur um Nanosekunden geht, ist es möglich, beispielsweise AES-Schlüssel durch Zeitstatistiken zu ermitteln, und zwar

sogar über Messungen, die nur Internetverbindungen zwischen den Systemen nutzen, d.h. Laufzeiten im 1/10-Sekundenbereich besitzen.[22]

4.5   Algorithmendesign

Unsere bisherigen Überlegungen betrafen kurze Codeabschnitte wie Schleifen. Viele praktische Probleme hängen sich natürlich an solchen Codeteilen auf, weil hier der Hauptarbeitsaufwand entsteht. Aber die Suche nach solchen Stellen genügt nicht; man muss auch den Gesamtalgorithmus analysieren:

- Aus dem Algorithmusverlauf können weitere Parallelisierungsstrategien (oder auch Probleme) sichtbar werden.

- Der Algorithmus enthält möglicherweise in seiner Originalform keine parallelisierbaren Teile, jedoch kann er in eine andere Form umgeschrieben werden, die parallelisierbar ist.

Für beides schauen wir uns jeweils ein einfaches Beispiel an.

4.5.1   Numerische Integration

Bei der numerischen Integration liegt ein Beispiel für einen Algorithmus vor, dessen Ende sich erst aus der laufenden Berechnung ergibt. Wir untersuchen die numerische Integration nach Simpson, die in einführenden Vorlesungen der Analysis behandelt wird und daher dem Leser vertraut sein dürfte. Die Simpsonmethode verwendet eine Parabel, um zwischen drei äquidistanten Punkten der Funktion zu interpolieren und das Integral über die Interpolationsfunktion als Näherungswert zu verwenden. Im ersten Schritt führt das zu der Formel

---

22 Etwas pikant: das NIST hat solche Angriffe bei der Ausschreibung zum AES als „nicht relevant" bezeichnet, weil man glaubte, dass so etwas nicht möglich sei. Ist es doch – wenn auch die Rahmenbedingungen so exotisch sind, dass die Angriffsmöglichkeit in der Praxis tatsächlich „nicht relevant" ist.

$$\int_a^b f(x)\,dx \approx \frac{b-a}{6}\left(f(a)+4*f\left(\frac{a+b}{2}\right)+f(b)\right)$$

Um den Näherungswert zu verbessern, wird die Unterteilung des Integrationsintervalls in 3-Punkt-Intervalle gleicher Größe immer feiner gewählt, was zu der Summenformel

$$I(h)=\frac{h}{6}\left(f(x_0)+2*\sum_{k=1}^{N/2-1}f(x_{2k})+4*\sum_{k=1}^{N/2}f(x_{2k-1})+f(x_N)\right)$$

führt, wobei h die Intervallbreite eines 3-Punkt-Intervalls ist

$$h=\frac{x_N-x_0}{N}$$

Die Summe mit dem Vorfaktor zwei enthält die Nahtstellen zwischen den Intervallen (der Funktionswert taucht ja im linken und rechten Intervall als Summand auf, was zu dem Vorfaktor 2 führt), die Summe mit dem Vorfaktor vier die jeweiligen Intervallmitten. Die Anzahl N der Intervalle wird so lange vergrößert, bis die Änderung des Summenwertes von einer Iteration zur nächsten eine vorgegebene Grenze unterschreitet, d.h. der Algorithmus hat die allgemeine Form

```
do {
    I_alt=I_neu;
    I_neu = integral(N);
    N = 2*N;
} while(fabs(I_alt - I_neu) >= threshold);
```

Bei einer gleichmäßigen Steigerung von N wäre die Konvergenz des Verfahrens viel zu langsam, außerdem müssten alle Summen stets neu berechnet werden, weshalb man einen anderen Weg beschreitet: die Anzahl der Intervall wird in jedem Schritt verdoppelt, d.h. die Intervallebreite wird jeweils halbiert und jedes Intervall hierdurch zu zwei neuen 3-Punkt-Intervallen.

Das ist auch für die Rechenökonomie interessant. Die Terme der Summe mit dem Vorfaktor 4 werden zu den neuen Nahtstellen der neuen Intervalle und brauchen nicht neu berechnet zu werden, sondern werden der alten Summe mit dem Vorfaktor 2 zugeschlagen. Neu berechnet werden muss in jedem Schritt nur die Summe mit Faktor 4, die die neuen Intervallmitten enthält. Jede neue Summe hat allerdings doppelt so viele

Summanden wie die vorhergehende Summe, d.h. die Rechenzeit verdoppelt sich in jedem Schritt.

In einer parallelen Implementierung sollte jeder der beteiligten Prozesse vollständig ausgelastet sein und sich nicht im Leerlauf befinden, weil er seine Arbeit bereits vollendet hat und auf andere Prozesse warten muss. Da sich bei jedem Schritt die Rechenzeit verdoppelt, bietet sich folgende Aufteilung an, die dies gewährleistet:

- Prozess 1 berechnet die Summen $1 .. 2^{n-1}$

- Prozess 2 berechnet die Summe 2^n

- Prozess 3 berechnet die 1. Hälfte von Summe 2^{n+1}

- Prozess 4 berechnet die 2. Hälfte von Summe 2^{n+1}

- Prozess 5 berechnet das 1. Viertel von Summe 2^{n+2}

- ...

- Prozess 8 berechnet das 4. Viertel von Summe 2^{n+2}

- ...

Wenn die Anzahl der beteiligten Prozesse ein Potenz der Zahl Zwei ist, d.h. 2, 4, 8, 16, ..., ist das Problem gleichmäßig aufteilbar. Andere Prozesszahlen führen zu ungleichen Auslastungen, wie leicht nachzuweisen ist.

Ist das Ergebnis danach noch nicht ausreichend genau, können die folgenden Summen ebenfalls gleichmäßig auf alle Prozesse verteilt werden. Dabei verdoppelt sich weiterhin pro Runde der Aufwand. Ein weiterer Vorteil einer gleichmäßigen Aufteilung ist die Möglichkeit der Verwendung von Kommunikationsprozeduren, die genau diese Eigenschaft fordern und bei anderen Prozessanzahlen, die ebenfalls eine halbwegs gleichmäßige Auslastung erlauben würden, nicht eingesetzt werden können.

Bei einer Umsetzung können alle Prozesse bis auf den ersten gleich gestaltet werden. Der erste Prozess verteilt die Arbeit, sammelt die Summen wieder ein, setzt die Werte zusammen und prüft, ob die geforderte Genauigkeit bereits erreicht oder ein weiterer Durchgang notwendig ist. Den Arbeitsprozessen muss lediglich mitgeteilt werden, wie der Startwert lautet, wie breit das Intervall ist und wieviele Summanden zu berücksichtigen sind.

Wenn die Berechnung der Funktionswerte nicht bereits so aufwändig ist, dass gleich im ersten Schritt alles parallelisiert werden muss, kann man die Implementation bezüglich des 1. Prozesses (und auch der Kommunikation, wie wir später sehen werden) vereinfachen. Werden 2^n Prozesse eingesetzt, so kann der Steuerprozess im Vorlauf alleine alle Summen bis 2^{n-1} berechnen. Sämtliche danach zu berechnenden Summen werden von vornherein gleichmäßig auf alle Prozesse aufgeteilt. Die Programmierung des Steuerprozesses muss in diesem Fall keine Rücksicht darauf nehmen, dass die Prozessgruppen Summenanteile verschiedener Iterationstiefen liefern.

Anmerkung. Wir werden dieses Beispiel später in den verschiedenen Parallelisierungsmethoden in Aufgaben untersuchen. Erinnern Sie jedoch bitte die Bemerkungen in der Einführung und betrachten das Verfahren lediglich als Lernbeispiel für die Vorgehensweise beim Entwurf paralleler Programme. Für die numerische Integration komplizierter Funktionen liegen mit dem Gauss-Verfahren und dem Romberg-Verfahren wesentlich effizientere Methoden vor, und wenn Sie die Simpson-Integration als Problemlösung vorschlagen, könnte das karriereknickende Auswirkungen haben.

4.5.2   Sortieralgorithmen

Als weiteres Beispiel betrachten wir den Bubblesort-Algorithmus, der in der Standardversion nicht parallelisierbar ist, wie man leicht feststellt:

```
for(int i=N-1;i!=0;i--)
    for(int j=0;j<i;j++)
        if(a[j]<a[j+1]) swap(a[j],a[j+1]);
```

Die Zeile mit dem **swap** – Befehl spiegelt genau das Problem wider, dass das untersuchte Feld **a[j]** im vorhergehenden Schleifendurchlauf erst bereit gestellt werden muss.

Allerdings kann man diesen Algorithmus in eine andere Form überführen, die parallelisierbar ist. Anstatt alle Indizes nacheinander zu bearbeiten, was zum Problem der Nichtparallelisierbarkeit führt, bearbeiten wir nur jeden zweiten Index, dafür aber abwechselnd gerade und ungerade Indizes, auf die der kleinere Wert geschoben wird. In C sieht dies so aus:

```
for(int i=0;i<N;i++)
   if(i%2 == 0){
      for(int j=1;j<N;j+=2)
         if(a[j-1]<a[j]) swap(a[j-1],a[j]);
   }else{
      for(int j=1;j<N-1;j+=2)
         if(a[j]<a[j+1]) swap(a[j],a[j+1]);
   }
```

Bei dieser Variante rückt jedes Element in jedem Durchgang nur um einen Index auf seinen Zielindex vor. Man muss daher insgesamt $N^2/2$ Operationen einkalkulieren. Bei der ersten Variante landet zumindest ein Element bei jedem Durchlauf auf seinem Zielindex, so dass die zweite Schleife laufend verkürzt werden kann und nur $N*(N-1)/2$ Operationen notwendig sind. Also ein Pay Off?

Ein Pay Off nur dann, wenn nicht parallelisiert wird. Innerhalb der beiden Zweige der ersten **if** – Bedingung sind nämlich durch den Vorschub 2 der Schleifenvariablen die Indizes entkoppelt. Man kann zwar nicht die beiden Zweige der **if**-Bedingung parallel ausführen, weil man dadurch die Kopplung wieder herstellen würde, aber statt der inneren Schleifen ist eine Aufteilung auf bis zu $N/2$ parallel laufenden Prozessen möglich und theoretisch gelangt man damit zu einem Sortieraufwand von $O(N)$ statt $O(N^2)$. Lediglich die Durchläufe der äußeren Schleife müssen synchronisiert werden.

Natürlich wird der Algorithmus dadurch nicht effektiver, denn die bessere Laufzeitordnung erkauft man mit einer Ressourcenordnung in der Größe $O(N)$, d.h. man landet wieder bei $O(N^2)$. Und auch $O(N)$ gilt natürlich nur in der Theorie, denn interessant wird das Parallelisieren erst bei Feldgrößen, die so viele Prozesse ausschließen.

Aufgabe. Untersuchen Sie, wie viele parallele Prozesse bei gegebenem N notwendig sind, um in die Gewinnzone zu gelangen. Wie entwickelt sich neben dem Gewinn die Effizienz?

Die Synchronisationsarbeit besteht darin, dass jeder Prozess signalisieren muss, dass er seinen Sortiervorgang abgeschlossen hat. Die Laufzeiten verschiedener Prozesse sind aufgrund der nur bedingt durchgeführten **swap** – Operationen unterschiedlich. Zu beachten ist außerdem, welche Art der Parallelisierung eingesetzt wird:

- Bei Threads muss nur auf die Beendigung aller Teiloperationen gewartet werden, um den nächsten Hauptschleifendurchlauf zu starten. Allerdings wissen wir, dass die Anzahl sinnvoller Threads begrenzt ist. Es ist daher zu bewerten, ob deren Anzahl die Laufzeitverschlechterung des Algorithmus in einen Gewinn umwandeln kann.

- Bei Prozessen besteht wiederum das Problem, dass die Ergebnisse an den Masterprozess und anschließend an alle neuen Prozesse zurück übertragen werden müssen. Selbst wenn nur Positionen ausgetauscht und die Elemente umgepointert werden, muss hinter der Auswertung der **if** – Bedingung schon sehr viel Aufwand stecken, um die Parallelisierung zu rechtfertigen.

Dies ist aber nur eine Möglichkeit der Parallelisierung. Wir werden in Kapitel 6.7 ab Seite 173 eine weitere untersuchen. Zum Praxisbezug sei noch angemerkt, dass ein handelsüblicher PC mit 8 GB Hauptspeicher für das Sortieren von $2*10^8$ ganzen Zahlen ca. 20 Sekunden benötigt (mehr geht in die Hauptspeicher auch nicht hinein). Man muss sich also ganz schön strecken, um auf Probleme zu stoßen, die eine Parallelisierung rechtfertigen.

5   Erzeugung paralleler Prozesse

In diesem Kapitel widmen wir uns den Grundlagen des „Distributed Memory Models", genauer: wie kann man gezielt Prozesse erzeugen und miteinander kommunizieren lassen. Wie wir sehen werden, ist es nicht sonderlich kompliziert, auf seinem eigenen Rechner gekoppelte Prozesse zu generieren oder gezielt Prozesse auf seinem System mit anderen Prozessen auf dem Rechner eines Bekannten in China oder Australien kommunizieren zu lassen, eine funktionierende Internetverbindung vorausgesetzt.

Hat man die Prozesse erzeugt und eine Kommunikation hergestellt, beginnt die eigentliche Aufgabe, die Implementation spezieller Kommunikationsfunktionen, aber erst. Wir werden uns damit jedoch nicht beschäftigen, denn dafür existieren bereits ausgefeilte Frameworks. Wir beschränken uns hier auf die Grundlagen, deren Kenntnis ganz hilfreich sein kann, aber für den Entwurf paralleler Aufgaben nicht zwingend notwendig ist. Wer etwas ungeduldig ist, kann dieses Kapitel daher auch auslassen und direkt zu Seite 99 wechseln.

5.1   *Allgemeine Überlegungen*

Wir beginnen mit der Aufteilung einer Anwendung in parallel ablaufende Prozesse. Jeder Prozess besitzt seinen eigenen Hauptspeicher, so dass man in den Algorithmen relativ wenig Rücksicht darauf nehmen muss, was sich in den anderen Prozessen abspielt.

Die Anzahl der Prozesse wird nur durch das Hardwarebudget begrenzt, d.h. man kann Aufgaben sehr fein zerteilen. Im Gegenzug müssen die für einen Job notwendigen Daten ausgetauscht werden. Parallelisierung wird uneffektiver, wenn

- die Prozesse sehr häufig synchronisiert werden müssen,

- die Datenmengen bei einer Synchronisation groß sind,

- Daten von vielen anderen Prozessen für die Synchronisation notwendig sind.

Grundsätzlich wird man einen Elternprozess benötigen, der die Übersicht über die Kindprozesse behält. Die Kindprozesse ihrerseits können theoretisch wiederum als Elternprozesse eigener Kinder auftreten, so dass eine baumartige Hierarchie entsteht. Die Prozesse können über den gleichen Programmcode verfügen oder individuell programmiert sein.

Im Prinzip kann man das/die Programm/e von Hand in der benötigten Anzahl starten, so dass voneinander völlig unabhängige Prozesse entstehen, die auf irgendeine Weise kommunikativ untereinander verbunden werden. Das Problem dabei ist allerdings, dass man als Administrator alles selbst organisieren und konfigurieren muss. Es empfiehlt sich daher, etwas mehr Ordnung in die Angelegenheit zu bringen.

Das ist recht einfach dadurch zu erreichen, dass der Masterprozess selbst die erforderliche Anzahl der Prozesse als abhängige Kinder startet und dabei direkt auch eine selektive Kommunikation und Kontrolle sicherstellt. Die allgemeine Verwaltung wird dann durch das System erledigt, und der Programmierer kann sich auf seine Algorithmen konzentrieren.

Zu unterscheiden ist zwischen Prozessen, die auf dem gleichen Rechner gestartet werden, auf dem auch der Elternprozess läuft, und solchen auf anderen Maschinen. Allerdings hat das nur Auswirkungen auf das Starten von Prozessen. Läuft einmal alles, ist der Unterschied für den Anwendungsprogrammierer unsichtbar.

5.2   Kindprozesse

5.2.1   Erzeugen von Kindprozessen

Echte Kindprozesse können nur im gleichen System erzeugt werden. Verwendet man mehrere Maschinen, sind die Prozesse auf anderen Rechnern keine Kindprozesse. In Kapitel 5.3 gehen wir auf Methoden ein, auch solche Prozesse zu koordinieren. Hier sind andere Organisationsmechanismen notwendig, um virtuell das Gleiche zu erreichen.

Eine Standardmethode unter Linux in der Programmiersprache C ist die Erzeugung von Kindprozessen, die mit Hilfe eines einfachen Funktionsaufrufes erfolgen kann:

```
pid_t PID;
PID = fork();
```

Durch den Aufruf wird der vom Programm belegte Speicher im RAM komplett mit allen Inhalten einschließlich der CPU-Zustände kopiert, so dass zwei identische Prozesse entstehen. Beide werden an der Stelle, an der **fork()** die Kontrolle an das rufende Programm zurück gibt, fortgesetzt, mit einem kleinen Unterschied:

- Der Kindprozess besitzt die **PID** 0,

- der Elternprozess erhält die Prozess-ID des Kindprozesses.

Anhand der **PID** weiß also jeder, wer er ist, und kann sein weitere Arbeit entsprechend organisieren. Jeder Prozess kann bei Bedarf weitere Kindprozesse erzeugen, wobei aber nur das direkte Eltern-Kind-Verhältnis in der **PID** widergespiegelt wird.[23]

Wichtig ist, dass der Elternprozess auf das Beenden des Kindprozesses wartet, bevor er selbst endet, was mit dem Funktionsaufruf

```
waitpid(PID, &status, 0);
```

erfolgt. **int status** enthält den Return-Wert, mit dem sich der Kindprozess am Ende der **main**-Funktion oder bei einem **exit()** abmeldet, im dritten Parameter können noch einige Optionen für die **waitpid()**-Funtion angegeben werden. Ruft der Elternprozess die Funktion nicht auf,

- bleibt der Kindprozess als so genannter Zombie im Stack des Betriebssystems stehen, wenn der Elternprozess länger läuft, d.h. er verbraucht unnötige Systemressourcen.

- wird der Kindprozesse gleichzeitig mit dem Elternprozess beendet, unabhängig davon, ob er mit seiner Arbeit fertig ist oder nicht. Die Folge können beispielsweise unsinnige Dateiinhalte sein, wenn der Kindprozess beim Schreiben gestoppt wurde.

Aus den Regeln für den Umgang mit Eltern- und Kindprozessen folgt mehr oder weniger zwingend für die parallele Programmierung, dass der Elternprozess die Koordination übernimmt und die Kindprozesse die Rechenarbeit erledigen. Diese Regel gilt natürlich auch, wenn ein Kind-

---

23 Großeltern wissen somit nichts von ihren Enkeln und Urenkeln; zumindest erhalten sie keine Informationen durch das Betriebssystem.

prozess weitere Enkelprozesse erzeugt. Er ist dann für die Koordination seiner Kinder zuständig. Was das genauer bedeutet, sehen wir gleich.

5.2.2 Kommunikation Eltern-Kind

Will man die Prozesse miteinander kommunizieren lassen, kann man das recht einfach über so genannte Pipes realisieren. Eine Pipe ist logisch ein unidirektionaler Kommunikationskanal zwischen miteinander verwandten Prozessen, d.h. Eltern und Kindern oder auch Kindern untereinander. „Unidirektional" impliziert, dass für eine beidseitige Kommunikation zwei Pipes benötigt werden.

Eine unidirektionale Kommunikation mit einer (!) Pipe wird mit der folgenden Befehlsfolge initiiert:

```
int filedes[2];
result = pipe(filedes);
...
pid=fork();
...
```

1. Regel: nur wenn die Pipes vor dem **fork()** - Befehl geöffnet werden, besitzen Elternprozess und Kindprozess(e) die Handles und können diese zur Kommunikation nutzen.[24]

Ein **pipe**-Befehle nach dem **fork()** erzeugt zwar neue Pipehandles im Prozess, jedoch sind diese Handles nicht mehr über das Betriebssystem mit dem anderen Prozess gekoppelt. Selbst wenn es gelingt, dem anderen Prozess die Handle-Nummer mitzuteilen, ist eine Kommunikation nicht möglich.

2. Regel: eine Pipe wird durch 2 Handles beschrieben. Der erste Handle ist die Leseschnittstelle der Pipe, der zweite die Schreibschnittstelle. Die beiden Prozesse könne sich so genau festlegen, in welche Richtung die

---

24 „Handles" sind Indexverweise in eine Deskriptorentabelle, die vom Betriebssystem verwaltet werden. „Deskriptoren" sind Datenstrukturen, die sämtliche Parameter, die zur Verwaltung einer Systemressource notwendig sind, enthalten. Wichtige Deskriptoren, deren Veränderung Chaos im System erzeugen kann, werden vom Betriebssystem nicht herausgerückt, sondern selbst verwaltet. Der Nutzer erhält lediglich den Handle, also die Deskriptorennummer in der Betriebssystemtabelle.

Pipe betrieben werden soll. Soll das Kind beispielsweise lesen, so schließt es die Schreibschnittstelle mit dem Befehl

```
close(filedes[1]);
```

der Elternprozess schließt die Leseschnittstelle ebenfalls mit einem **close**-Befehl. Durch die Pipe können nun mit

```
Parent:
-------
write(filedes[1],buf,len(buf));
...
Child:
------
cnt=read(filedes[1],buffer,BUFFER_SIZE);
```

nun beliebige Daten übertragen werden. Beide Funktionen sind blockierend, d.h. die Kontrolle wird erst dann an den aufrufenden Prozess zurück gegeben, wenn der Sendepuffer komplett bearbeitet ist und geändert werden darf bzw. wenn eine Nachricht komplett vorliegt. Der Empfangspuffer muss mindestens die ankommende Datenmenge aufnehmen können, darf aber auch größer sein.

Sollen auch Daten vom Elternprozess an das Kind übertragen werden, muss eine zweite Pipe eingerichtet werden, die nun anders herum initialisiert wird.

So weit zur korrekten Vorgehensweise nach OS-Handbuch. Kompliziert wird es, wenn mehr als ein Kindprozess erzeugt wird. Wer muss wann was schließen? Wir müssen daher etwas genauer auf die Funktionen schauen: eine Pipe ist im Prinzip ein im Betriebssystem angesiedelter FIFO-Buffer mit einer Schreib- und einer Entnahmeschnittstelle. Im Prinzip kann ein Prozess daher auch an sich selbst Daten senden (was natürlich nicht funktioniert, wenn er mehr Daten zu senden versucht, als der FIFO-Buffer aufnehmen kann; dann hängt der Prozess fest). Die 1:1-Verbindungslogik einer Pipe mit zugehörenden **close**-Befehlen ist in diesem Sinn zwar eine Methode, für die die korrekte Funktion seitens des OS garantiert wird, greift aber eigentlich zu weit.

Im Prinzip benötigt man für eine Eindeutigkeit nur eine definierte Entnahmestelle, und in Übereinstimmung mit dieser Überlegung wird das Programm

```
pipe(des);
if((pid=fork())==0) {
    close(des[0]);
    write(des[1],str[0],strlen(str[0])+1);
    return;
}
if((pid2=fork())==0) {
    close(des[0]);
    write(des[1],str[1],strlen(str[1])+1);
    return;
}
close(des[1]);
read(des[0],buffer,100);
cout << buffer << endl;
read(des[0],buffer,100);
cout << buffer << endl;
close(des[0]);
waitpid(pid,&status,0);
waitpid(pid2,&status,0);
```

in der Regel korrekt ausgeführt. Wie der Leser leicht erkennt, nutzen hier beide Kindprozesse eine Pipe, um Nachrichten an den Elternprozess zu senden. Auch eine Pipe vom Elternprozess an einen Kindprozess kann von anderen Kindprozessen ausgenutzt werden, um ihrerseits mit ihrem Geschwister zu kommunizieren.

Wenn man ein wenig weiter herumexperimentiert, stellt man fest, dass auch die **close**-Befehle meist keinen Einfluss auf den Programmablauf besitzen. Wie soll man nun mit Pipes umgehen? Die Antwort hängt von der Anwendung ab:

> ➢ Bei einer Kommunikation ohne definiertes Ende sind die Regeln der Pipeerzeugung und des Schließens nicht benutzter Schnittstellen genau einzuhalten, um eine korrekte Programmfunktion zu garantieren.

Man kann sich im Testprogramm davon überzeugen, wenn man einen weiteren Lesebefehl im Elternprozess einfügt: lässt man den Rest so, werden die Prozesse sauber beendet, löscht man den **close**-Befehl für **des[1]**, hängt das Programm, da rein formal der Elternprozess noch etwas an sich selbst senden könnte.

Das gilt dann auch für mehrere Kinder: alle Pipes zu anderen Kindern, die einem Kindprozess bekannt werden, sind an beiden Enden zu schließen!

➢ Bei dynamischer Erzeugung von Kindprozessen dient ein korrekter Einsatz von **close** der Ressoucenschonung.

➢ Bei Verwendung eines Kommunikationsprotokolls, dass den Aufruf nicht bedienter Schreib- und Lesebefehle ausschließt, kann für jeden Prozess eine eingehende Pipe eingerichtet werden, deren Schreibeingang geschlossen wird. Der Schreibeingang steht allen anderen Prozessen zur Verfügung.

Formal kann dann jeder Prozess mit jedem anderen kommunizieren, was hinsichtlich einer Parallelisierung vorteilhaft ist. Eine Nachricht ist nach einer Passage durch die OS-Puffer am Zielort, während eine Kommunikation der Prozesse über den Elternprozess zwei Passagen durch das OS erfordert.

Anmerkung. Nochmals: diese Schlussfolgerungen spielen sich neben den offiziellen Regeln für die Pipenutzung ab. Sichern Sie eine solche Nutzung daher stets durch Tests ab!

Aufgabe. Entwerfen Sie eine Anwendung, die eine vorgegebene Anzahl von Kindprozessen erzeugt. Jedes Kind soll sämtliche Pipes kennen; insgesamt sind *n+1* Pipes für *n* Kinder zu erzeugen. Berücksichtigen Sie, dass jedes Kind erkennen muss, von welcher Pipe es lesen soll.

Entwerfen Sie ein Protokoll, an dem jeder Prozess erkennen kann, von wem er eine Nachricht erhält, was konkret bedeutet: entwerfen Sie eine Datenstruktur, die neben der Nutzinformation auch die Herkunft enthält und übertragen wird.

Eine Kommunikation können Sie in diesem Systen nur führen, wenn Sie vorher genau festlegen, welcher Prozess etwas an einen anderen Prozess senden soll, wobei der Empfänger auch genau dann auf eine Nachricht warten muss. Aufgrund der Blockade „hängt" das System sonst recht schnell, weil Sendepuffer nicht geleert werden können oder ein Lesebefehl nicht bedient wird. Natürlich gibt es da Abhilfe, wie das folgende Kapitel zeigt.

5.2.3 Blockieren / nicht blockieren

Ein Problem kann das Blockieren des **write(...)** oder **read(...)** - Befehls werden, wenn während der Wartezeit auf die Daten auch andere Aufgaben erledigt werden können oder unsicher ist, ob die Nachricht empfangen werden kann bzw. ein anderer Prozess etwas sendet.

Die Methode **fcntl()** erlaubt das Versetzen von Pipe-, Datei- und sonstigen Kommunikationshandles in einen nichtblockierenden Modus. Die aufgerufene Methode kehrt ohne blockieren wieder zurück und gibt bekannt, ob eine Transaktion stattgefunden hat:

```
int flags = fcntl(handle[0], F_GETFL, 0);
fcntl(handle[0], F_SETFL, flags | O_NONBLOCK);
do {
    status=read(handle[0],buffer,bufsize);
} while(status==-1);
...
```

Bei einem **write()**-Befehl darf der Sendepuffer nicht verändert werden, so lange die Methode nicht signalisiert, dass alle Daten gesendet wurden; der **read()**-Befehl gibt im positiven Fall bekannt, wie viele Daten empfangen wurden, so dass man sich auch leicht auf Datenmengen unbekannter Größe einstellen kann.

Aufgabe. Vervollständigen Sie nun die letzte Aufgabe durch den Übergang zum nichtblockierenden Modus. Das Protokoll muss eine „Ende der Kommunikation"-Nachricht besitzen, die einem Prozess mitteilt, dass keine weiteren Daten mehr zu erwarten sind und er beendet werden kann. Zweckmäßigerweise versendet der Elternprozess diesen allgemeinen Abschaltbefehl.

Neben dieser Methode existiert noch eine weitere, für die Bedienung vieler Handles elegantere Methode, der wir uns weiter unten annehmen.

5.2.4 Starten anderer Anwendungen

Kind- und Elternprozess besitzen bei dieser Vorgehensweise den gleichen Code, da ja der RAM-Inhalt nur verdoppelt wurde. Softwaretechnisch ist das keine gute Lösung für parallele Anwendungen, denn die Steuerung der Kommunikation wird sicher recht umfangreich, wenn in die Details gegangen wird, und dieser Aufwand wäre dann jedem Parallelprogramm aufzupropfen, das ja zunächst als serielles Programm vorliegt und möglichst einfach in eine parallele Form überführt werden sollte.

Eine bessere Strategie besteht darin, dem Elternprozess die Kommunikationssteuerung zu überlassen und die Kindprozesse mit Hilfe einer Bibliothek mit einfachen Schnittstellen zur Kommunikation die Rechenarbeit machen zu lassen; mit anderen Worten: Eltern- und Kindprozess haben verschiedene Programmcodes. Der Austausch des Programmcodes eines Prozesses kann durch den Befehl

```
execl(pname, "pn", parms, NULL);
```

erfolgen (in der **exec_** - Familie gibt es mehrere Funktionen mit unterschiedlichen Aufrufparametern, von denen man sich die am Besten passende aussuchen kann). **parms** ist die Kommandozeile für den Programmaufruf, die man über die Übergabeparameter der **main(..)** - Funktion abrufen kann, **prog** der Programmname mit Pfadangaben im Dateisystem.

Der Aufruf führt dazu, dass der ursprüngliche Programmcode durch den neuen ersetzt wird, sich aber an den Ressourcenzuordnungen durch das Betriebssystem, speziell an bereits eingerichteten Pipes nichts ändert. Man muss lediglich dafür sorgen, dass der Pipehandle nebst anderen Informationen, die für die Synchronisation der Prozesse notwendig sind, übergeben und vom neuen Programmcode genutzt werden können. Das ist auf mehrere Arten möglich:

a) Kodieren in den Übergabeparametern. Die Pipe-Handles können in Strings umgewandelt und im Zielprozess wieder in Zahlen zurückkonvertiert werden.

b) Kodieren in Environment-Variablen, beispielsweise durch

```
PARENTPIPE=15
```

Das Setzen (und Lesen) der Umgebungsvariablen erfolgt durch

```
setenv("PARENTPIPE","15",1)
string s = getenv("PARENTPIPE");
```

Das Arbeiten mit Umgebungsvariablen ist etwas bequemer, weil sie jederzeit ausgelesen werden können (für die Auswertung von Aufrufparametern sind die in **main(int argc, char* argv[])** übergebenen Argumente an die Bibliothek, die die Pipes einrichtet, weiterzuleiten) und die Bearbeitung etwas einfachen ist (in Aufrufparameter ist nur **PARENT-PIPE=15** möglich, d.h. man muss die Zahl noch aus dem String trennen).

Alternativ kann man die Übergabe der Pipe-Parameter unterlassen und statt dessen die Standard-Ein- und Ausgabe des Kindprozesses umleiten:

```
dup2(filedes[0],0);
close(filedes[0]);
-----
dup2(filedes[1],1);
close(filedes[1]);
```

Der Handle wird hierdurch verdoppelt; der alte Handle ist weiterhin gültig und kann auch verwendet werden, weshalb man ihn gemäß der Standardregeln schließen sollte. Wird diese Umleitung vor einem **exec_** - Befehl ausgeführt, benötigt der Kindprozess den Pipehandle nicht mehr, da alle Ein- und Ausgaben automatisch im Elternprozess landen.[25] Für parallele Programm kommt diese Lösung voraussichtlich weniger in Frage, da man zumindest in der Programmentwicklung oft noch die eine oder andere Eingabe am Terminal durchführen möchte.

Aufgabe. Implementieren Sie ein interaktives Programm, das beliebige andere Programme als Kindprozesse starten kann (Eingabe des Programms über Standard-Eingabe, Nachrichten des Kindprozesses über Standard-Ausgabe). Die Kommunikation mit den Kindprozessen soll über Pipes erfolgen.

Implementieren Sie ein kleines Kindprogramm, um die Kommunikation zu testen.

---

25 Auch die Standard-Ein/Ausgabe kann mittels **read** oder **write** bedient werden und Binärdaten transportieren.

5.2.5   Signale und Rechte

Zur Optimierung der Kommunikation ist es nicht auszuschließen, dass
der Elternprozess höhere Rechte im Betriebssystem beansprucht als man
den Kindprozessen zugestehen möchte. Es kann deshalb notwendig sein,
vor dem **exec_** -Aufruf die Rechte neu zu setzen, indem man den Prozess einem anderen Nutzer zuweist:

```
if (getuid() == 0) {
  if (setgid(groupid) != 0)
    fatal("setgid: Unable to drop group privileges: %s",
      strerror(errno));
  if (setuid(userid) != 0)
    fatal("setuid: Unable to drop user privileges: %S",
      strerror(errno));
}
```

Dieser Weg führt rechtebezogen nur nach unten.

Wir haben bereits über ein Kommunikationsprotokoll gesprochen, was
auch dazu dient, die Prozesse am Ende sauber herunter zu fahren. Protokoll und Effizienz widersprechen sich aber in manchen Fällen: denken
Sie an eine Variante der numerischen Integration, in der die Summen
nicht gleichmäßig aufgeteilt werden und aufgrund der ungleichmäßigen
Auslastung der Prozesse nach Ermitteln der Lösung immer noch nun
nicht mehr benötigte Summierungen laufen, die abgebrochen werden
sollten, ein permanentes Abfragen während der Summenbildung aber
störung auf die Laufzeit wirkt. Es wäre daher hilfreich, für solche Fälle
etwas brutalere Methoden zur Verfügung zu haben, um einem Prozess
klar zu machen, dass er nicht mehr benötigt wird. Das System stellt mit
Signalen die passende Möglichkeit zur Verfügung. Im Elternprozess genügt der Aufruf der Methode

```
kill(pid,SIGNAL);
```

um einem anderen Prozess zu beenden (oder zumindest die unnütze Arbeit abbrechen zu lassen), wobei **pid** die Prozessnummer des Kindes
(oder allgemein des Zielprozesses) ist. **SIGNAL** ist hierbei die Mittei-
lung in Form einer Konstanten. Die Funktion kann in einer höflichen
oder einer unhöflichen Form aufgerufen werden:

- In der höflichen Form wird das Signal (i.d.R. SIGINT) an den Zielprozess gesandt, der sich bitte daraufhin beendet (oder eine andere vorgesehene Operation ausführt). Das ist sinnvoll, wenn noch irgendwelche Ressourcen geschlossen oder Daten vor dem Beenden gesichert werden sollen (oder der Prozess die Arbeit abbricht und wieder etwas anderes übernehmen kann).

- In der unhöflichen Form geht das Signal an das Betriebssystem, das nach Prüfung, ob der Sender das Recht dazu hat, den Zielprozess beendet (SIGTERM-Signal). Dadurch geht natürlich alles, was der Zielprozess gerade macht, verloren.

Um dem Zielprozess sauberes Abschalten zu erlauben, muss dort ein Handler installiert werden.

```
void handler(int parameter){
    // hier wird aufgeräumt
}
 . . .
int main(){
    signal(SIGINT,handler);
    . . .
```

Bei Eintreffen eines Signals wird die für dieses Signal festgelegte Handlerfunktion aufgerufen und kann das Programm beispielsweise ordentlich beenden. Ob man die höfliche oder die unhöfliche Variante wählt, hängt lediglich davon ab, ob noch etwas gerettet werden muss oder nicht.

Die Klammern in der höflichen Version bedürfen noch einer kleinen Erläuterung. Technisch sind Signale vergleichbar mit Ausnahmen (Exceptions) in C++ und müssen genau wie diese nicht in einen Programmabbruch münden. Endet der Handler mit einem **exit(..)**-Befehl, wird der Prozess beendet, ein return **setzt** aber die Ausführung dort fort, wo sie bei Eintreffen des Signals unterbrochen wurde.

Aufgabe. Prüfen Sie, ob/wie Sie mit Hilfe einer zusätzlichen (globalen) logischen Variablen, die von einem Handler gesetzt wird, in einem Schleifenkopf eine Schleife vorzeitig abbrechen können und welchen Zusatzaufwand die Verwendung einer solchen Variablen verursacht. Hinweis: in Release-Versionen des Programms reagiert die

Schleife möglicherweise nicht auf die geänderte Variable. Verwenden Sie in diesem Fall **atomic<bool>** aus der c++-std-Bibliothek.

Wichtig! Der Handler wird nur für einen Aufruf registriert, um rekursive Aufrufe durch mehrfache Signale zu verhindern, weil das genauso viel Unfug verursachen kann wie ein Programmabbruch ohne aufräumen. Bei weiteren Signalen passiert daher grundsätzlich erst einmal nichts.[26] Verwendet man Signale in der höflichen Form zum internen Aufräumen mit „Weitermachen", muss am Ende der Handler-Funktion der Handler durch Aufruf von **signal(SIGINT,handler)** erneut installiert werden!

5.3   *Prozesse auf mehreren Maschinen*

Auf einer Maschine ist nur eine begrenzte Anzahl von Prozessen sinnvoll, so dass bei größeren Anwendungen Prozessebäume auf mehreren Maschinen gestartet werden müssen. Da nur die Prozesse auf einer Maschine durch das Eltern-Kind-Verhältnis miteinander verbunden sind, kommt man nicht darum herum, auf jeder Maschinen einen Elternprozess zu starten und die Elternprozesse, die nun auf die diskutierte Art Kinder erzeugen können, auf eine andere Art miteinander verbinden. Eine Standardmethode ist die Kopplung durch die IP-Protokollfamilie.[27]

Die IP-Protokollfamilie stellt eine Vielzahl spezieller Protokolle zur Verfügung, von denen das TCP- und das UDP-Protokoll vermutlich die bekanntesten sein dürften. Mittels des TCP-Protokolls werden feste logische Verbindungen zwischen zwei Prozessen aufgebaut und die Kommunikation durch die TCP-Ebene hinsichtlich Vollständigkeit und korrekter Reihenfolge kontrolliert. Mittels des UDP-Protokoll werden Daten versandt, ohne dass sich der Sender um den Empfang kümmert. Das Kümmern muss bei diesem Protokoll die Anwendungsschicht selbst übernehmen.

---

26 Vermutlich kennen Sie das Verhalten von verschiedenen Anwendungen, die nach einem Signal „hängen". Das ist meist auf einen unsauber programmierten Handler zurück zuführen, und es bleibt nur noch die unhöfliche Variante des rabiaten Programmabbruchs übrig.

27 Auf Großrechenanlagen kommen (auch) andere Protokolle zum Einsatz. Die Nachvollziehbarkeit auf dem privaten Rechner zwingt jedoch zu einer Beschränkung auf IP-Protokolle.

Für unseren Anwendungszweck ist das UDP-Protokoll das geeignete Medium:

- Es ist insbesondere bei vielen Daten in kurzer Zeit schneller, da die umständliche Vollständigkeits- und Reihenfolgekontrolle des TCP-Protokolls entfällt.

- Es werden weniger Ressourcen im Betriebssystem verbraucht, da nach Bedarf an beliebige Empfänger gesendet werden kann, ohne dafür eine logische Verbindung einzurichten.

Das Adressierungsschema umfasst zwei Größen:

a) Die IP-Adresse bezeichnet die Maschine, an die eine Nachricht gesendet wird bzw. von der sie kommt.

b) Die Port-Nummer bezeichnet die Anwendung, an die eine Nachricht bei Empfang zugestellt wird (der Sender hat zwar auch eine Portnummer, aber die ist nicht eindeutig zugeordnet).

Für die Kommunikationsbäume auf verschiedenen Maschinen ergeben sich daraus zwei Möglichkeiten:

(1) Nur die Elternprozesse kommunizieren untereinander über UDP/IP. Die Kindprozesse werden von den Elternprozesse über Pipes bedient.

Das bedeutet, dass eine Nachricht von einem Kind zu einem beliebigen anderen über mindestens zwei Stationen (Kind_1 → Pipe → Elternprozess → Pipe → Kind_2) läuft, aber auch drei umfassen kann (Kind_a → Pipe → Eltern_a → UDP/IP → Eltern_b → Pipe → Kind_b). Die Kinder müssen nur die (logischen) Prozess-IDs der anderen Kinder kennen.

(2) Jeder Prozess kommuniziert mit jedem anderen über UDP/IP (also auch Prozesse auf einer Maschine).

Die Wege umfassen weniger Stationen, führend aber zu mehr Verwaltungsaufwand in den Anwendungen, weil bei den Prozessen zwischen solchen auf der eigenen Maschinen und anderen im Netzwerk unterschieden werden muss und jeder Prozess auf einer Maschine eine eigene Portnummer zugewiesen bekommt, die sich von der anderer Prozesse auf der gleichen Maschine unterscheidet.

Um über UDP/IP kommunizieren zu können, muss zunächst eine Socket-Ressource angefordert werden:

```
int sockfd = socket(AF_INET,     // IP-Protokolle
                    SOCK_DGRAM,  // UDP-Protokoll
                    0);
```

Für das Senden von Daten ist damit bereits alles getan. Um Daten empfangen zu können, muss der Socket an einen Port gebunden werden:

```
sockaddr serv;

serv.sin_family = AF_INET;
serv.sin_addr.s_addr = INADDR_ANY;
serv.sin_port = htons(portno);

bind(sockfd, (sockaddr *) &serv, sizeof(serv));
```

Das Senden einer Nachricht erfolgt mit der Methode **send_to()**

```
serv.sin_family = AF_INET;
serv.sin_port = htons(Server_port);

inet_aton(srv_ip, &serv.sin_addr) == 0){
sendto(sockfd, *msg, BUFSIZE, 0, &serv, slen);
```

der Empfang wahlweise mit

```
ssize_t recv(int s, void *buf, size_t len, int flags);
ssize_t recvfrom(int s, void *buf, size_t len,
        int flags,struct sockaddr *from,
        socklen_t *fromlen);
```

wobei **recvfrom()** die IP-Informationen des Senders mitliefert (da in den Daten ohnehin genauere Informationen stehen, um was es bei der Datenübertragung geht, erübrigt sich die IP-Information in der Regel).

Aufgabe. Erweitern Sie das Programm aus der vorhergehenden Aufgabe um TCP/IP-Funktionalität. Die Clientversion kommuniziert interaktiv über die Standard-Ein/Ausgabe mit dem Anwender, die Serverversion tauscht die Ein/Ausgabe-Daten über Sockets mit dem Client aus. Client und Server können auf dem gleichen Rechner gestartet werden.

Bei der Übertragung größerer Datenblöcke ist darauf zu achten, dass die maximale Blockgröße (zumindest bei TCP/IP) auf 64 kB begrenzt ist. Sind größere Datenportionen zu übertragen, ist eine Segmentierung der Daten vorzunehmen.

Wie bei Pipes kann bei Sockets ein Problem entstehen, wenn die Lesemethoden blockieren, weil keine Daten vorliegen. Die Strategien haben wir bei den Pipes bereits andiskutiert und ergänzen nun noch die Variante mit dem Befehl **select** :

```
fd_set set;
struct timeval timeout;

/* Initialize the file descriptor set. */
FD_ZERO(&set);
FD_SET(handle, &set);
. . .
```

In das **fd_set** werden sämtliche Handles, die kontrolliert werden sollen, eingetragen. Dabei können Pipes und Sockets gemischt werden. Anschließend kann abgefragt (oder gewartet) werden, ob (bis) etwas vorliegt und welchen Handle es betrifft.

```
/* Initialize the timeout data structure. */
timeout.tv_sec = 5;
timeout.tv_usec = 0;

int ret = select(FD_SETSIZE, &set, NULL, NULL,
                 &timeout);

if (ret > 0) {
   ...
   if(FD_ISSET(0,&set)
```

select wird im Regelfalls blockierend eingesetzt. Der Timeout wird eingesetzt, wenn irgendetwas vom Masterprozess getan werden soll, auch wenn sich innterhalb des angegebenen Intervalls kein Prozess meldet. Die Größe des Intervalls kann beliebig gewählt werden. Ein Nullpointer anstelle des timeval-Objekts blockiert den Prozess, bis tatsächlich etwas angekommen ist. Ist der Rückgabwert von **select** größer als Null, wird mittels **FD_ISSET** in einer Schleife ermittelt, welche Handles eine Bedienung erwarten.

Aufgabe. Erweitern Sie die Client-Funktion des letzten Programm für die Verwaltung mehrerer Server mit Hilfe des **select**-Befehls. Auch diese Aufgabe können Sie auf einer Maschine durchführen, indem Sie mehrere Serverprozesse starten, die unterschiedliche Portnummern verwenden.

Anmerkung: der Abbruch eines laufenden Prozesses kann auf einer anderen Maschinen nicht durch ein Signal erzwungen werden. Die Kommunikationslogik muss so eingerichtet werden, dass solche Fälle korrekt behandelt werden können.

5.4   Fazit

Hier angekommen kann man sich in die Arbeit stürzen, ein Kommunikationssystem zu bauen, das auf mehreren Rechnern als Serveranwendung läuft. Eine Clientanwendung, im Prinzip das gleiche Programm, nur dass es zusätzlich mit dem Anwender kommunziert, bindet an diese Serveranwendungen und veranlasst sämtliche Prozesse – dabei selbst eingeschlossen – bestimmte Kindanwendungen zu starten.

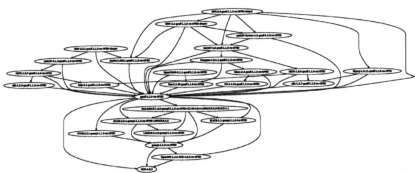

Abbildung 5.1: Funktionsabhängigkeiten (Lesbarkeit ist nicht beabsichtigt)

In den Kindanwendungen werden parallele Aufgaben durchgeführt, was eine möglichst einfache Kommunikation zwischen den Kindprozessen erfordert. Spezielle Bibliotheken stellen einfache Kommunikationsfunktionen zur Verfügung, die Kommunikation wird über die Elternprozesse abgewickelt. Man kann nun Top-Down vorgehen und fragen, welche Kommunikationsfunktionen werden benötigt, um sich anschließend um eine möglichst effiziente Implementierung auf der unteren Ebene zu kümmern.

Wenn man das macht, landet man ziemlich schnell bei Abhängigkeiten à la Abbildung 5.1 und hat dann gerade erst einmal angefangen. Wir verzichten auf so etwas und diskutieren statt dessen ein fertiges Framework, das andere Leute freundlicherweise schon programmiert haben.

6   Message Passing Interface MPI

Die Interprozess-Kommunikation ist programmiertechnisch die einfachste Art der Parallelisierung, bei der der Programmierer nur wenig falsch machen kann. Gleichwohl kann man, wenn man komplexere Programmdesigns umsetzt, einiges an Optimierung in die Gestaltung der Kommunikationsschnittstelle einbauen, was dazu führt, dass dieses Kapitel einen sehr großen Umfang erhält. Bezüglich unserer Anwendungsbeispiele müssen wir uns allerdings schon an der einen oder anderen Stelle strecken, um den Spagat zwischen begrenzter Programmkomplexität und Berücksichtigung der meisten Funktionen hin zu bekommen.

Trotzdem sollte man sich folgende Randbedingungen klar machen:

- Der Einsatz mehrerer Prozesse lohnt sich erst, wenn man als Programmierer auch auf mehrere Rechner zurückgreifen kann.[28] Das dürfte jedoch nur auf wenige zutreffen, die den Kurs „parallele Programmierung" belegen. Die meisten werden Anwendungen schreiben, die nur auf einer Maschine laufen sollen. Zwar sind viele Anwendungen rechenintensiv, aber da auf einer Maschine jedem Prozess formal alle CPU-Kerne zur Verfügung stehen, ist man bei der Programmierung besser beraten, in einem einheitlichen Speicherrahmen mit OpenMP oder unter Zuhilfenahme weiterer Hardwareeinheiten mit OpenCL zu arbeiten.

- Die Verschiebung von Daten von einem Prozessbereich in einen anderen gehört zu den langsamen Operationen, speziell wenn Netzwerke betroffen sind. Gewinne durch die Parallelisierung sind nur dann zu erwarten, wenn der Rechenaufwand im Vergleich zum Kommunikationsaufwand groß ist und nicht besser skaliert als die Kommunikation. Auf den Punkt gebracht: je mehr Daten zwischen den Prozessen hin- und hergeschoben werden müssen, desto kritischer sind die Aussichten, die Gewinnzone zu erreichen.

---

28   Es sei an das Beispiel aus Kapitel 3.3.3 erinnert, bei dem mehrere koordinierte Prozesse auf einem Rechner weniger effizient waren als ein einzelner Prozess.

Man wird sich dieser Techniken also erst dann erfolgreich bedienen, wenn die zu erledigende Rechenarbeit oder die zu bearbeitende Datenmenge einen einzelnen Rechner deutlich überlastet. Als Beispiele dieser Art mag man sich die Produktion eines digital-animierten Filmes vorstellen, der aus 1 Mio oder mehr hochaufgelösten Einzelbildern besteht, der Komplettübersetzung eines Betriebssystems mit mehreren hunderttausend Einzelmodulen oder strategische Operationen auf Datenbanken der Suchmaschinen. In diese oder ähnliche Marktsegmente muss man als Programmierer aber erst einmal gelangen.

Aber auch wenn solche Einschränkungen etwas dämpfend wirken mögen: lehnen Sie sich zurück und genießen Sie die Vorstellung.

6.1   Einführung

MPI ist die Abkürzung für "Message passing Interface". Wie der Name impliziert, ist seine Aufgabe die Organisation des Nachrichtenaustauschs zwischen Prozessen. MPI ist dazu konzipiert, den Nachrichtenstrom in Clustern von Maschinen zu organisieren. Unterstützt werden C/C++ und Fortran (wir beschränken uns auf C/C++).

MPI geht bis ins Jahr 1992 zurück, hat also schon eine recht lange Entwicklungsgeschichte hinter sich. Wie der Leser inzwischen weiss, müssen die Hardwareeigenschaften berücksichtigt und unterstützt werden, um höchstmögliche Performanz zu erreichen. MPI packt alles, was in den beiden vorhergehenden Teilkapiteln vorgestellt wurde, in eine Systemschnittstelle für den Anwendungsprogrammierer zusammen und enthält auch einige weitere Funktionalitäten, die bei der Implementation des Gesamtentwurfs in Kapitel 5.4 als Optimierungsaufgaben offen geblieben sind oder auf die man als zusätzliche Ideen noch gekommen ist. Der Anwendungsprogrammierer braucht nur noch festzulegen, welche Nachricht an welchen Prozess geschickt werden soll, muss sich aber nicht darum kümmern, wie das geschieht.

Klassische MPI-Funktionsaufrufe sind normale C- (oder FORTRAN) Funktionsaufrufe. Ein typisches Programm mit MPI hat folgendes Aussehen:

```cpp
MPI_Init(&argc, &argv);
int rank, size;
MPI_Comm_size(MPI_COMM_WORDL, &size);
MPI_Comm_rank(MPI_COMM_WORLD, &rank);
if (rank == 0) {
    int value = 17;
    int result = MPI_Send(&value, 1, MPI_INT, 1, 0,
                          MPI_COMM_WORLD);
    if (result == MPI_SUCCESS)
        std::cout << "Rank 0 OK!" << std::endl;
} else if (rank == 1) {
    int value;
    int result = MPI_Recv(&value, 1, MPI_INT, 0, 0,
                          MPI_COMM_WORLD, MPI_STATUSES_IGNORE);
    if (result == MPI_SUCCESS && value == 17)
        std::cout << "Rank 1 OK!" << std::endl;
}
MPI_Finalize();
```

Der aus den Übungen mit Pipes bereits mit C vertraute Leser wird wohl wenig Erläuterungen benötigen, um dieses Programm zu verstehen:

- Mit **MPI_Init(..)** wird der Prozess im Kommunikationssystem angemeldet, **MPI_Finalize()** meldet ihn wieder ab.

- Mit **MPI_Comm_rank** wird die dem Prozess von der MPI-Kommunikationsschicht zugewiesene eindeutige Identifikationsnummer ausgelesen. Die Nummern sind fortlaufend und beginnen bei Null.

In der Regel wird der Prozess mit **rank==0** als Masterprozess der Anwendung angesehen, d.h. ihm kommt die Aufgabe zu, die anderen Prozesse mit den notwendigen Daten zu versorgen, deren Arbeit zu synchronisieren, die Teilergebnisse einzusammeln und schließlich das Endergebnis zu präsentieren. Das ist allerdings nur eine Konvention, an den sich der Anwendungsprogrammierer nicht halten muss. Grundsätzlich kann jeder Prozess mit jedem anderen kommunizieren.

Mit **MPI_Comm_size** kann festgestellt werden, wie viele Prozesse aktiv sind. Das ermöglicht es dem Masterprozess, Aufgaben dynamisch aufzuteilen, je nachdem wie viele Ressourcen beim Start angefordert worden sind.

- **MPI_Send** und **MPI_Recv** dient zum Senden und Empfangen von Daten, die wie in C üblich als Pointer übergeben werden, wobei in den folgenden Parametern spezifiziert wird, wie groß das Datenfeld ist, auf das der Pointer zeigt, und um welchen Datentyp es sich handelt. Ziel und Quelle sind natürlich ebenfalls anzugeben, dazu einige weitere Steuerparameter. Wir behandeln dies weiter unten genauer.

MPI stellt einige hundert Funktionen zur Verfügung, um die Kommunikation verschiedener Anwendungsfälle optimal koordinieren zu können,[29] ist allerdings ein C-orientiertes Framework mit den üblichen Besonderheiten: der Anwendungsprogrammierer muss sich mit Konstanten herumschlagen, um dem System klar zumachen, mit welchen Datentypen er operiert, Umtypisierungen (type cast) korrekt handeln, Puffergößen beobachten usw. Das gilt auch für C++ - Programme. MPI stellt zusätzlich zu der C-Syntax sämtliche Funktionen auch in objektorientierter C++ Art zur Verfügung, allerdings bezieht sich das nur auf die MPI-Strukturen und MPI-Variablen und nicht auf die transportierten Daten. Mit Zeigern und Typkonstanten muss sich der Anwendungsprogrammierer auch in C++ weiterhin auseinander setzen.

Als weitere Alternative kann auf die boost::mpi-C++ - Bibliothek zurück gegriffen werden, die mit C++ Template-Techniken auch für die transportierten Daten vollständig von der C-Schnittstelle separiert und bei einfacherer Handhabung eine bessere Typsicherheit herstellt.

```
using namespace boost::mpi;
environment env;
communicator world;
int rank = world.rank(),
    size = world.size();
if (rank == 0) {
    int value = 17;
    world.send(1,33,value);
} else if (rank == 1) {
    int value;
    world.recv(0,33,value);
    cout << value << endl;
}
```

---

29 „Einige hundert" liefert vermutlich eine gute Begründung dafür, das Kapitel über Prozesse relativ schnell abzuschließen, ohne einen Versuch zu machen, ein Komplettsystem zu implementieren.

Die boost::MPI und MPI entsprechen sich funktional allerdings nicht 1:1. Die eine oder andere MPI-Funktion hat in der boost-Bibliothek kein direktes Gegenstück und muss auf andere Weise implementiert werden. Die boost::MPI kann jedoch C++ Standardtypen variabler Länge wie **std::string**, **std::vector** usw. durch einen einfachen Funktionsaufruf übertragen, wozu in MPI wiederum einiger Aufwand notwendig ist. Wir werden dies in Kapitel 6.6 ab Seite 164 genauer untersuchen.

In den Beispielen in den folgenden Kapiteln werden wir uns nicht an eine der Schnittstellen halten, sondern sie ein wenig mischen und teilweise sogar um eigene Varianten ergänzen, um alle Möglichkeiten vorzustellen. Welche Variante Sie bei der Bearbeitung der Übungsaufgaben verwenden, bleibt Ihren Vorlieben überlassen.

6.2   *MPI - Systemumgebung*

Parallele Programme können wie gewohnt mit Hilfe einer IDE erstellt und übersetzt werden. Allerdings stellt MPI eigene Compiler-Skripte für die Übersetzung zur Verfügung, die der IDE bekannt gemacht werden müssen. Anstelle von **gcc** und **g++** sind unter Linux **mpicc** und **mpic++** zu verwenden, die in der IDE bekannt gemacht werden müssen, sofern nicht im Standard bereits vorhanden. Bei den beiden Compilern handelt es sich nicht um besondere Varianten, sondern ebenfalls um den **gcc**- bzw. den **g++**-Compiler. Allerdings sind beim Compilieren und Linken von parallelen Programmen eine Reihe von Headern und Bibliotheken notwendig, die zum Teil nicht in den sonst gebräuchlichen Verzeichnissen des Systems zu finden sind. Die entsprechenden Verweise sind in den mpi-Compilerskripten vorhanden.[30]

Wenn die boost-Bibliothek verwendet wird, muss ebenfalls **mpicc/mpic++** eingesetzt werden, da die boost-Funktionen nur auf die

---

30 Die Angaben gelten für die Programmerstellung in Linux-Systemen. Da MPI recht eng am Betriebssystem operiert, empfiehlt es sich, auf anderen Systemen wie beispielsweise Windows die kompletten Entwicklungs- und MPI-Versionen der jeweilige Hersteller einzusetzen. Die Installation mag sich unterscheiden, die Programmierschnittstellen sind identisch.

MPI-Schnittstelle abbilden. Um sämtliche Funktionen nutzen zu können, sind die Laufzeitbibliotheken

```
-lboost_mpi
-lboost_serialization
-lboost_system
-lboost_filesystem
-lboost_graph_parallel
-lboost_iostreams
```

in den Linkprozess einzubeziehen.

Die Programme können normal entwickelt und mit einem Debugger getestet werden, wobei von der IDE nur ein Prozess ohne eigentliche MPI-Laufzeitumgebung gestartet wird. Das Starten mehrerer parallel arbeitender Prozesse erfolgt in einer speziellen Laufzeitumgebung mit dem Aufruf

```
mpirun -n <anzahl_prozesse> <name> [<args>]
```

mpirun richtet die Laufzeitumgebung ein und startet die angegebene Anzahl von Prozessen als Kindprozesse nach den in Kapitel 5 diskutierten Mechanismen.

Man kann die IDEs mit mehr oder weniger Aufwand dazu überreden, die Programme mit **mpirun** zu starten. Meine Empfehlung ist allerdings, **mpirun** in einer Konsole ausführen und die IDE nicht weiter zu modifizieren. Das hat einige Vorteile:

➢ Es ist leichter möglich, die Anzahl der Prozesse oder Kommandozeilenargumente von **mpirun** für die Anwendung zu verändern, ohne erst umständlich in IDE-Menüs blättern zu müssen.

➢ Ein Start einer MPI-Anwendung ohne **mpirun** ist unkritisch: das System zeigt an, dass nur ein Prozess gestartet wurde, der auch über die MPI-Funktionen mit sich selbst kommunizieren kann, d.h. völlig normale Funktionen zeigt (und beispielsweise die vorgesehene Aufgabe seriell in herkömmlicher Weise erledigt).

➢ Das alleine laufende Programm kann mit einem Debugger überprüft werden (was bei mehreren Prozessen zu einigen Schwierigkeiten führt; hier ist man meist auf Trace-Befehle angewiesen).

Wer sich die Debug-Möglichkeit für alle Bereiche offen halten möchte, sollte sein Programmdesign so gestalten, dass bei Starten als Einzelprozess das Programm die komplette Rechnung selbst durchführt, wobei die MPI-Kommunikation unter Beachtung bestimmter Rahmenbedingungen auch als Selbstgespräch mit eingebunden werden kann.[31]

Der **mpirun**-Aufruf ist in dieser Form natürlich nur für das Starten von Prozessen auf einer einzelnen Maschine zuständig. Alles was wir in Kapitel 5.4 als Optionen vorgesehen haben, ist mit **mpirun** natürlich ebenfalls machbar:

- **mpirun** kann als Serverprozess gestarten werden, der darauf wartet, dass eine andere Instanz auf einem anderen System sich meldet und ihn zum Starten von Prozessen auffordert;

- man kann in der Konsole des Masterrechners eine Liste der anzusprechenden Server angeben;

- es können unterschiedliche Anwendungen gestartet werden;

- Prozesse können speziellen Maschinen zugewiesen werden;

- die Anzahl der pro Prozess nutzbaren CPU-Kernel kann spezfiziert werden

und vieles weitere, was allerdings erst dann Sinn macht, wenn es mit einer größeren parallelen Anwendung tatsächlich Ernst wird. Die Man-Pages geben Auskunft über die möglichen Aufruf-Optionen – insgesamt über 80 ! Wir gehen hier nicht tiefer in die Details, da diese Anzahl im Arbeitsrahmen des Buches nicht sinnvoll darstellbar ist und viele Optionen für den Versuchsrahmen – eigener PC oder Notebool – auch gar nicht nutzbar sind.

Anmerkung. **mpirun** ist eine Anwendung, die auf Ihrem Rechner konkurrierend zu anderen gestartet wird. Man kann sich leicht ausrechnen, dass eine Verankerung direkt im Betriebssystem weitere Vorteile besit-

---

31 Debuggen ist auch in parallel laufenden Prozesse möglich, allerdings scheint die Einrichtung und Bedienung relativ aufwändig (**mpirun** besitzt Aufrufoptionen für den Einsatz von Debuggern). Ich neige dazu, in den meisten Fällen das Tracen statt des Debuggen einzusetzen, was gerade in Parallelanwendungen deutlich einfacher ist. Die Technik wird in Kapitel 6.3.4 ab Seite 124 genauer beschrieben.

zen sollte. Inwieweit bereits spezielle Betriebssystemfunktionen vorhanden sind und genutzt werden, kann man nur spekulieren. Trotzdem sollte man davon ausgehen, dass spezielle Maschinen, die für Parallelisierungen gebaut werden, mit einigen Interna aufwarten, die Vergleiche mit Versuchen auf dem eigenen PC erschweren bis unmöglich machen. Auf der anderen Seite kann man aber auch erwarten, dass das Erreichen der Gewinnzone auf dem Versuchsrechner bei einer Portierung gute Erfolge verspricht.

6.3 Punkt-zu-Punkt-Kommunikation

Wir beginnen mit der einfachen blockierenden Punkt-zu-Punkt-Kommunikation, wie sie schon zu Beginn dieses Kapitels im Einführungsbeispiel angerissen wurde. Dazu betrachten wir eine Aufgabe, für die sich eine Zerlegung in Teilprozesse auch lohnt und die auch ein wenig Komplexität bei der Koordination der Aufgaben mit sich bringt:

6.3.1 Matrixmultiplikation

Eine Operation, die relativ viel Aufwand verursacht, ist die Multiplikation von Matrizen.[32] Hat man es mit quadratischen Matrizen der Dimension n zu tun, steigt der Speicherbedarf mit $O(n^2)$, und der Aufwand bei einer Multiplikation, die jedes neue Element durch

$$c_{i,k} \sum_{h=0}^{n} a_{i,h} * b_{h,k}$$

berechnet, sogar mit $O(n^3)$. Bei größeren Aufgaben also sowohl ein Anreiz, den Speicherverbrauch im Zaum zu halten als auch die Rechenzeit durch Parallelisierung zu verkleinern.

Eine Klasse, die eine 1:1-Übersetzung der Mathematik in ein Programm erlaubt, ist in C++ schnell konstruiert:

```
template <class T> class Matrix {
public:
    Matrix(size_t z, size_t s): zl(z), sp(s)        {
```

---

32 Ich gehe davon aus, dass der Leser weit genug in linearer Algebra bewandert ist, um die Theorie kurz zu halten.

```
        a.resize(s*z,0);
    }

    inline T& operator()(size_t z, size_t s) {[33]
        return a.at(z*sp+s);
    }

private:
    Matrix();
    Matrix(Matrix const&);
    std::vector<T> a;
    size_t zl,sp;
};
```

Als Datenspeicher bietet sich ein **std::vector** an, weil dieser Container alle Daten in ein klassisches Array packt und man sich nicht um die Allozierung von Speicher kümmern muss. Die komplette 2-dimensionale Matrix wird mit Hilfe einer Indexarithmetik auf ein 1-dimensionales Feld abgebildet, was sowohl bei der Erzeugung als auch beim Zugriff Vorteile gegenüber einem mehrdimensionalen Feld bietet. Bei der Abbildung ist zu entscheiden, ob zeilen- oder spaltenweise gespeichert wird. Hier haben wir eine zeilenweise Speicherung gewählt.

Anmerkung. In diesem Design stecken bereits Erkenntnisse aus ersten Versuchen. Wie aus Tabelle 1 auf Seite 73 zu entnehmen ist, benötigen Operationen mit hintereinander liegendend gespeicherten Daten nur ca. 65% der Rechenzeit getrennter Daten. Bei der Matrixmultiplikation sind beide Speichertypen zwangsweise gemischt, bei den meisten Matrix-Vektor-Multiplikationen ist zeilenorientiertes Speichern günstiger.

Die Elemente einer Spalte besitzen bei diesem Design konstante Abstände, was ebenfalls in der Hardwareoptimierung berücksichtigt ist. Viele Programmierer greifen beim Thema „Matrix" zunächst zu doppelt indizierten Feldern, d.h. **double a[n][n]**. Bei statischen Matrizen funktioniert das, weil ein Doppelindenx intern auf eine Indexarithmetik umgesetzt wird. Bei dynamischen Feldern hängt es allerdings von der Programmiersprache ab, ob eine optimale Struktur heraus kommt. Mit dem Beispielcode ist man jedenfalls auf der sicheren Seite.

Bei der Parallelisierung ist ein weiterer Gesichtspunkt zu berücksichtigen: sind nur Teile einer Matrix an die Prozesse zu verteilen, sind hinter-

---

33 Wie üblich gehört zu jeder nicht-const-Zugriffsfunktion eine const-Version, die aus Platzgründen fortgelassen wird, ebenso wie getter-Funktionen für Zeilen und Spalten usw..

einander liegende Daten günstiger als getrennte, die erst gesammelt werden müssen, will man die Matrix nicht komplett übertragen.

Rechenoperationen wie die Multiplikation führt man aufgrund des Speicherverbrauchs meist „inline" aus, wenn der Gesamtalgorithmus das zulässt, d.h. das Ergebnis landet nicht in einer neuen Matrix, sondern eine der vorhandenen wird überschrieben:[34]

```
Matrix& mul_left(Matrix const& b);
Matrix& mul_right(Matrix const& b);
```

Die Multiplikation kann von Links oder von Rechts erfolgen, was aufgrund der Nichtkommutativität der Matrixmultiplikation zu unterschiedlichen Ergebnissen führt.

Eine komplette inline-Operation ist allerdings nur möglich, wenn die jeweils hinein multiplizierte Matrix eine quadratische Matrix ist. Nur dann ändern sich die Dimensionen der veränderten Matrix nicht. Ist das nicht der Fall, muss die Dimension des Ergebnisses angepasst werden und eine inline-Operation ist meist nicht mehr möglich. Sie können die Redimensionierung für unsere Versuche hier vorerst ignorieren; sollte sich in anderen Projekten herausstellen, dass Sie auch das benötigen, können Sie das leicht nachrüsten. Die Matrixklasse kann dann auch problemlos für Vektoroperationen verwendet werden:

```
Matrix<T> mc(n,1);    // Ein Spaltenvektor
Matrix<T> mr(1,n);    // ein Zeilenvektor

a.set_mul(mr,mc);     // Skalarprodukt, a(1,1)
b.sel_mul(mc,mr);     // Matrix b(n,n)

mc.mul_left(A);       // eine inline Vektortransformation
```

Zurück zur inline-Matrixmultiplikation, wobei wir uns zunächst auf eine Multiplikation von Rechts beschränken. Wenn man sich die Berechnungsvorschrift für die Matrixmultiplikation genauer anschaut, stellt man fest, dass nach kompletter Berechnung einer Zeile der Ergebnismatrix die entsprechende Zeile der linken Matrix im Weiteren nicht mehr benötigt wird. Als Hilfsspeicher bei einer inline-Operation genügt folg-

---

34 Wer meint, bei 8 GB Hauptspeicher bestehe das Problem nicht, der sei gewarnt. Parallelisierung lohnt sich erst bei Matrixgrößen, bei denen eine Matrix mehr im Speicher dann doch schon weh tut.

lich ein Feld der Größe einer Zeile, und der Code lässt sich folgendermaßen implementieren:

```
Matrix<T>& Matrix<T>::mul_right(Matrix<T> const& b){
    std::vector<T> h;
    h.resize(cols());
    for(size_t i=0; i<rows(); i++) {
        for(size_t j=0; j<cols(); j++) {
            h[j]=0;
            for(size_t k=0; k<cols(); k++) {
                h[j]+=(*this)(i,k)*b(k,j);
            }
        }
        for(size_t j=0; j<cols(); j++) {
            (*this)(i,j)=h[j];
        }
    }
    return *this;
}
```

Dies ist auch der Aufhänger für eine Parallelisierung: da die Zeilen der
linken Matrix nur jeweils für die Berechnung der entsprechenden Zeilen
der Ergebnismatrix benötigt werden, kann man die Zeilenauswertung
auf verschiedene Systeme aufteilen. Da wir eine zeilenweise Speicherung
gewählt haben, liegen die Zeilendaten sogar hintereinander, was die
Übertragung erleichtert. Die MPI-Funktionen sind für den Austausch
von Datenfeldern eingerichtet, so dass eine Methode, die einen Zeiger
auf das erste Element einer Zeile liefert, genügt:

```
T* row_ptr(size_t nr){ return &(*this)(nr,0); }
T const* row_ptr(size_t nr) const
{ return &(*this)(nr,0); }
```

Aufgabe. Implementieren Sie die Klasse. Schließen Sie auch Opera-
tionen ein, bei denen sich die Dimensionen des Ergebnisses ändern.
Für den Test können Sie Internetwerkzeuge heranziehen, die kleinere
Matrizen miteinander multiplizieren.

Führen Sie einige Laufzeitmessungen durch. Bei Veränderung der Problemgröße ändert sich der Übertragungsaufwand quadratisch mit der
Größe, der Rechenaufwand kubisch. Andererseits ist die Übertra-
gungsgeschwindigkeit sehr viel kleiner als die Rechengeschwindigkeit.

Ab welcher Skalierung zahlt sich die Parallelisierung aus? Beachten Sie auch die folgenden ergänzenden Anmerkungen.

Was für Zeilen gesagt wurde, kann natürlich genauso auf Spalten Anwendung finden, d.h. wird eine Matrix von Links mit einer andere multipliziert, kann sie spaltenweise abgearbeitet werden.

Allerdings liegen die Elemente einer Spalte in unserem Speichermodell nicht hintereinander im Speicher. Für den seriellen Prozess spielt das keine Rolle, aber für eine Parallelisierung. Als Abhilfe bietet sich an, die Matrix zu transponieren, was mit $n*(n-1)/2$ Operationen zu erledigen ist.[35] In den Algorithmen müssen dann allerdings Zeilen- und Spaltenindizes vertauscht werden:

$$a(i,k)*b(k,j) \rightarrow a(i,k)*b^T(k,j)$$

Aufgabe. Prüfen Sie, (ob und) wie dieses Modell verwendungssicher implementiert werden kann. Untersuchen Sie, unter welchen Umständen dieses Modell bei einer Parallelisierung einen Laufzeitgewinn erwarten lässt.

6.3.2   Numerische Integration

Die Grundlagen zur numerische Integration haben wir in Kapitel 4.5.1 ab Seite 75 bereits vorgestellt.

Aufgabe. Implementieren Sie ein Programm zur Berechnung von Integralen mit 2^k parallelen Prozessen (k=0,1,2,3,...). Beginnen Sie mit k=0, d.h. einem seriellen Prozess, der alles abarbeitet. Strukturieren Sie das Programm so, dass die Summenfunktion, die ja später in der parallelen Version in allen Prozessen läuft, die Parameter

$$x_{start}, h, n_{steps}$$

bekommt. Sind die Integrationsgrenzen beispielsweise $[0,1]$, so würde im Schritt m ($m = 1$ bezeichnet das erste einzelne 3-Punkt-Intervall) der Parametersatz für einen Prozess

$$x_{start} = 2^{-m}, \quad h = 2^{-m+1}, \quad n_{step} = 2^{m-1}$$

---

35 Dies ist eine Lösung auf Anwendungsebene. In Kapitel 6.6.3 ab Seite 170 werden wir aber noch eine weitere Lösung auf MPI-Ebene angeben.

lauten. Sind 2^k Prozesse beteiligt, so gilt für Prozess r

$$h = 2^{-m+1} \, , \quad n_{step} = 2^{m-1-k} \, , \quad x_{start} = 2^{-m} + h * r * n_{step}$$

Die Summenformeln dürften sicher einfach genug sein, um weitere Hilfen zu erübrigen. Normalerweise benötigt man selbst bei einfachen Funktionen hinreichend viele Iterationsschritte, wenn man eine hohe Genauigkeit anstrebt. Man kann das forcieren, indem man als Integrand beispielsweise eine Funktion der Art

$$f(x) = \sum_{i=1}^{m} \sin(k_i * x) + A$$

verwendet, wobei die k_i Zufallzahlen in der Nähe von i sind, beispielsweise

```
k[i] = double(rand()% 30 - 60)/400.0 + i;
```

Bei hinreichend vielen Termen in der Summe erhält man eine schnell oszillierende Funktion (Abbildung 6.1), so dass eine größere Anzahl von Integrationsschritten erzwungen wird. Die Funktion – genauer die Koeffizienten – kann wahlweise vorgegeben oder im Masterprozess erzeugt und an die Arbeitsprozesse übertragen werden.

Zur Praxis sei noch angemerkt:

- Bei jedem Iterationsschritt gewinnt man in der Regel 1 Bit an Genauigkeit, die Rechenzeit andererseits verdoppelt sich mit jedem Iterationsschritt, nimmt also exponentiell zu. Sehen Sie eine Begrenzung der Laufzeit vor.

- Wenn das Integral im Verhältnis zu den auftretenden Funktionswerten klein ist, kommt es zu merklichen Rundungsfehlern. Es empfiehlt sich, dies zu berücksichtigen und

$$\left| \frac{(I_n - I_{n+1})}{max(f(x))} \right| < \delta$$

als Abbruchkriterium einzusetzen.

- Wird das Integral Null, weil sich positive und negative Zweige der Funktion kompensieren, kommt es aufgrund numerischer

Effekte oft zum Schwingen der Werte um den Nullpuinkt. Als weiteres Abbruchkriterium bietet sich folgende Prüfung an:

$$\delta_{n+1} > \delta_n \quad \text{oder} \quad sign(\delta_{n+1}) \neq sign(\delta_n)$$

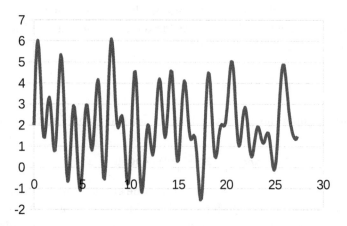

Abbildung 6.1: Funktionsverlauf (Beispiel)

Der Kommunikationsaufwand spielt gegenüber dem Rechenaufwand hier keine Rolle.

6.3.3 Kommunikation und Design

Bevor wir in die Details gehen, seien noch einige Bemerkungen zu dem angebracht, was gemeinhin als „Programmierstil" bezeichnet wird. Studenten in Programmierkursen neigen dazu, Programmieraufgaben als abgeschlossene Aufgaben ohne Wiederverwendungswert zu betrachten und Programme so aufzubauen, als sei eine Parallelisierung gar nicht vorhanden. Bei der Anpassung der Algorithmen an die Parallelverarbeitung wird auch nicht selten eine Begrenzung der Anzahl der einzusetzenden Prozesse auf das, was der PC, mit dem man arbeitet, sinnvoll hergibt, zu fixieren und andere Prozessanzahlen nicht zuzulassen. Da parallele Programmierung ohnehin erst statt findet, wenn man die niederen Weihen der Programmierung hinter sich hat, sollte man eine etwas professionellere Vorgehensweise an den Tag legen.

Bei der Verteilung der Daten der beiden Aufgaben auf verschiedene Prozesse müssen wir von folgenden Rahmenbedingungen ausgehen:

a) Die Prozesse sind nicht über ein Eltern-Kind-Verhältnis miteinander verbunden, sondern Kinder der **mpirun**-Instanzen. Sie müssen noch nicht einmal den gleichen Code verwenden, wenn sie auf unterschiedlichen Maschinen laufen.

b) Die Matrizenmultiplikation bzw. die Integration muss nicht die einzige Operation sein. Eine solche Aufgabe kann wiederholt im Laufe irgendeiner Gesamtberechnung auftreten.

c) Der Aufwand einer Parallelisierung lohnt sich meist nicht für eine einmalige Rechnung. Vielfach werden verschiedene Rechnungen in einem Gesamtjob erledigt.

Aus diesen Gründen ist der Masterprozess häufig der einzige, der über die Daten der anstehenden Aufgabe(n) verfügt, wobei der Begriff „Daten" recht weit gefasst werden muss. Er muss die Daten verteilen, die Ergebnisse einsammeln und den Arbeitsprozessen schließlich mitteilen, dass für heute Feierabend ist und sie sich abschalten können.[36] Die Verteilung der Daten für eine Matrixmultiplikation im angerissenen Sinn umfasst

- die Größe der Matrizen, da man nicht davon ausgehen kann, dass jede Aufgabe mit der gleichen Dimensionierung arbeitet,

- die Zeilen der linken Matrix, die im Prozess zu verarbeiten ist, sowie

- die komplette rechte Matrix,

Im Falle der Integration umfasst das Datenpaket

- die DLL mit der zu integrierenden Funktion,

- Startwert, Intervallgröße und Anzahl der Summanden.

Es ist evident, dass das alles nicht durch simplen unkooridinierten Versand der Daten zu realisieren ist, sondern ein Kommunikationsprotokoll

---

36 Vergleiche aber auch Kapitel 6.5.4 Dateiarbeit

benötigt wird, das Fehler ausschließt. Um später in komplizierten Fällen korrekt vorzugehen, sollten diese Aspekte auch in den einfachen Übungsfällen berücksichtigt werden.

Im Programmdesign sind die Prozesse logisch zu entzerren, d.h. sofern es sich nicht um getrennt implementierte Programme für die verschiedenen Prozesse handelt, eine Verteilung der Funktionalität auf verschiedene Methoden vorzusehen:

```
void Rank_0_function(){...}
void Rank_1_function(){...}
...
if(rank==0) Rank_0_function();
else        Rank_1_function();
```

Vielfach genügt es bereits, zwischen dem steuernden Rank 0 und allen anderen zu unterscheiden. Müssen darüber hinaus weitere Individualisierungen höherer Ränge vorgenommen werden, ist eine

```
switch(rank){
case 0: ...
```

Aufteilung vorzunehmen. Das ist leicht zu begründen: häufig stellt man fest, dass bestimmte Aufgaben nur in einem Rang anfallen, andere aber in allen, was in seriellen Programmen zu Strukturen wie

```
if(rank==0) { ... }
...
if(rank==1) { ... }
...
if(rank==0) { ... }
...
```

führt. Der Einsteiger in die Parallelprogrammierung muss sich an dieser Stelle klar machen, dass die Aufgaben im ersten if-Block nur in einem Prozess durchgeführt werden, danach alle Prozesse den gleichen Code ausführen und im abschließenden Block wieder nur ein Prozess, aber diesmal ein anderer beschäftigt ist. Jeder Prozess ist allerdings ein selbständiges Programm, was bei dieser Form der Programmierung nicht zum Ausdruck kommt. Wenn man den Code analysiert, stößt man immer wieder auf Teile, die im betrachteten Prozess gar nicht ausgeführt werden.[37] Auch kann die gleiche Anweisung in einem Prozess das Senden, in einem anderen das Empfangen von Daten bedeuten, d.h. der Programmierer muss sich ständig darüber im Klaren sein, welchen Prozess er eigentlich gerade analysiert. Das entspricht in gewisser Weise der Situation vor der Einführung der objektorientierten Programmierung, wo funktionale Abhängigkeiten und Gruppierungen nur schlecht aufgelöst waren und Verwirrung stiften konnten. Die Möglichkeit einer Verwirrung besteht auch hier.

Die Prozesse sind nicht unabhängig voneinander, sondern müssen ihre verschiedenen Arbeiten synchronisieren, wobei die Synchronisation durch Kommunikation in den einzelnen Blöcken erfolgt. Da die Kommunikation selten trivial ist, ist eine solche Vermischung fast schon eine Garantie dafür, dass der Programmierer spätestens bei der Optimierung an irgendeiner Stelle die Übersicht verliert und dann die Anwendung nicht läuft oder Ergebnisse liefert, die man nicht haben möchte, weil eine in einem Prozess getroffene sinnvolle Maßnahme von seinem Gegenpart nicht richtig aufgenommen wird. Debuggen ist in der Regel nicht möglich, und bei mehreren parallel arbeitenden Prozessen ist auch Tracen keine angenehme Aufgabe.

Solche Probleme können nicht auftreten, wenn konsequent die Codes für die verschiedenen Prozesse logisch getrennt sind, auch wenn es sich formal nur um ein Programm handelt. Das führt zwar dazu, dass der gemeinsame Codeteil dupliziert werden muss (man kann ihn auch in eine Funktion auslagern, die eine Duplizierung weitgehend unnötig macht), kann aber im Gegenzug jeden Prozess im Code seriell verfolgen und Unstimmigkeiten leicht finden.

---

37 Oder auch umgekehrt: für Versuche werden meist Zufallsdaten eingesetzt, wobei man beobachten kann, dass im günstigen Fall jeder Prozess seine eigenen Daten erzeugt, um ungünstigen auch solche für andere Prozesse, die in einem anschließenden Kommunikationsschritt überschrieben werden. Viele Studenten beschäftigen sich ausschließlich mit der Aufgabe, „mit MPI_Send/Recv Daten an einen anderen Prozess zu senden", ohne sich Gedanken darüber zu machen, ob ihr Elaborat überhaupt für etwas genutzt werden kann, und Anmutungen, dem ganzen mehr Sinn zu geben, mit „wenn Sie das so wollen" kommentieren. Wenn man diese Einstellung durchgehen lässt oder nicht selbst korrigiert, besteht die Gefahr, dass später im Beruf der Blick vielfach auch nicht den Tellerrand erreicht.

Für unsere einführenden Beispiele Matrixmultiplikation und Integration ist die Konsequenz aus diesen Designüberlegungen eine Aufspaltung in zwei Programmsegmente:

- Ein komplexes Segment für Rank 0, das die Informationen an die anderen Prozesse verteilt und später wieder einsammelt, zur Not aber auch in der Lage sein muss, die Aufgabe komplett alleine lösen zu können.

- Einfache Segment für die anderen Prozesse, die einige Kommunikationsfunktionen sowie die zentralen Rechenfunktionen umfassen, in denen aber möglichst wenig bereits zur Compilezeit festgelegt wird.[38]

Bei der Bereitstellung der Versuchsdaten wird ebenfalls oft vergessen, dass es um Parallelisierung geht. Es macht wenig Sinn, beispielsweise den Bubblesort-Algorithmus mit gerade einmal 20 Elementen zu parallelisieren. Will man sicher gehen, dass die Parallelisierung fehlerfrei funktioniert, und möchte obendrein noch Aussagen über den Gewinn machen, sind größere Datenmengen notwendig. Für die Kontrolle auf Korrektheit kann man einige kleine Hilfsroutinen schreiben, um größere Datenmengen nicht aufwändig selbst durchsehen zu müssen.

In das gleiche Raster fällt das Verhältnis Datenmenge ./. Prozessanzahl. Weder über die eine noch über die andere Größe kann man in realen Anwendungen Aussagen machen, folglich muss das Programm mit allen Möglichkeiten arbeiten können. Kann die Datenmenge nicht gleichmäßig auf alle Prozesse aufgeteilt werden, sind zwei Maßnahmen möglich:

1. Die Prozesse werden nicht gleichmäßig belastet. Die Programmlogik von Rank 0 wird dadurch meist komplexer, möglicherweise auch die der anderen Prozesse, und man kann Kommunikationsstrategien, die eine gleichmäßige Auslastung erfordern, nicht einsetzen.

---

38 Ein Nebeneffekt schlechten Designs ist, dass Initialisierungsschritte wie die Festlegung der Problemgröße oder das bereits angesprochene Einlesen der Daten, die primär eigentlich nur Rank 0 betreffen, von den anderen Prozessen gleich mit ausgeführt werden. Für den Test mag das ok sein, soll aber später die Aufgabe durch eine Kommunikation von Rank 0 mit dem User genauer spezifiziert werden, hat man ein echtes Problem.

2. Man stockt die Daten mit leicht als ungültig erkennbaren Daten auf, bis eine gleichmäßige Verteilung möglich ist, und entfernt diese Daten am Ende der Rechnung wieder.[39]

So weit zu den Vorbemerkungen. Bauen wir den Inhalt nun schrittweise auf: die einfachen Sende- und Empfangsfunktionen für das Kommunikationsprotokoll besitzen in der C-Notation folgende Syntax:

```
int MPI_Send(const void *buf, int count,
             MPI_Datatype datatype,
             int dest, int tag, MPI_Comm comm)

int MPI_Recv(void *buf, int count,
             MPI_Datatype datatype,
             int source, int tag, MPI_Comm comm,
             MPI_Status *status)
```

So lange wir nicht mit Gruppenkommunikatoren arbeiten, ist für **MPI_Comm** immer **MPI_COMM_WORLD** einzusetzen. Die Statusvariable in **MPI_Recv** werten wir vorläufig nicht aus, so dass auf das Standardobjekt **MPI_STATUSES_IGNORE** zurück gegriffen werden kann. **source** und **dest** bedürfen keiner weiteren Erläuterung.

Zum wichtigen Datenteil: **count** ist die Anzahl der Daten des im Feld **MPI_Datatype** spezifizierten Datentyps (nicht die Anzahl der Bytes!). Einige der definierten Datentypen sind in Tabelle 2 dargestellt.

Die Datentypen werden vom MPI-System allerdings nicht kontrolliert. Es ist durchaus möglich, Daten mit einem Typ zu versenden und auf der Empfangsseite einen anderen Typ zu spezifizieren. Es muss lediglich dafür gesorgt werden, dass die versandte Datenmenge am Zielort auch entgegen genommen werden kann. Doch dazu später mehr.

Eine Steuerungsgröße für korrekte Datenzustellung ist das Feld **tag**. Jede Datensendung kann mit einem individuellen Tagwert versehen werden; das Kommunikationssystem sorgt automatisch für die korrekte Zustellung. Vertauschungen durch unterschiedlich schnelle Datensendungen auf dem Bussystem werden so ausgeschlossen.

---

39 Matrizen kann man beispielsweise als Einheitsmatrizen im ungültigen Bereich aufstocken, zu sortierende Felder durch Elemente in einer Größe, die in der Realität nicht vorkommen.

Zum Vergleich sei auch die C++ Version angegeben. Diese ist objektorientiert, d.h. man benötigt zunächst ein Kommunikatorobjekt,[40]

```
MPI::Intercomm comm;        // oder
MPI::Intracomm comm;
```

das mit den Übertragungsfunktionen

```
void Comm::Send(const void* buf, int count,
                const Datatype& datatype,
                int dest, int tag) const

void Comm::Recv(void* buf, int count,
                const Datatype& datatype,
                int source, int tag) const
```

MPI_Datatype	C datatype	Fortran datatype
MPI_CHAR	signed char	CHARACTER
MPI_SHORT	signed short int	INTEGER*2
MPI_INT	signed int	INTEGER
MPI_LONG	signed long int	
MPI_UNSIGNED_CHAR	unsigned char	
MPI_UNSIGNED_SHORT	unsigned short	
MPI_UNSIGNED	unsigned int	
MPI_UNSIGNED_LONG	unsigned long int	
MPI_FLOAT	float	REAL
MPI_DOUBLE	double	DOUBLE PRECISION
MPI_LONG_DOUBLE	long double	DOUBLE PRECISION*8

Tabelle 2: MPI-Datentypen

aufgerufen wird. Wieder gilt: wenn nicht mit Gruppenkommunikatoren gearbeitet wird, können in verschiedenen Methoden jeweils eigene Kommunikatorobjekte instanziiert werden, die alle **MPI_COMM_WORLD** bedienen. **Datatype** ist nun ebenfalls ein Objekt, der Unterschied zur C-Version beschränkt sich beim Aufruf auf den Ersatz von **MPI_** durch **MPI::** in den Typbezeichnungen und den Wegfall vom **MPI_** in den Funktionsaufrufen.

---

40 Den Unterschied zwischen **Intercomm** und **Intracomm** klären wir in Kapitel 6.4 ab Seite 138.

Zur Typisierung noch einige wichtige **Anmerkungen.** Hinsichtlich der Typbezeichnungen könnte man als Programmierer auf die Idee kommen, den Methodenaufruf

```
int ai[10];
comm.Send(ai,10,MPI::INT,d,t);
```

durch

```
comm.Send(ai,10*sizeof(int),BYTE,d,t);
```

zu ersetzen, um dem Aufwand der korrekten Typzuweisung aus dem Weg zu gehen. Das ist zwar möglich, allerdings sei davon abgeraten, weil man durch solche „Vereinfachungen" oft nur zusätzliche Fehlerquellen schafft, die kaum zu lokalisieren sind.[41]

Bei Nutzung der boost::mpi-Bibliothek entfällt die Angabe der MPI-Datentypen, die via Templates und entsprechende Spezialisierungen vom System selbst festgelegt werden:

```
template<typename T>
void send(int dest, int tag, const T & value) const;

template<typename T>
void send(int dest, int tag,
          const T * values, int n) const;

world.send(i,tag::synchronize,state);
world.send(i,tag::dimensions,dims,4);
```

In der boost::mpi-Bibliothek beginnen die Funktionsnamen mit Kleinbuchstaben, in der MPI-C++-Version mit Großbuchstaben, so dass die Versionen gut auseinander gehalten werden können. Da alle C++-Versionen auf die C-Schnittstellen zurückgreifen, können C-MPI-, C++::MPI- und boost::mpi-Aufrufe gemischt in einer Anwendung verwendet werden, auch wenn es sich dabei nicht gerade um guten Programmierstil handelt.[42] Die korrespondierenden Funktionsaufrufe in den Prozessen sollten allerdings vom gleichen Typ sein. MPI-C und MPI-C++ sind zwar kompatibel, die boost::mpi-Bibliothek stellt die Typsicherheit jedoch selbst her: kompatible Typen werden auf die MPI-Typen der Ta-

---

41 In heterogenen Systemen kann das MPI-Basissystem ggf. auch für eine Konvertierung sorgen, die man mit solchen Eigenlösungen unterläuft. Mehr zu Datentypen in Kapitel 6.6 ab Seite 164.

belle 2 gemappt, andere mit boost-eigenen Typsicherungsstrategien übertragen. Boost::mpi-Aufrufe sind deshalb inkompatibel mit MPI-C/C++-Aufrufen.

Wie Sie bemerken, haben die C-Funktionen einen Rückgabewert, die C++ Methoden nicht. Der Rückgabewert enthält den Fehlercode der Operation, der bei korrekten Abläufen in **MPI_SUCCESS** besteht, aber auch einen der über 50 verschiedenen Fehlergründe angeben kann. C++ wirft statt dessen eine Ausnahme des Typs **MPI::Exception** und man kann die Fehlermeldung über **ex.Get_error_string()** abfragen (oder über den numerischen Code behandeln). In der Entwicklungsphase ist das Abfangen der Fehlermeldungen hilfreich, die Kontrolle der Rückgabewerte der C-Methoden aber recht aufwändig. Mittels

```
MPI_Comm_create_errhandler(..)
MPI_Comm_set_errhandler(..)
```

kann aber auch die C-Version auf eine Weise aufgerüstet werden, die dem Komfort der C++ Exceptions näher kommt (weitere Informationen: Kapitel 6.3.6 „Sichere Kommunikation" ab Seite 136).

Nachdem wir nun die wesentlichen Bestandteile der Aufrufsyntax untersucht haben, können wir nun ein einfaches Protokoll für unsere Zwecke konstruieren. Wir beschränken uns dabei auf die Multiplikationsaufgabe. Die Integrationsaufgabe ist ähnlich zu lösen, wobei Sie auf die DLL-Einkopplung verzichten sollten, da dies einen größeren Aufwand verursacht, der für unsere Versuchen wenig Erkenntnisse bringt.

Ein Minimalsatz von Tags für Matrixmultiplikation ist

```
enum tag {synchronize,dimensions,data_a,data_b,result};
```

Der Prozess mit Rang 0 übernimmt die Rolle des Masterprozesses. Das Tag **synchronize** dient dazu, die Arbeitsprozesse (Rang > 0) auf den

---

42 Gemischter Code kann allerdings durchaus gerechtfertigt sein: wie überall in der Softwareentwicklung wird man auch bei der Entwicklung paralleler Programme auf fertigen Code zurückgreifen. Wenn Codeteile verschiedene Schnittstellen verwenden, kann eine Vereinheitlichung aufwändiger werden als die Überwindung, es bei „unschönem Code" zu belassen.

nächsten Zyklus einzustellen oder die Prozesse zu beenden. Die genaue Information steht im Datenfeld, das die Werte

```
enum state_types {stop,run};
```

annehmen kann und durch

```
int state=run;
MPI_Send(&state,1,MPI_INT,i,
         tag::synchronize,MPI_COMM_WORLD);
```

an den Prozess i versand wird.[43] Der Empfang erfolgt mit

```
int state=run;
MPI_Recv(&state,1,MPI_INT,i,
         tag::synchronize,MPI_COMM_WORLD);
```

Im nächsten Schritt – Tag **dimensions** – wird den Arbeitsprozessen die Größe der Matrizen mitgeteilt. Wir sehen dazu ein 2-dimensionales Feld

```
unsigned int dims[2];
MPI_Send(dims,2,MPI_UNSIGNED,i,
         tag::dimensions,MPI_COMM_WORLD);
```

vor, das auf Empfangsseite zur Konfiguration der Matrizen verwandt wird:

```
Matrix<double> a(dims[0],dims[1]),
               b(dims[1],dims[1]);
```

Das erste Feldelement enthält die Anzahl der Zeilen der linken Matrix, die der Prozess erhält, das zweite die Dimension der Matrizen. Berechnet werden muss nur das 1. Feldelement: bei größeren Matrizen wird man wohl kaum eine den Zeilen entsprechende Anzahl von Prozessen öffnen, so dass jeder Prozess mehrere Zeilen berechnen muss. Außerdem besitzt in den wenigsten Fällen **dim/comm_size** keinen Rest, so dass mindestens ein Prozess weniger zu tun hat also die anderen.

An die Arbeitsprozesse wird eine berechnete Anzahl an Zeilen der ersten Matrix übertragen (wir führen **mul_right** aus unserer Klassenkon-

---

43 **enum**- und weitere Typen wie **size_t** können systemspezifisch unterschiedlich implementiert sein, wohingegen man bei **int** nicht darüber diskutieren kann. Systemspezifische Typen sollten aufgrund der Anmerkungen zuvor auf einheitlich definierte Typen umgespeichert werden, bevor man sie überträgt.

strukion aus), die zweite Matrix muss immer komplett übertragen werden. Da die Zeilen im Speicher hintereinander liegen, genügt jeweils ein Funktionsaufruf, z.B.

```
MPI_Send(A.row_ptr(zeile),DIM*zeile_inc,MPI_DOUBLE,
         i,tag::data_a,MPI_COMM_WORLD);
```

Die Ergebnisse werden in der gleichen Weise an den Masterprozess zurück gesand und können von ihm in die Matrix eingefügt werden.

Nochmals zurück zu unseren Vorbemerkungen. Möglicherweise werden Sie diesen Aufwand nicht betreiben, wenn Sie die Funktionalität selbst entwerfen, und die Dimensionen in den Prozessen selbst berechnen lassen. Sie sollten aber berücksichtigen, dass die Prozesse eigenständige, vollständig voneinander unabhängige Programme sind und man nicht unbedingt voraussetzen kann, beim Übersetzen bereits alles zu wissen:

- Nur Rang 0 (oder allgemeiner: der Masterprozess) kennt die Daten und muss sie verteilen. Erstellen Sie die Matrizeninhalte beispielsweise mit einem Zufallzahlengenerator, haben alle Prozesse verschiedene Matrizen, wenn sie es selbst tun würden.

- Nur der Masterprozess kennt die Dimension der Matrizen. Diese kann ihm durchaus erst zur Laufzeit gemacht werden. Er muss sie daher an die Arbeitsprozesse verteilen.

- Die Anwendung kann mehrere Matrixmultiplikationen enthalten. Wie viele weiß wiederum nur der Masterprozess. Nur er kann daher den Abschaltbefehl geben.

- Die Matrixmultiplikation kann ein Teil der Gesamtaufgabe sein, die von einer Gruppe spezialisierter Prozesse bearbeitet wird. Außerdem kann der Masterprozess einen Teil der Berechnung übernehmen oder nur die Kontrollinstanz repräsentieren, die die Arbeit verteilt. Die Arbeitsprozesse können daher die Anzahl der Zeilen, die sie erhalten, nicht unbedingt aus MPI_Rank und MPI_Size berechnen.

Beim Entwurf paralleler Programme ist eben eine etwas andere Denkweise vonnöten. Der Entwickler muss sich fragen, welche Parameter möglicherweise erst zur Laufzeit und dann auch nur einem ausgewählten Steuerungsprozess bekannt werden. Die Funktionalität wird in ein kleines Protokoll eingebettet, das diese Parameter zusätzlich verteilt. Unterlässt man das, ist der Code später in anderen Anwendungen nicht nur schlechter wieder zu verwenden, sondern ist möglicherweise so aufgabenspezifisch, dass bei Änderungen eine Neuübersetzung und Verteilung notwendig ist, was bei Einsatz mehrerer Rechner recht aufwändig und fehleranfällig ist.

Anmerkung. Die Übertragung mit Send/Recv ist nicht die eleganteste. Wir werden in Kapitel 6.5 „Koordinierte Kommunikation" ab Seite 145 andere Möglichkeiten kennen lernen, deren Anwendung jedoch einige Nebenbedingungen haben. Zu Übungszwecken sollten Sie daher zunächst die MPI-Methoden einsetzen und auch auf die Möglichkeiten der boost::mpi-Schnittstelle, eine Matrix als Objekt zu übertragen, vorläufig verzichten.

Aufgabe. Implementieren Sie das komplette Programm. Die Matrizen können mit verschiedenen Dimensionen erzeugt und mit Zufallsdaten gefüllt werden. Es sei Ihnen überlassen, ob der Steuerungsprozess ebenfalls an der Rechnung beteiligt wird oder nur die Daten verteilt.

Machen Sie Laufzeitauswertungen in den Prozessen. Variieren Sie die Anzahl der Prozesse und stellen Sie die Effizienz fest (wenn Sie mehr Prozesse einsetzen als Ihre Maschine Prozessoren hat, müssen Sie die CPU-Zeit messen, und wird die Berechnung etwas komplizierter, wenn Sie die nicht nicht mehr gleichzeitig ausgeführten Aufgaben herausrechnen). Die Reports werden bei Nutzung der Standardausgabe voraussichtlich durcheinander auf dem allen Prozessen gemeinsamen Ausgabeterminal erscheinen. Wir klären das Problem später.

Aufgabe. Erweitern Sie die Anwendung auf Multiplikationen von Links. Wenn Sie die rechte Matrix zeilenweise versenden wollen, können Sie auf das beschriebene Transponieren zurückgreifen. Sie müssen dann auch das Protokoll erweitern, damit die Arbeitsprozesse wissen, wie sie damit umzugehen haben.

Alternativ kann auf eine Zerlegung verzichtet und die rechte Matrix komplett übertragen werden. Machen Sie Laufzeitmessungen zu den Zeitunterschieden zwischen beiden Varianten.

Rufen Sie sich bei den Versuchen auch Folgendes erneut ins Gedächtnis (wir haben das schon mehrfach erwähnt): parallele Programmierung lohnt sich erst, wenn die Probleme auch eine entsprechende Größe aufweisen. Erste Gehversuche operieren oft mit 3*3- oder 5*5-Matrizen. Das genügt zwar, um die Kommunikationsvorgänge zu testen, aber zu nichts sonst, insbesondere nicht zu Laufzeitmessungen. Hierfür müssen Sie schon 200*200 – 1.000*1.000-Matrizen vorgeben! Probieren Sie ein wenig herum. Ihr Rechner sollte durchaus 5-10 Sekunden oder mehr mit einer Aufgabe beschäftigt sein.

Hinweis. Zeitmessungen stellen ein Problem dar, wenn die Prozesse vor dem eigentlich interessierenden Zeitabschnitt unterschiedliche Aufgaben zu erledigen haben und zu unterschiedlichen Absolutzeiten dort ankommen. Sende- und Empfangsoperationen können unterschiedlich lange blockieren und ein falsches Bild liefern. Die Funktion

```
int MPI_Barrier(MPI_Comm comm)    // C-Funktion
void MPI::Comm::Barrier()         // C++ Methode
```

blockiert, bis sämtliche Prozesse des Kommunikators sie aufgerufen haben. Der Entwickler kann damit problemlos die Zeitmessung des interessierenden Abschnitts zeitgleich in allen Prozessen starten als auch feststellen, wie weit Prozesse während der Arbeit auseinander laufen.

6.3.4   Variable Datenmengen und Tracen

In unserer ersten Implementation herrscht zwischen Masterprozess und Arbeitsprozessen keine Unklarheit über den nächsten zu sendenden oder zu empfangenden Datensatz, da variable Größen über eigene Protokollteile spezifiziert werden. Aufgrund der Problemstellung ist das nicht anders machbar, aber muss das bei einfacheren Aufgaben wie beispielsweise der Übertragung eines Strings ebenfalls so aufwändig gestaltet werden ?

Um die Problematik zu verdeutlichen betrachten wir die Fehlersuche in parallelen Prozessen. Ein Debuggen ist möglich, aber kompliziert, da

✗   der serielle Debugger zwar durch Befehle wie

```
mpirun -np 4 xterm -e gdb my_mpi_application
```

grundsätzlich verwendet werden kann (für jeden Prozess wird mit diesem Befehl ein x11-Terminalfenster geöffnet), aber eben im Terminal-Modus läuft, was für IDE-Nutzer ungewohnt ist;[44]

✗ spezielle Debugger für parallele Programme nur als kommerzielle Versionen zu erhalten sind und sich so dem privaten Nutzer etwas entziehen;

✗ es sich um parallele Anwendungen handelt, die beim Debuggen ev. Nebenwirkungen entfalten, die bei seriellen Programmen nicht auftreten.

Da Debuggen häufiger in der Algorithmenimplementation eingesetzt wird und ohnehin eine serielle Referenzimplementation empfehlenswert ist, kann man den Einsatz der Debugger auf die serielle Entwicklung beschränken und den Aufwand des parallelen Debuggens erst dann ins Auge fassen, wenn einfachere Möglichkeiten ausscheiden.

Eine auch in parallelen Programmen problemlos anwendbare Methode ist das Tracen, d.h. auf Kontrollausgabe von Daten an bestimmten Programmstellen zum Beispiel in eine Datei, deren Inhalt anschließend analysiert werden kann. Wenn die Ausgabepunkte geschickt gesetzt sind, erhält man beim Tracen nicht selten umfassendere Aussagen als beim Debuggen, die auch recht einfach analysierbar sind. Auch zeitlich ist Tracen i.d.R. nicht aufwändiger als Debuggen.

Trace-Methoden lassen sich mit Templates recht einfach implementieren und mit #define-Anweisungen nach Bedarf ein- und ausschalten:

```
template <class T>
void TRACE(T const& t, std::string s="",
           bool direct=false) {
#ifdef TRACE_ON
  TRACE_STREAM(direct) << "TRACE(" << TRACE_COUNTER()
        << "), Marke( " << s << "), value("
        << t << ")" << std::endl;
#endif
}
```

---

44 Meist läuft der Debugger mit diesem Befehl noch nicht korrekt an, sondern es sind weitere Konfigurationsschritte notwendig. Die Bemerkungen gelten für Linux-Systeme. Das Verhalten von Microsoft-Debuggern ist dem Verfasse nicht bekannt.

Die in dieser Musterimplementation aufgerufenen Methoden **TRACE_STREAM()** und **TRACE_COUNTER()** repräsentieren die Ausgabeeinheit sowie einen inkrementierenden Zähler, der jeder Meldung eine individuelle Nummer zuteilt.[45] Sie werden in einem eigenen Modul implementiert. Die Ausgabeeinheit kann die Standardausgabe, eine Datei oder – wie hier vorgesehen – ein modulinternes statisches Objekt des Typs **std::stringstream** sein.

```
std::ostream& TRACE_STREAM(bool direct=false)
```
[46]

gibt eine Referenz auf das **std::stringstream**-Objekt (**direct==false**) oder **std::cout** (**direct==true**) zurück. Im **std::stringstream**-Objekt wird die Ausgabe zwischen gespeichert und kann über die weitere Funktion

```
std::string TRACE_BUFFER();
```

als String jederzeit ausgelesen werden.

> **Aufgabe.** Impementieren Sie **TRACE**-Möglichkeiten für Fehlersuchen in Ihren Programmen. Die **TRACE**-Templates können für die Ausgabe mehrerer Daten, kompletter Container oder nur Teilen davon (über Iteratoren) implementiert werden. Ufern die **TRACE**-Ausgaben mengenmäßig aus, können Sie in einer weiteren Konstruktionsschiene auch konditionelle **TRACE**-Ausgaben erzeugen, die nur unter bestimmten Bedingungen eine Meldung generieren.
>
> ```
> template <class T> void CTRACE(bool b, …) {
>     if(b) TRACE(...); }
> ```

Die Konstruktion mit **stringstream**-Puffern wird klarer, wenn die auf einer Maschine gestarteten Prozesse alle Meldungen auf die jeweilige Standardausgabeeinheit ausgeben. Das sind bei Einsatz mehrerer Maschinen deren jeweilige Terminals, sofern **mpirun** in einer Konsolenanwendung läuft. Die Meldungen sind auch nicht nach Prozessen geordnet,

---

45 Die Form **size_t& TRACE_COUNTER()** erlaubt ein Setzen des Zählers an beliebigen Stellen. Die verschiedenen Prozesse können so beispielsweise über ihren Rang eindeutig erkennbare Zählbereiche setzen, z.B. **TRACE_COUNTER()=rank*1000**. Die Ausgaben verschiedener Prozesse lassen sich anhand der Nummer unterscheiden, auch wenn die Ausgaben durcheinander auf dem Terminal erscheinen.

46 **stringstream** erbt von **ostream**!

sondern werden mehr oder weniger wüst durcheinander ausgedruckt. Eine Analyse ist so recht mühsam. Um Ordnung hinein zu bringen, kann man

➤ jeden Prozess mit einem eigenen Terminal ausstatten, was mit

mpirun -np 4 -xterm 1,2,3 my_mpi_exec

möglich ist. mpirun öffnet für die angegebenen Prozesse eigene Konsolenfenster, auf die die Ausgabe umgeleitet wird. Mit Ende des Anwendungsprogramms werden die Konsolen allerdings wieder geschlossen.

➤ sämtliche Ausgaben eines Prozesses auf einem String zwischenspeichern und diesen abschließend an den Masterprozess übertragen und dort sortiert ausgeben. Damit können dann auch Ausgaben von Prozessen auf anderen Maschinen gezielt gesammt werden.

Eine direkte Ausgabe muss auf jeden Fall vorgesehen werden: stürzt die Anwendung ab oder „hängt" sie, kommen die Prozesse im **stringstream**-Modus nicht dazu, ihre Daten an den Masterprozess zu senden, und der Anwendungsentwickler bleibt blind. Ausgaben auf die Standardausgabe erscheinen aber sofort, und der Entwickler sieht alle Meldungen bis zum Crashpoint, muss sich allerdings durch das Durcheinander durchwühlen.

Zurück zur zentralen Ausgabe am Ende der Anwendung. Das Problem ist nun, dass die Länge eines solchen String nicht bekannt ist. Sende- und Empfangsparameter müssen zwar außer der gleichen Datentypspezifikation die Bedingung

$$count_{recv} \geq count_{send}$$

erfüllen, d.h. die Empfangsseite muss mindestens die gesendete Datenmenge aufnehmen können, kann aber auch größer sein. Wenn weniger Daten gesendet werden, bleibt der Überhang im Empfangspuffer unverändert, wenn mehr Daten kommen, kommt es zu einer Fehlermeldung. Im ersten Fall weiß der Empfänger allerdings nicht, wie viele Daten wirklich angelangt sind, und wenn noch nicht einmal die maximale Länge eindeutig festgelegt werden kann, besteht ein ernstes Problem.

Die Lösung liegt im bisher bei der **Recv**-Funktion nicht ausgewerteten Statusobjekt. Ist die maximale Größe des Puffers bekannt, kann ein Objekt in der **Recv**-Funktion angegeben werden, liegt die Puffergröße nicht fest, kann der Status des Empfangskanals ohne Durchführung des Datenempfangs durch den Funktionsaufruf (C++ Version)

```
Status status;
comm.Probe(source,tag,status);
```

beziehungsweise durch die C-Funktion

```
int MPI_Iprobe(int source, int tag, MPI_Comm comm,
               int *flag, MPI_Status *status)
```

ermittelt werden. Die Methode

```
int size = status.Get_count(INT);
```

liefert die Anzahl der Daten im Empfangspuffer, hier für den Datentyp **INT**. Die Übertragung von Strings beliebiger Länge lässt sich so durch

```
Sender
------
std::string s;
. . .
MPI_Send(s.c_str().s.length()+1,MPI_CHAR,dest,tag);[47]

Empfänger
---------
MPI_Status stat;
int cnt;
MPI_Probe(source,tag,MPI_COMM_WORLD,&stat);
MPI_Get_count(&stat,MPI_CHAR,&cnt);
char* ch=new char[cnt];
MPI_Recv(ch,cnt,MPI_CHAR,source,tag,
         MPI_COMM_WORLD,MPI_STATUSES_IGNORE);
s=ch;
delete ch;
```

realisieren. Die Status-Variable (Struktur und weitere Nutzung siehe weiter unten) enthält unter anderem die Menge der anstehenden Daten, die auch direkt genutzt werden kann. Die Funktion **MPI_Get_count** sorgt allerdings dafür, dass die Angaben in **MPI_Status** korrekt auf den Datentyp abgebildet werden.

---

47 **str::length()** gibt immer die C-Stringlänge aus, d.h. ohne die abschließende Null. Die muss aber berücksichtigt werden, deshalb +1.

Wie an anderer Stelle bereits angesprochen, kann die boost::mpi-Bibliothek das ohne Umwege. Der Code

```
string s("Hallo Welt"),t;
world.send(0,100,s);
world.receive(0,100,t);
cout << t << endl;
```

funktioniert zwar problemlos, weil boost::mpi bereits auf den Umgang mit einer Reihe von **std**-Datentypen eingerichtet ist und das Problem unbekannter Längen automatisch umgeht.

Aufgabe. Die automatische Typbestimmung der boost::mpi können Sie selbst ebenfalls mit Templates und Template-Spezialisierungen implementieren. Definieren Sie dazu eine Klasse, die von **MPI::Intracomm**-Kommunikatoren erbt und in der Sie die **Send**- und **Recv**-Methoden überschreiben:[48]

```
class MyIntracomm: public MPI::Intracomm
{
public:
  MyIntracomm():MPI::Intracomm(MPI_COMM_WORLD){}
  template<class T>
  void Send(int dest, int tag, T const& t);
  . . .
```

Die reine Template-Methode erhält keine Implementation, so dass nicht spezialisierte Datentypen zu einem Compilerfehler führen. Spezialisierungen wie

```
template <>
void MyIntracomm::Send(int dest, int tag, int const& i);
```

müssen in einem eigenen Model (.cpp-Datei) implementiert werden, da sie keine freien Templateparameter mehr enthalten. Bei Aufruf nicht implementierter anderer Methoden wird auf die Basisklasse **Intracomm** zurückgegriffen, die im Übrigen einen virtuellen Destruktor besitzt, also auf Vererbungshierarchien vorbereitet ist.

Außer Strings lassen sich auf diese Weise Übertragungen von Vektoren generalisieren, aber nur, wenn der Templateparameter ein primitiver Typ ist. **vector<string>** funktioniert so nicht, **deque<int>** oder **list<double>** nur mit großem Aufwand. Warum ?

---

48 Siehe auch Kapitel 6.4 ab Seite 138.

Mit **MPI_Probe** kann auch ein Datenempfang organisiert werden, wenn Art oder Reihenfolge der Nachrichten nicht genau bekannt sind:

> ➤ **MPI_ANY_TAG.** Wir dieser Tag im Funktionsaufruf angegeben, werden vorliegende Daten mit beliebigen Tags angezeigt. Zu welchem Tag die Daten gehören, wird im Stausfeld spezifiziert.

> ➤ **MPI_ANY_SOURCE** zeigt Daten jedes anderen Prozesses an.

```
typedef struct _MPI_Status {
   int count;
   int cancelled;
   int MPI_SOURCE;
   int MPI_TAG;
   int MPI_ERROR;
} MPI_Status;
```

Werden größere Datenmengen von vielen Prozessen erwartet, kann es sinnvoll sein, bereit anstehende Daten sofort abzunehmen anstatt die Ränge in einer Schleife abzuarbeiten und Daten unnötig lange in der Schlange stehen zu lassen, weil einer der vorderen Prozesse mehr Rechenzeit benötigt.

Aufgabe. Bei Nutzung einer Schleife kann man sicher sein, alle Daten empfangen zu haben, wenn die Schleife verlassen wird. Die hinsichtlich der Kommunikation effizientere Methode, Daten dann anzunehmen wenn sie angeboten werden, erfordert eine eigene Kontrolle, die Sie nun implementieren sollen. Gehen Sie davon aus, dass für jeden Prozess bekannt ist, mit welchen Tags er Daten sendet. Es können mehrere Tags möglich sein.

Als Vorlage diene der folgende Klassenrahmen

```
class Recv_all {
public:
    struct TagProc  {
        TagProc();
        TagProc(int i, int j);
        bool operator==(TagProc const& p) const;

        int proc,tag;
    };

    Recv_all& operator=(TagProc const&pp);
```

```
Recv_all& operator+=(TagProc const&pp);
MPI_Status data_available();
bool ready() const;

private:
    std::list<TagProc> r_list;
    MPI::Intracomm comm;
};
```

Die Unterklasse **TagProc** enthält die Rank/Tag-Kombination, die mittels Konstruktor erzeugt werden können. **data_available()** liefert ein **MPI_Status**-Objekt, dem alle für ein **MPI_Recv()** notwendigen Parameter entnommen werden können. Die in der Methode von **MPI_Probe()** angekündigten Daten werden dabei in der Liste gelöscht. **ready()** gibt true zurück, wenn die Liste leer ist. Die Liste kann durch eine Befehlszeile der Art

```
Recv_all ra;
...
ra += Recv_all::TagProc(i,j);
```

leicht erzeugt werden. Die Übernahme der Daten erfolgt durch einen zu

```
while(!ra.ready()){
    MPI_Status st = ra.data_available();
    MPI_Get_count(&st,MPI_DATATYPE,&cnt);
    MPI_Recv(buff,cnt,MPI_DATATYPE,
            st.SOURCE,st.TAG,MPI_COMM_WORLD);
}
```

vergleichbaren Code, wobei der Anwendungsprogrammierer wissen muss, welche Datentypen er jeweils erwartet.

Der Einsatz der Klasse ist allerdings nicht ganz unkritisch, wenn sie nur einen Teil der Gesamtkommunikation betrifft. Was tun, wenn ein Prozess, der seine Daten bereits abgeliefert hat, weitere Daten aus einem anderen Programmteil sendet? Diese stehen dann nicht mehr in der Liste der erwarteten Daten.

- Man kann solche Daten ignorieren und nicht auslesen (das macht man später an einer anderen Stelle der Anwendung), muss jedoch im Weiteren gezielt auf erwartete Daten (anstelle von **MPI_ANY_xxx**) prüfen, da es keine Garantie gibt, dass diese sonst angezeigt werden, selbst wenn sie vorliegen.

131

- Man kann das Programm mit einer Ausnahme beenden und den Programmierschaden reparieren. Eine Schadensreparatur besteht

  ○ aus dem Einrichten einer **MPI_Barrier()** nach der abzuwickelnden Kommunikation in allen Prozessen, oder

  ○ aus dem zwingenden Vorsehen eines **MPI_Send()** des alles empfangenden Prozesses vor jedem **MPI_Send()** eines anderen.

6.3.5 Nicht blockierende Operationen

MPI_Send und **MPI_Recv** sind blockierende Methoden, d.h.

- **MPI_Send** blockiert, bis die Daten komplett vom Kommunikationssystems übernommen wurden und die Datenpuffer wieder problemlos von der Anwendung verwendet werden können,[49]

- **MPI_Recv** blockiert, bis Daten von der angegebenen Quelle mit dem spezifizierten Tag komplett übertragen worden sind, d.h. die Daten problemlos in der Anwendung bearbeitet werden können. Andere Daten werden nicht zugestellt, auch wenn welche vorhanden sein sollten.

Durch diese Eigenschaft der Methoden wird eine genaue Reihenfolge der ein- und ausgehenden Daten in jedem Prozess garantiert, aber

➢ bereits empfangbare Daten eines Prozesses, der weiter hinten in der Reihenfolge steht, müssen warten und können sogar den Sender blockieren, bis der Empfänger die Daten annimmt (dem Problem haben wir uns im letzten Kapitel ja bereits gewidmet);

➢ einem Prozess können während der Arbeit keine weiteren Daten übermittelt werden, da er entweder arbeiten oder auf Daten warten kann;

---

49 Je nach MPI-System kann das bedeuten, dass die Daten „nur" von den Puffern des Kommunikationssystems übernommen oder dass sie beim Empfänger abgeliefert wurden.

> das System kann blockiert werden, wenn zwei Prozesse gleichzeitig einander Daten senden und dabei blockieren und gar nicht mehr den Lesebereich erreichen können.

Stellen Sie sich beispielsweise das Rendern eines Filmes vor, bei dem die Prozesse unterschiedlich lange mit der Herstellung der Bildsequenzen beschäftigt sind. Bereits fertige Bilder werden nicht abgenommen und die Sender blockieren, anstatt sich bereits der nächsten Bildberechnung zu widmen. Der folgende Code simuliert eine solche Situation, indem Daten nach unterschiedlichen Wartezeiten empfangen und gesendet werden:

```
while(true) {
    usleep(rand()%WAIT);
    MPI_Probe(0,10,MPI_COMM_WORLD,&m_stat);
    MPI_Get_count(&m_stat,MPI_CHAR,&cnt);
    s=new char[cnt];
    MPI_Recv(s,cnt,MPI_CHAR,0,10,
            MPI_COMM_WORLD,MPI_STATUSES_IGNORE);
    usleep(rand()%WAIT);
    MPI_Send(s,cnt,MPI_CHAR,0,11,MPI_COMM_WORLD);
    delete s;
}
```

Aus Effizienzgründen ist es wünschenswert, wenn der Masterprozess den jeweils nächsten frei werdenden Prozess mit einer neuen Aufgabe versorgen kann. Dies ist mit nicht blockierenden Varianten der Funktionen möglich:

```
MPI_Request reqs, reqr;
MPI_Isend(&bufs,count,datatype,dest,tag,comm,&reqs)
MPI_Irecv(&bufr,count,datatype,srce,tag,comm,&reqr)
```

Beide Methoden kehren sofort zum rufenden Programm zurück, wobei weder der Sende- noch der Empfangsvorgang hierbei in der Regel abgeschlossen ist, d.h. in der Anwendung dürfen weder Sende- noch Empfangspuffer bearbeitet werden. Ob ein Vorgang abgeschlossen ist, kann nur mit Hilfe der Handles **reqs** und **reqr** festgestellt werden. Hierzu stellt MPI eine Reihe von Funktionen zur Verfügung:

```
int MPI_Testany(int count, MPI_Request requests[],
        int *index, int *flag, MPI_Status *status)
int MPI_Testall(int count, MPI_Request requests[],
        int *flag, MPI_Status array_of_statuses[])
```

```
int MPI_Waitall(int count, MPI_Request requests[],
                MPI_Status *array_of_statuses)
int MPI_Waitany(int count, MPI_Request requests[],
                int *index, MPI_Status *status)
```

Testxxx ist ebenfalls nichtblockierend, d.h. die Methode kehrt ins rufende Programm zurück und übermittelt über die Variable **flag** (und **index**), ob eine/alle Kommunikation/en abgeschlossen ist/sind. **Waitxxx** wiederum ist blockierend, d.h. die Methode kehrt erst dann zurück, wenn eine Übertragung komplett abgeschlossen ist. Ist eine Kommunikation abgeschlossen, wird der zugehörige Handle geschlossen und durch **MPI_REQUEST_INVALID** ersetzt. Die Übertragungspuffer dürfen jetzt bearbeitet bearbeitet werden.

In C++ besitzen die Funktionsaufrufe wieder ein objektorientiertes Bild:

```
Request rq = comm.Isend(buf_out,buf_size,MPI_CHAR,p,t);
bool rdy = Request::Testany(1,rq,indx)
```

Die Nichtblockierung hat allerdings neben einem größeren Programmieraufwand aufgrund der fehlenden festen Reihenfolge einen weiteren Preis: so lange ein sendender Request nicht beendet ist (er ist erst beendet, wenn der Empfänger die Daten abgenommen hat), sind möglicherweise auch noch nicht alle Daten ausgelesen, und nach einem lesenden Request besteht keine Möglichkeit mehr, die Pufferadresse zu verändern. Die bereits genannte wichtige Konsequenz:

- Der Puffer von **MPI_Isend** darf bis zum Freiwerden des Request-Handles nicht verändert oder gelöscht werden.

- Der Puffer von **MPI_Irecv** darf bis zum Freiwerden des Request-Handles nicht verändert oder gelöscht werden.

- Der Puffer von **MPI_Irecv** muss beim Aufruf der Funktion eine ausreichende Größe besitzen.

Mit dem letzten Punkt sind wir wieder bei der Funktion **MPI_Probe** angelangt, für die es mit **MPI_Iprobe** ein nichtblockierendes Gegenstück gibt.

Aufgabe. Die Verwaltung von offenen Übertragungen ist relativ aufwändig, so dass sich wieder eine Kapselung in einer Klasse

Non_blocking empfiehlt. Deren Implementation ist nun Ihre Aufgabe.

Auch hierzu wieder eine Vorlage:

```
class Non_blocking {
public:
  void send(const void* buf, int count,
            const MPI::Datatype& datatype,
            int dest, int tag, MPI::Intracomm& comm);

  void recv(void* buf, int count,
            const MPI::Datatype& datatype,
            int source, int tag, MPI::Intracomm& comm);

  bool transmission_ready(void*);

private:
    std::vector<MPI::Request> reqs;
    std::vector<const void*> bufs;
};
```

Die Methoden **send** und **recv** initiieren nicht blockierende Übertragungen und speichern die generierten **Request**-Handles in einem Vektor und korrespondierend dazu die Adressen der Übertragungspuffer in einem zweiten. Die Methode **transmission_ready()** überprüft bei jedem Aufruf zunächst den Fortschritt mit **MPI_Testany** und löscht erledigte Request/Void-Pointer aus den Vektorspeichern. Die Methode gibt **true** zurück, wenn die im Aufruf übergebene Pufferadresse nicht mehr in den Vektorspeichern und damit erledigt ist. Die Hauptanwendung kann somit durch

```
Non_blocking nb;
bb.send(buffer,...);
...
if(nb.transmission_ready(buffer)){ ...
```

feststellen, ob **buffer** wieder anweitig verwendet werden kann. Fühlen Sie sich aber frei, das Übertragungsende auch anders zu erkennen oder weitere Funktionalitäten einzubauen.

6.3.6 Sichere Kommunikation

Eines der Probleme, die mit nichtblockierender Übertragung gelöst werden können, ist die gegenseitige Blockierung von Prozessen:

```
Prozess 1:
----------
MPI_Send(..,to_process_2,..);
MPI_Recv(..,from_process_2,..);

Prozess 2:
----------
MPI_Send(..,to_process_1,..);
MPI_Recv(..,from_process_1,..);
```

Bei der Entwicklung werden oft geringe Datenmengen verwendet, die im MPI-System verschwinden und die Kommunikation glatt ablaufen lassen; in der Produktion kommen größere Datenmengen zum Einsatz, die beide **Send**-Methoden blockieren lassen. Da niemand zum **Recv** gelangt, steht das System. Eine Abhilfe besteht in einer Impementation einer anderen Reihenfolge der Übertragungen.

```
Prozess 1:
----------
MPI_Send(..,to_process_2,..);
MPI_Recv(..,from_process_2,..);

Prozess 2:
----------
MPI_Recv(..,from_process_1,..);
MPI_Send(..,to_process_1,..);
```

Da nun bei einer Blockade in Prozess 1 zuerst ein Empfang in Prozess 2 erfolgt, kommt es nicht zu einer Totalblockade. Wie kann man sicherstellen, in diesem Sinn alles richtig gemacht zu haben?

MPI stellt dazu eine spezielle Entwicklungsmethode zur Verfügung. **MPI_Ssend()** kehrt grundsätzlich erst dann zur aufrufenden Anwendung zurück, wenn die Daten vom Empfänger abgeholt wurden. Auch kleinste Datenmenge blockieren das System, wenn die Reihenfolge der Sende- und Empfangsoperationen falsch gewählt wurde.

Die Methode ist nur für die Entwicklung gedacht. In größeren Systemen können erhebliche Datenmengen im MPI-System zwischengespeichert werden, d.h. die Sendeprozesse können ihre Arbeit bereits fortsetzen, wenn die Daten noch unterwegs sind. Mit **Ssend** geht das natürlich nicht, d.h. die Systemeffizienz wird ausgebremst. Ist während der Entwicklung sichergestellt, dass die Kommunikationssequenzen korrekt sind, ist das kleine „s" wieder zu entfernen.

Ein weiterer Problemfall kann bei der Versorgung mehrerer Prozesse mit Daten auftreten:

```
MPI_Send(..,to_process_1,..);
MPI_Send(..,to_process_2,..);
MPI_Send(..,to_process_3,..);
MPI_Send(..,to_process_4,..);
```

Möglicherweise ist Prozess 1 noch gar nicht in der Lage, Daten anzunehmen, während sich die anderen untätig im System herumlümmeln und der Sendeprozess ebenfalls blockiert. Hat der Entwickler die richtige Reihenfolge bei der Datenversorgung erwischt?

Diese Frage beantwortet **MPI_Rsend()**. Die Methode liefert einen Fehler, wenn beim Absenden der Daten der Empfänger die **Recv**-Methode noch nicht aufgerufen hat. Fehler führen allerdings mit den Standardeinstellungen zu einem Programmabbruch. d.h. die Methode ist nur geeignet, eine Datensendung abzusichern, wenn man sicher ist, dass der Empfangsprozess beim **Recv** angekommen sein müsste.

MPI ist in der Standardeinstellung bei inkorrekten Zuständen grundsätzlich sehr humorlos und stoppt sämtliche Prozesse einer Anwendung ohne große Rückfrage. Will man einen sofortigen Abbruch verhindern, ist ein anderer Error-Handler zu aktivieren:

```
MPI_Errhandler_set(MPI_COMM_WORLD, MPI_ERRORS_RETURN);
error_code = MPI_Send(...);
if (error_code != MPI_SUCCESS) {
    char error_string[BUFSIZ];
    int length_of_error_string;
    MPI_Error_string(error_code, error_string,
                     &length_of_error_string);
    fprintf(stderr, "%3d: %s\n", my_rank, error_string);
    send_error = TRUE;
}
```

In diesem Beispiel wird eine genaue Fehlermeldung erzeugt und angezeigt. In C++ ist für die gleiche Funktionalität der Handler auf

MPI::ERRORS_THROW_EXCEPTIONS zu ändern. Im Fehlerfall werden damit Ausnahmen des Typs **MPI::Exception** erzeugt.

Man kann auch eigene Handler-Methoden installieren, die beispielsweise vor dem Programmabbruch aufräumen, fertige Zwischenergebnisse anzeigen oder in Eigenregie die Arbeit fortsetzen. Ganz hartgesottene können auch versuchen, die Situation irgendwie zu bereinigen und anschließend die Berechnung fortzusetzen als ob nichts gewesen sei. Allerdings entspricht das weder den gängigen Programmierparadigmata noch gibt es eine Garantie, dass das MPI-Basissystem nach einem Fehler noch (korrekt) funktioniert.

Es sei daher nochmals betont, dass diese Funktionalitäten nur für die Entwicklung vorgesehen (auch **MPI_Rsend** mindert die Effizienz) und für eine Kommunikationssteuerung nicht geeignet sind! Für eine Steuerung in der Produktion sind nichtblockierende oder koordinierende (Kapitel 6.5 ab Seite 145) Operationen einzusetzen.

6.4   Kommunikatoren

Wird ein Projekt größer, kann der Fall eintreten, dass eine elegante Lösung mit dem Kommunikator MPI_COMM_WORLD nicht mehr machbar ist:

✗   Zuvor als Einzelprojekte bearbeitete Projekte können als Unterprojekte auftreten. Es wären in diesem Fall natürlich wünschenswert, an der Kommunikationsstruktur der Unterprojekte nichts ändern zu müssen.

✗   Es kann notwendig werden, die Anzahl der aktiven Prozesse fallweise zu reduzieren, um koordinierte Kommunikation (siehe nächstes Kapitel) nutzen zu können.

✗   Die mathematischen Beziehungen in der durch die Parallelisierung abzubildenden physikalischen Welt unterliegen einer Topologie, die auch in den Kommunikationsstrukturen wiederzufinden sein sollten.

Der letzte Punkt mag etwas abstrakt klingen. Um den Gedanken dahinter zu verstehen, denken Sie beispielsweise an Vielkörperprobleme, wie

138

wir sie in Kapitel Fehler: Referenz nicht gefunden am Schluss des Buches aufgreifen werden. Je weiter die Objekte voneinander entfernt sind, desto geringer ist die Wechselwirkung, und man kann deren Berücksichtigung auf die nächsten Nachbarn beschränken. Wenn die Kommunikatoren wissen, welche Prozesse die „nächsten Nachbarn" sind, kann eine effiziente koordinierte Kommunikation geführt werden. MPI erlaubt es,

- die Prozesse auf Teilkommunikatoren zu verteilen und

- eine Topologie der nächsten Nachbarn zu definieren, ohne die Gesamtkommunikation zu verändern.

Für die Topologie definiert MPI die Funktionsgruppen **MPI_Graph_xxx** (Erzeugung der Topologie) und **MPI_Neighbor_xxx** (Kommunikation), worauf wir aber mangels angemessener Beispiele nicht weiter eingehen werden. Die Zerlegung in Teilkommunikatoren werden wir hier mit einer eigenen Erweiterung – einer Managerklasse – durchführen.

Aufgabe der Managerklasse ist die Verwaltung verschiedener Kommunikatoren, die mit einem Namen aufgerufen werden können. Die Kommunikatoren sind systemweit zugänglich, was mit Hilfe der Singletontechnik realisierbar ist. Außerdem sind Methoden vorgesehen, das Erzeugung und Schließen von Kommunikatorgruppen zentral vom Masterprozess aus vornehmen zu können, so dass fertige Anwendungen ohne Nachbearbeitung in größere Projekte übernommen werden können. Die Klasse bekommt den Rahmen

```cpp
class Comm_manager{
public:
    Comm_manager();
    Comm_manager(std::string sn);
    MyIntracomm& operator()(std::string cm="");
    void Set_default(std::string const& cm)
    std::string Get_default() const;

    bool Create_comm(std::vector<int> const& ranks,
                     std::string name);

    bool Free_comm(std::string name);

    int Size(std::string cm="");
    int Rank(std::string cm="");
```

```
        void Comm_sync_continue();
        void Comm_sync_create(std::vector<int> ranks,
                              std::string name);
        void Comm_sync_free(std::string name);
        void Comm_sync_worker();
    private:
        std::string name;
        static std::map<std::string,MyIntracomm>& store();
    };
```

Der Kommunikator **MyIntracomm** ist eine von **MPI::Intracomm** erbende Klasse, mit der die Funktionalität der boost::mpi ein wenig trainiert werden kann. Falls Sie sich mit dieser Thematik einstweilen noch nicht beschäftigen wollen, können Sie anstelle von **MyIntracomm** auch **MPI::Intracomm** oder **boost::MPI::Comm** einsetzen und die folgenden Ausführungen einschließlich der nächsten Aufgabe übergehen. **MyIntracomm** erhält die Klassenstruktur

```
class MyIntracomm: public MPI::Intracomm
{
public:
    MyIntracomm();
    MyIntracomm(MPI::Intracomm const&);
    ~MyIntracomm();

    template<class T>
    void Send(int dest, int tag, T const& t);

    template<class T>
    void Send(int dest, int tag, T const* t, int n);

    template<class T>
    void Recv(int source, int tag, T& t);

    template<class T>
    void Recv(int source, int tag, T* t, int n);
};
```

Die Sende- und Empfangsfunktionen sind als Template-Methoden definiert, um den Anwendungsprogrammierer vom Rückgriff auf **MPI::Datatype** zu entlasten und auch die Übertragung variabler Objekte wie Strings oder Vektoren durch einen simplen Funktionsaufruf anstelle der Probe/Recv-Folge erledigen zu können. Für jeden Datentyp ist eine Spezialisierung der Methoden notwendig:

```
template <>
void MyIntracomm::Send(int dest, int tag, int const& i);
```

Fehlt eine Spezialisierung, erhalten Sie einen Compilerfehler und wissen, dass Sie die Klasse ergänzen müssen.

Aufgabe. Implementieren Sie eine Spezialisierung für

```
template <>
void MyIntracomm::Send(int, int, string const&);
```

Die Klasse kann nach Bedarf mit weiteren Funktionen versehen werden. Beachten Sie aber den Übungscharakter dieser Klasse! Bis auf Ausnahmen werden Sie alle Funktionalitäten in der boost::mpi-Bibliothek bereits finden. Außerdem bedarf die Übertragung komplizierterer Klassen weiterer Mechanismen, auf die wir erst in Kapitel 6.6.2 „Klassenobjekte" ab Seite 167 eingehen werden.

Zurück zum Kommunikationsmanager. Objekte der Klasse können mit einem Kennungsstring für Kommunikatoren erzeugt werden.

```
Comm_manager cm("mycomm");
...
MyIntracomm comm(cm());
```

weist dem Kommunikator **comm** den unter der Kennung „mycomm" hinterlegten Kommunikator zu. Wenn noch kein spezieller Kommunikator erzeugt wurde, ist dies **MPI_COMM_WORLD**. Vorbereitend kann man für alle Projekte Namen vergeben, um sie später in größere Projekte mit Spezialkommunikatoren einbinden zu können.[50] Ein Kommunikator kann auch direkt aus einem Kommunikatorobjekt aufgerufen werden (**operator()**):

```
cm("special_comm").send(...);
```

Dabei ist zu beachten, dass ohne String-Argument der als Standard für das Kommunikatorobjekt definierte Kommunikator zurück gegeben wird, im Beispiel der mit "mycomm" indizierte. Ist ein spezieller Kom-

---

50 Hinweis: eine nachträgliche Deklaration eines Unterkommunikator kann natürlich an **comm** nichts mehr ändern! Die Vereinbarungen müssen daher vorher stattfinden.

```
```

munikator deklariert, so muss ausdrücklich "world" angegebenen werden, wenn der allgemeine Kommunikator verwendet werden soll.[51]

Da alle Kommunikatoren in einem Singleton-Speicher abgelegt sind, kann von einem **Comm_manager**-Objekt auf alle Kommunikatoren zugegriffen werden, d.h. auch auf solche, die an anderer Stelle von einem anderen **Comm_manager**-Objekt erzeugt wurden. Die Singleton-Zentralisierung liegt in der statischen Methode **store()**, die das statische Speicherobjekt deklariert:

```
std::map<std::string,MyIntracomm>& CM::store(){
    static std::map<std::string,MyIntracomm> mp;
    return mp;
}
```

> **Aufgabe.** Implementieren Sie die Verwaltungsklasse bis zu diesem Punkt. Weitere Methoden können Sie nach Bedarf ergänzen. Die Zerlegung in Unterkommunikatoren folgt gleich.

Soweit zur Vorbereitung. MPI erlaubt es, von jedem Kommunikator beliebige Untergruppen zu definieren. Hierzu dient die Methode **Create_comm()**, die vom aktuellen Kommunikator eine Untergruppe abspaltet und diese mit dem angegebenen Namen hinterlegt. Die Abspaltung erfolgt in mehreren Schritten. Zunächst erzeugt man einen Gruppenrepräsentator für den aktuellen Kommunikator

```
Group grp_old = (*this)().Get_group();
```

Im zweiten Schritt wird eine neue Gruppe durch Angabe der Ränge der Prozesse, die in der neuen Gruppe sein sollen, erzeugt

```
int n = 5;
int ranks[5] = { 1 , 3 , 5 , 6 , 9};
...
Group grp_new = grp_old.Incl(n, ranks);
```

Im letzten Schritt wird ein Kommunikator erzeugt, der die neue Gruppe repräsentiert

```
store()[name]=(*this)().Create(grp_new);
```

---

51 Hinweis: der Default-Name ist objektweise definiert im Gegensatz zur globalen Liste aller Kommunikatoren als Singleton-Objekt. Betrachten Sie das alles aber als Vorschläge, die Sie modifizieren können, wenn Ihre Anwendungen in anderer Weise besser bedient werden können.

In C-MPI sieht das für eine Zerlegung von 8 Prozessen in zwei Untergruppen folgendermaßen aus

```
int rank[8], ranks1[4]={0,1,2,3},ranks2[4]={4,5,6,7};
MPI_Group orig_group, new_group_1, new_group_2;
MPI_Comm new_c_1, new_c_2;

MPI_Comm_group(MPI_COMM_WORLD, &orig_group);
MPI_Group_incl(orig_group, 4, ranks1, &new_group_1);
MPI_Group_incl(orig_group, 4, ranks2, &new_group_2);
MPI_Comm_create(MPI_COMM_WORLD, new_group_1, &new_c_1);
MPI_Comm_create(MPI_COMM_WORLD, new_group_2, &new_c_2);
```

Die neuen Kommunikatoren können wie **world** verwendet werden, wobei

✗ die Prozesse neue Ränge unter dem neuen Kommunikator erhalten, die von Null bis **MPI_Comm_size()-1** reichen und mit **MPI_Comm_rank()** zu ermitteln sind;

✗ die Prozesse über die alten Kommunikatoren auch weiterhin unter ihrer alten ID zu erreichen sind.

Damit alles funktioniert, müssen sämtliche Prozesse, die Mitglied in einer Gruppe sind, diese Zerlegung vornehmen. Andere Prozesse können die Gruppenzerlegung auch vornehmen, erhalten allerdings den Handle **MPI_COMM_NULL** zurück.

Aufgabe. Mit diesen Mitteln können nun die Matrixmultiplikation und die Integration in einer Sitzungs ausgeführt werden. Weisen Sie zunächst jedem Projekt einen Kommunikatornamen zu und testen Sie es noch einmal. Binden Sie beide Codes in ein größeres Projekt ein, das vor dem Aufruf der Unterprojektroutinen zwei passende Unterkommunikatoren erzeugt. Erzeugen Sie hinreichend viele Prozesse, um alles abwickeln zu können. Die verschiedenen Aufgaben kommen sich nicht in die Quere.

Die Methode **Free_comm()** gibt die Kommuniktoren wieder frei. Sie darf jedoch erst aufgerufen werden, wenn <u>alle</u> Prozesse die Arbeit abgeschlossen haben. Gibt ein bereits fertiger Prozess den Gruppenkommunikator frei, bevor die anderen Prozesse die letzten Nachrichten ausgetauscht haben, kommt es zu einem MPI-Fehler und zum Abbruch der Anwendungen.

Zu diskutieren bleibt nun noch die Funktionsgruppe **Comm_sync_xxx**. Diese ist dazu vorgesehen, die Untergruppen zur Laufzeit durch den Masterprozess definieren zu lassen. Per Konvention sei der Masterprozess wie üblich derjenige mit Rang 0, und Vereinbarungen erfolgen über den Kommunikator **MPI_COMM_WORLD**. Die Synchronisationspunkte werden in den Anwendungen fest vorgesehen, d.h. alle Prozesse müssen im normalen Programmablauf die **Comm_sync_xxx**-Funktionen gleichzeitig bedienen.

Für den Masterprozess sind drei Methoden vorgesehen:

a) **Comm_sync_continue** sendet an die Arbeitsprozesse nur eine Synchronisationsmeldung. Eine Vereinbarung von Unterkommunikatoren findet nicht statt/ist nicht notwendig.

b) **Comm_sync_create** überträgt die für die **Create_comm**-Methode notwendigen Informationen an die Arbeitsprozesse und richten einen Unterkommunikator ein.

c) **Comm_sync_free** überträgt die für die **Comm_free**-Methode notwendigen Informationen an die Arbeitsprozesse und gibt einen Kommunikator frei.

In den Arbeitsprozessen wird alles mit **Comm_sync_worker** bearbeitet. Werden b) und/oder c) aufgerufen, so werden nach der Bearbeitung der Befehle weitere Befehle erwartet. Eine Vereinbarungssequenz ist mit **Comm_sync_continue** abzuschließen. Komplexere Vereinbarungen können somit folgendermaßen aussehen:

```
Master:
-------
cm.Comm_sync_create(...);
cm.Comm_sync_create(...);
cm.Comm_sync_create(...);
cm.Comm_sync_free(...);
cm.Comm_sync_continue();

Arbeitsprozess(e)
-----------------
cm.Comm_sync_worker();
```

Die Arbeitsprozesse richten den neuen Kommunikator als Standardkommunikator ein, wenn sie in der Liste der zu übernehmenden alten Ränge zu finden sind.

Aufgabe. Richten Sie die Methoden ein. Die Einrichtung von Protokollen haben wir bei der Matrixmultiplikation bereits geübt, so dass Sie keine Probleme bekommen dürften.

Achten Sie darauf, den Standard-Kommunikator wieder auf **MPI_COMM_WORLD** zurück zu setzen, wenn der Kommunikator freigegeben wird.

> **Anmerkung.** Warum der Aufwand? Das hat doch nichts mit parallelen Aufgaben zu tun! Solche Arbeiten sind zwar nicht besonders aufwändig, erfordern aber eine genau abgestimmte Vorgehensweise. Wenn man Unterkommunikatoren benötigt, erweisen sich fertige Methoden, mit denen nicht mehr viel schief gehen kann, als recht hilfreich. Der Aufwand lohnt sich.

Weiter oben war neben dem Kommunikatortyp **Intracomm** auf der Typ **Intercomm** aufgetreten. **Intracomm** ist für die **Kommunikation** innerhalb einer Gruppe vorgesehen, während Intercomm die Kommunikation zwischen verschiedenen Gruppen erlaubt, also gewissermaßen die betriebene Aufspaltung teilweise wieder rückgängig macht. Mangels geeigneter Übungsprojekte sparen wir uns aber die Diskussion.

6.5 Koordinierte Kommunikation

Die Punkt-zu-Punkt-Kommunikation in unserer Matrixmultiplikation ist eine sehr aufwändige Lösung, da

- Daten, die jeder Prozess erhalten muss, in wiederholten Sendeaufrufen einzeln an jeden Prozess gesandt werden und

- auch das Übertragungssystem die Daten mehrfach transportieren muss.

Im Programmierbeispiel dürfte sich das insbesondere deshalb stark auswirken, weil relativ viele Daten im Verhältnis zum Rechenaufwand zu transportieren sind (es sei daran erinnert, dass die CPU unter optimalen Bedingungen um einige Größenordnungen schneller ist als das Netzwerk). Ist T_k die Zeit, die für die Übertragung der Daten benötigt wird, messen wir

$$T = T_s + T_p/n + n * T_k$$

wenn alles einzeln gesendet wird und die Datenmengen die Pufferkapazität des Netzwerkes überschreiten, was man bei einem realen Projekt dieser Art wohl voraussetzen kann. Im Detail kann das so aussehen:

- Rang 0 sendet an Rang 1, alle anderen Prozesse warten.

- Rang 0 sendet an Rang 2, Rang 1 rechnet, alle anderen Prozesse warten.

- ...

- Rang 1 ist fertig und kann Daten liefern, Rang 2 (und alle folgenden) sind noch beschäftigt.

- Rang 1 wartet, Rang 2 liefert Daten, andere Ränge rechnen noch.

- ...

Es kommt zu einem Versatz der Arbeit der Prozesse beim Start, zum Schluss gehen die Prozesse in umgekehrter Reihenfolge ebenfalls wieder in einen Ruhezustand, bis Rang 0 über das weitere Vorgehen entschieden hat (Abbildung 6.2).

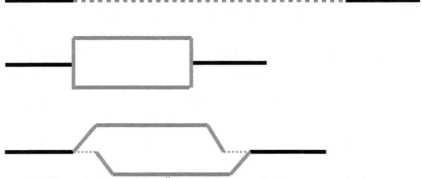

Abbildung 6.2: Versatz bei Übertragung, serielles Programm, ideales parallelisiertes Programm, reales parallelisiertes Programm mit Send/Recv

Sehr viel einfacher und effizienter ist es, dem Kommunikationssystem die Daten einmal zu übergeben und es ihm zu überlassen, es bei allen Emfpängern abzuliefern. Im Idealfall verkürzt sich die notwendige Zeit auf

$$T = T_s + T_p/n + T_k$$

weil die Daten parallel an verschiedene Prozesse verteilt werden können. Wie das Kommunikationssystem das genauf hinbekommt, muss uns nicht interessieren (siehe Kapitel 3.2.5 auf Seite 47). Selbst wenn Verteilung nicht in der optimalen Form erfolgen kann, fällt der Versatz der Arbeitszeiten und damit der Verlust geringer aus.

Untersucht man die Kommunikationsaufgaben genauer, kommt man auf drei verschiedene Arten der koordinierten Kommunikation (Abbildung 6.3):

> **Broadcast.** Ein Knoten übermittelt einen kompletten Datensatz an sämtliche anderen Knoten.

> **Scatter.** Ähnlich dem Broadcast, nur dass die Daten nicht komplett an die Teilnehmer versandt werden, sondern nur der Anteil, den sie für ihre Aufgaben benötigen. Die Aufteilung übernimmt das MPI-System.

> **Gather.** Die Umkehrung zum Scatter: die Knoten senden ihre Teildaten an einen Wurzelknoten, der alle Daten komplett gesammelt erhält.

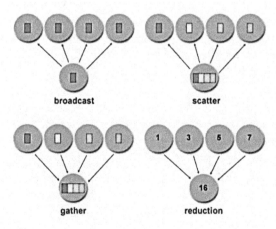

Abbildung 6.3: Arten der koordinierten Kommunikation

Von **Scatter** und **Gather** sind weitere Varianten ableitbar, in denen alle Prozesse das Gesamtergebnis erhalten oder jeder Prozess an jeden anderen Daten sendet. In vielen Anwendungen liegt auch der Fall vor, dass mittels **Gather** gesammelte Teildaten durch simple arithmetische Operationen zu einem Gesamtergebnis verdichtet werden müssen. Übernimmt das Kommunikationssystem auch diese Funktion, wird in der Zentrale nur ein bereits verdichteter Datensatz statt **commSize** Datensätze abgeliefert. Diese Methode ist als **Reduction** ebenfalls in Abbildung 6.3 berücksichtigt.

Aufgabe. Die Matrizenmultiplikation eignet sich aufgrund der großen zu transportierenden Datenmenge zur Untersuchung der Skalierbarkeit des Problems (sieh Kapitel 2.3 ab Seite 27). Da der Übertragungsaufwand linear, der Rechenaufwand aber kubisch steigt, sollte das Problem um so besser skalieren, je größer die Matrizen werden. Behalten Sie diesen Aspekt im Hinterkopf und stellen Sie im Laufe der weiteren Programmverbesserung (folgende Aufgaben) entsprechende Messungen an.

6.5.1   Verteilen und Sammeln von Daten

Übergibt man die Daten nur einmal an das Kommunikationssystem mit dem Auftrag, sie an alle zu verbreiten, kann das den Aufwand deutlich verringern. Sind beispielsweise die Daten vom Masterprozess zum ersten Arbeitsprozess übertragen, könnte dieser die Daten bereits zu Prozess 3 senden, während der Master nun Prozess 2 bedient, usw. Was möglich ist, entzieht sich zwar der Kenntnis des Anwendungsprogrammierers (und entledigt ihn der Notwendigkeit, sich um so etwas kümmern zu müssen), ist aber dem MPI-Systemprogrammierer bekannt, der den Verbreitungsprozess optimieren kann. Im Idealfall ist bei N Prozessen der Kommunikationsaufwand nicht mehr $O(N)$, sondern nur noch $O(log(N))$, d.h. um 1.000 Datensätze zu verteilen, wären bei jeweils zwei bedienten Unterprozessen nur noch 10 Verteilungsstufen notwendig und der Zeitaufwand liegt bei 10% des Aufwands bei Einzelversendung durch den Anwendungsprogrammierer.

Wenn man einmal begonnen hat, in dieser Richtung zu denken, fallen einem schnell noch weitere koordinierbare Operationen ein. Aber alles der Reihe nach.

Im Weiteren werden wir uns auf die blockierenden Versionen der Methoden beschränken. Für jede Methode existiert natürlich auch eine nicht blockierende Version. Wir werden uns auch auf Versionen mit konstanten Blocklängen beschränken, d.h. jeder Prozess bekommt oder sendet die gleiche Datenmenge. Versionen mit individueller Blocklänge für jeden Prozess werden von MPI ebenfalls angeboten. Wir diskutieren die Methoden anhand einiger Beispiele.

Kehrer wir zunächst nochmals zur Matrixmultiplikation zurück und beginnen mit der Verteilung der rechten Matrix, die ja an alle Prozesse zugestellt wird. Nach Herausnahme aus der Sendeschleife bleibt der Aufruf

```
cm.Bcast(b.row_ptr(0),b.rows()*b.cols(),MPI::DOUBLE,0);
```

Der letzte Parameter der Funktion ist der Rang des sendenden Prozesses. Ein Tag wird bei der koordinierten Kommunikation nicht verwendet. Beim Broadcast wird *eine* Information an alle Prozesse versand, und alle Prozesse müssen diese auch mit der **Bcast()**-Methode empfangen.

Aufgabe. Ersetzen Sie den Versand des Arbeitsmodus (Rechnung fortsetzen/Rechnung beendet), der Dimensionen der Matrizen sowie der rechten Matrix in der Multiplikationsaufgabe durch Broadcast-Aufrufe. Es empfiehlt sich, zunächst die Matrix per Broadcast zu verteilen und erst anschließend die individuellen Informationen (warum?).

Die partitionierte linke Matrix kann ebenfalls auf einmal durch das MPI-System versandt und empfangen werden. Das erfolgt mit Hilfe der Funktionen

```
int MPI_Scatter(
    const void *sbuf, int scount, MPI_Datatype stype,
    void *rbuf, int rcount, MPI_Datatype rtype,
    int root, MPI_Comm comm)

int MPI_Gather(
    const void *sbuf, int scount, MPI_Datatype stype,
    void *rbuf, int rcount, MPI_Datatype rtype,
    int dest, MPI_Comm comm)
```

Scatter() dient zum Verteilen der Daten, **Gather()** zum Einsammeln. Jeder Prozess – der sendende Prozess eingeschlossen (!) - erhält **N/n** Daten, wobei **N** die Gesamtmenge der Daten, **n** die Anzahl der dem Kommunikator zugeordneten Prozesse ist. Im Detail:

- **Scatter()**.

    ○ **sbuf** enthält sämtliche Daten für alle Prozesse. Der Zeiger besitzt nur im sendenden Prozess eine Bedeutung.

    ○ **scount** ist die Datenmenge pro Prozess (also nicht die Gesamtmenge!).

    ○ rbuf muss **rcount** Daten aufnehmen können. Wenn beide Datentypen gleich sind, gilt **rcout==scount**.

    ○ Prozess k erhält **N/n** Daten mit dem Offset k**N/n** im Gesamtpuffer (das gilt auch für den Masterprozess!).

- **Gather()**.

    ○ **sbuf** enthält die **N/n** Daten, die der Prozess bearbeitet hat.

    ○ **rbuf** muss alle **N** Daten aufnehmen können, wobei aber wieder **rcout==scount** Gilt. Der Zeiger hat nur im empfangen Prozess eine Bedeutung.

Alle Prozesse müssen gleichzeitig **Scatter()** beim Aufteilen der Matrixdaten und **Gather()** bei der Rekombination im Masterprozess verwenden; **Send()** und **Recv()** dürfen nicht eingesetzt werden. Auch der sendende und empfangende Masterprozess muss Empfangs- bzw. Sendepuffer bereitstellen.

Betrachten wir den Einsatz der Methoden an Beispiel der Matrixmultiplikation. Gegenüber unserer ersten Implementation müssen wir zwei Änderungen vornehmen:[52]

(1) Da alle Prozesse eines Kommunikators am Senden und empfangen teilnehmen, muss dafür gesorgt werden, dass die Dimension der Matrix durch die Anzahl der Zeilen, die einem Prozess zugeteilt werden, glatt

---

[52] Ich setze bei dieser Bemerkung voraus, dass in der ersten Variante der Rang 0-Prozess nur koordiniert, aber nicht berechnet hat, und der letzte Prozess ggf. eine abweichende Anzahl von Zeilen erhalten hat.

teilbar ist. Das ist dann der Fall, wenn die Dimension durch die Anzahl der zu beteiligenden Prozesse glatt teilbar ist.

Aufgabe. Die Zahl der zu beteiligenden Prozesse muss nicht zwangsläufig mit der Anzahl der verfügbaren Prozesse übereinstimmen. Man kann jedoch die Anzahl der Prozesse so weit herabsetzen, dass das der Fall ist. Diese Prozesse können einem Unterkommunikator zugeteilt werden, der die Matrixmultiplikation übernimmt, d.h. hier können Sie den Manager anwenden, der im letzten Kapitel entwickelt wurde. Implementieren Sie dazu bewusst Beispiele, die „nicht aufgehen".

Anmerkung. Die hier vorgeschlagene Reduktion der Prozessanzahl ist kein Muss, sondern wieder mehr eine Übung für den Einsatz von Unterkommunikatoren. Die Funktion **MPI_Scatterv** ist in der Lage, auch variable Datenmengen zu verteilen. Wir gehen hierauf aber nicht weiter ein, aber Sie können natürlich auch damit die Übung durchführen.

Die Arbeitsprozesse können an der Zuteilung der alten Ränge zum neuen Kommunikator ablesen, ob sie im Multiplikationsprozess beteiligt sind. Alle Prozesse, die sich in der Liste finden, richten den Kommunikator als Standard-Kommunikator ein und rufen die **Bcast()** und die **Scatter()**-Funktion auf, führen die Multiplikation durch und Beenden diesen Teil durch Aufruf der **Gather()**-Funktion.

```
cm("mul").Bcast(b.row_ptr(0),b.rows()*b.cols(),
        MPI::DOUBLE,0);
cm("mul").Scatter(A.row_ptr(0),n_val,MPI_DOUBLE,
        C.row_ptr(0),n_val,MPI_DOUBLE,0);
C.mul_right(B);
cm("mul").Gather(C.row_ptr(0),n_val,MPI_DOUBLE,
        A.row_ptr(0),n_val,MPI_DOUBLE,0);
```

(2) Dies muss nun auch der Masterprozess mitmachen, der im **Send/Recv**-Modell ggf. gar nicht an der Multiplikation beteiligt war! Falls Sie die Aufgabe im ersten Versuch so gelöst haben, dass der Masterprozess nur verteilt und sammelt, müssen Sie das nun so umorganisieren, dass der Masterprozess ebenfalls seinen Teil der Matrixmultiplikation durchführt.

Wichtig! Die Puffer für Ein- und Ausgabe müssen gemäß MPI-Spezifikation in allen koordinierten Kommunikationsfunktionen unterschiedliche Adressen besitzen! Sie können/sollten im Masterprozess beim **Scatter** den eigenen Anteil der Daten nicht wieder mit dem gleichen

Puffer empfangen, den Sie für das Senden verwandt haben; entsprechendes gilt für das **Gather**. Das mag auf den ersten Blick wie Verschwendung von Platz anmuten, da der Prozess Daten an sich sendet, aber das Systemverhalten ist nicht definiert, wenn man sich nicht daran hält. Vom Systemabsturz über unsinnige Ergebnisse bis hin zum korrekten Ergebnis ist alles möglich (obwohl Letzteres in den meisten Fällen wahrscheinlich zutrifft). MPI setzt intern voraus, dass die Speicherbereiche überschneidungsfrei sind. In FORTRAN ist eine solche Überschneidung durch die Sprache selbst ausgeschlossen, in C existiert diese Unterstützung durch den Compiler nicht und der Programmierer muss selbst darauf achtgeben.

Nach Durchführen der Multiplikation ist ein weiterer Synchronisationspunkt für die Kommunikatoren einzurichten, in dem der Unterkommunikator wieder freigegeben werden kann.

> **Aufgabe.** Realisieren Sie die **Broadcast/Scatter/Gather**-Methodik komplett. Der Anwendungscode sollte ein ganzes Stück kompakter werden. Führen Sie die üblichen Laufzeitmessungen durch. Beurteilen Sie die Effizienz im Vergleich mit **Send/Recv**.

Ergänzen wir die koordinierte Kommunikation durch ein weiteres Anwendungsbeispiel. Während **MPI_Gather** die Daten nur dem Masterprozess zustellt, sendet die Methode

```
int MPI_Allgather(const void *sendbuf, int   sendcount,
    MPI_Datatype sendtype,
    void *recvbuf, int recvcount,MPI_Datatype recvtype,
    MPI_Comm comm)
```

die vereinigten Daten allen Prozessen zu, d.h. der Empfangspuffer muss in allen Prozessen in der erforderlichen Gesamtgröße deklariert sein. Anwendungsfälle sind iterative Berechnungen, bei denen ein Prozess die Daten sämtlicher anderer Prozesse benötigt, um eine Iterationsschritt durchzuführen. In Wetter- und Klimamodellen oder Verkehrssimulationen werden beispielsweise Positionen und andere Daten sämtlicher Nachbarn benötigt, um die Bewegung und Entwicklung der Einheit, um die sich der Prozess kümmert, zu berechnen. Nach jedem Schritt wird durch die Verteilung der Ergebnisse an alle die Synchronisation für den nächsten Schritt durchgeführt.

6.5.2   Eigenwerte und Eigenvektoren

Als Übungsbeispiel betrachten wir die Berechnung von Eigenwerten einer Matrix durch Vektoriteration. Eigenwertprobleme tauchen zwar in vielen technischen Bereichen auf, der Bekanntheitsgrad hält sich aber stark in Grenzen. Vermutlich ist das darauf zurück zu führen, dass die numerischen Standardverfahren zur Berechnung der Eigenwerte und Vektoren relativ anspruchsvoll sind und erst auf einigen mathematischen Umwegen zum Ziel kommen, so dass man bei der Aufstellung der Curricula dazu tendiert, den Studenten in den Pflichtvorlesungen leichter verdaulichen Stoff vorzusetzen. Das hier vorgestellte Verfahren eignet sich wieder recht gut für eine Parallelisierungsübung, aber nicht für den technischen Einsatz.

Als Eigenvektor einer Matrix bezeichnet man einen Vektor, der bei Multiplikation mit der Matrix nur seine Länge ändert:

$$A \vec{v} = \lambda \vec{v}$$

λ heißt Eigenwert der Matrix. Die Bezeichnung geht auf die Bedeutung des Wortes „eigen" im 19. Jahrhundert zurück. Heute würde man vielleicht den Begriff „charakteristisch" verwenden.

Quadratische nichtsinguläre Matrizen der Dimension n besitzen n verschiedene Eigenvektoren und n Eigenwerte, die allerdings nicht alle verschieden sein müssen.[53] Die Eigenvektoren sind darüber hinaus zueinander orthogonal:

$$\vec{v}_i * \vec{v}_k = \delta_{i,k} \quad \left(= 0 \;\; für \;\; i \neq k \;\; , \neq 0 \;\; für \;\; i = k \right)$$

Da die Eigenvektoren eine orthogonale Basis des n-dimensionalen Raumes darstellen, kann man einen beliebigen Vektor auch als Linearkombination in dieser Basis alternativ zur Darstellung in der kanonischen Basis darstellen:

$$\vec{a} = \sum_{k=0}^{n} b_k \vec{v}_k$$

---

53 Auf die genaueren Zusammenhänge sei auf ein Lehrbuch der linearen Algebra verwiesen. Der Begriff „singuläre Matrix" tritt beim Lösen linearer Gleichungssysteme mit dem Gauss-Verfahren auf und sollte daher bekannt sein.

Daraus lässt sich nun ein Verfahren zur Berechnung der Eigenwerte und Eigenvektoren ableiten. Starten wir mit einem beliebigen Vektor

$$\vec{a} = a_1 * \vec{e}_1 + a_2 * \vec{e}_2 + .. + a_n * \vec{e}_n = \begin{pmatrix} a_1 \\ a_2 \\ .. \\ a_n \end{pmatrix}$$

in der kanonischen Basis und multplizieren ihn m mal mit der Matrix, so findet wir unter Berücksichtigung der Orthogonalität:

$$\vec{a}_m = \left(\prod_{k=0}^{m} A \right) \vec{a} = \sum_{k=0}^{n} b_k \lambda_k^m * \vec{v}_k$$

Mit fortschreitender Anzahl der Iterationen setzt sich der größte Eigenwert aufgrund der Potenz λ_k^m gegenüber den anderen durch, so dass der iterierte Vektor gegen den zum größen Eigenwert gehörenden Eigenvektor konvergiert

$$\lim_{m \to \infty} \vec{a}_m / \lambda_k^m = a_k * \vec{v}_k$$

Das können wir nun für unsere Übung einsetzen:

Aufgabe. Alle p Prozesse erhalten n/p Zeilen einer quadratischen Matrix **A**, die mit **MPI_Scatter** verteilt werden. Verwenden Sie ein symmetrische Matrix, d.h. $a_{i,k} = a_{k,i}$, da mit solchen Matrizen die wenigsten Probleme bei der Iteration zu erwarten sind.

Alle Prozess erhalten den gleichen (normierten) Startvektor $\vec{a}$. Für die Komponenten des Startvektors können Sie Zufallzahl verwenden. Diese Verteilung kann mittels **MPI_Bcast** erfolgen.

Im Iterationsprozess berechnet jeder Prozess n/p Komponten des Iterationsvektors und tauscht diese mit **MPI_Allgather** mit den anderen Prozessen aus. Alle Prozesse sind somit im Besitz des gesamten Iterationsvektors, der anschließend normiert (auf die Länge 1 gebracht) wird:

$$\vec{n}_m = \vec{a}_m / \|\vec{a}_m\| = \frac{\vec{a}_m}{\sqrt{\sum_{k=1}^{n} a_{k,m}^2}}$$

Ein Normieren ist notwendig, da sonst die Werte aufgrund der Potenz schnell zu groß werden und zu Überläufen führen. Das Verfahren ist abgeschlossen, wenn zwei aufeinander folgende Iterationen am Ergebnis nichts mehr ändern.

$$\|\vec{n}_m - \vec{n}_{m-1}\| < \delta$$

Die Norm des letzten Iterationsvektors ist der Eigenwert. Da alle Prozesse die gleichen Vektoren bearbeiten, kommen sie gleichzeitig und unabhängig voneinander zu dem Schluss, das Iterationsende erreicht zu haben. Ein Protokoll zum Beenden der Iteration ist daher nicht notwendig.

Das Verfahren liefert zunächst nur den Eigenvektor zum größten Eigenwert und konvergiert selbst bei größeren Matrizen meist recht schnell. Mit einem Eigenwert/Eigenvektor ist einem in den meisten Anwendungen jedoch wenig gedient; man benötigt meist eine größere Anzahl oder alle. Man kann das Verfahren zur Berechnung weiterer Eigenvektoren/Eigenwerte fortsetzen, wenn man es mit weiteren Vektoren, die jeweils orthogonal zu den bereits gefundenen sind, wiederholt. Sorgt man nämlich dafür, dass in der linearen Darstellung eines Vektors in der Basis der Eigenvektoren $b_k = 0$ gilt, fällt auch in Iteration der Summand mit λ_k^m fort und der nächstgrößere Eigenwert bestimmt, wohin sich die Iteration entwickelt.

Die Ermittlung orthogonaler Vektoren erfolgt mit dem Gram-Schmidt-Verfahren: sind k normierte Eigenvektoren $\vec{v}_1 .. \vec{v}_k$ bereits gefunden, kann man einen weiteren Kandidaten mit Hilfe eines neuen Zufallsvektors $\vec{a}$ durch

$$\vec{w}_{k+1} = \vec{a} - \sum_{i=1}^{k} (\vec{a} * \vec{v}_i) \vec{v}_i$$

festlegen[54] und wieder in die Iteration einsteigen. Allerdings sind dabei einige Nebenbedingungen zu beachten:

a) Da die nun gesuchten Eigenwerte höchstens so groß sind wie die zuvor gefundenen, funktioniert die Konvergenz nicht mehr rei-

---

54 Man überzeugt sich durch Multiplikation mit einem beliebigen Eigenvektor leicht davon, dass dieser Vektor orthogonal zu allen bisherigen Eigenvektoren ist.

bungslos: die unvermeidbaren Rechenfehler beim Rechnen mit Fließkommazahlen führen meist dazu, dass die Iteration ohne Gegenmaßnahmen doch wieder auf einen der größeren Eigenwerte umschwenkt.

Um das zu verhindern, ist die Orthogonalisierung nach jedem oder zumindest einigen wenigen Iterationsschritten zu wiederholen, in dem man den iterierten Vektor nach Gram-Schmidt nochmals nachorthogonalisiert.

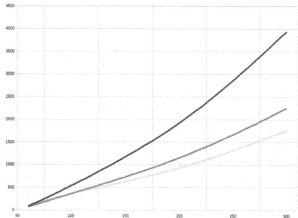

Abbildung 6.4: Laufzeiten bei 1/2/4 Prozessen, X-Achse = Dimension

b) Je kleiner die Eigenwerte werden bzw. je geringer der Unterschied zwischen ihnen ist, desto mehr Iterationsschritte sind notwendig, damit sich der führende Eigenvektor von den anderen absetzt. Die Rechenzeit steigt daher stark an.

c) Als „Steigerung" von b) können die Eigenwerte entartet sein, d.h. zwei oder mehr Eigenwerte sind gleich. Dies führt zu numerischen Instabilitäten: statt ein $\delta < 10^{-14}$ zu erreichen, bleibt die Differenz zwischen aufeinander folgenden Iterationsvektoren bei wesentlich größeren Werten hängen, weil der Vektor gewissermaßen in der Ebene, die durch die Eigenvektoren identischer Eigenwerte definiert wird, hin und herschwingt. In die Iterationstiefe ist daher zusätzlich durch einen Abbruchzähler oder durch eine Detektion des Schwingvorgangs zu begrenzen.[55]

d) Ein weiterer Effekt kann ein Vorzeichenwechsel in aufeinander folgenden Iterationsschritten sein, d.h. man beobachtet

$$\|\vec{n}_m - \vec{n}_{m-1}\| = 2$$

Der Fall tritt bei $\lambda < 0$ ein. Neben der Differenz ist daher auch die Summe der Iterationsvektoren auszuwerten.

Aufgabe. Prüfen Sie wie üblich, ab welchen Größen der Probleme ein Gewinn bei einer Parallelisierung eintritt. Da der Rechenaufwand nach $O(n^2)$ steigt, der Kommunikationsaufwand nach $O(n)$, sollte asymptotisch ein Gewinn zu erwarten sein. Rechnung und Kommunikation finden allerdings in jedem Schritt statt, was dem Anteil der Kommunikation am Gesamtaufwand ein hohes Gewicht verleiht (Abbildung 6.4, vergleiche aber auch Anmerkung auf Seite 33).

Aufgabe. Die Berechnung der Norm sowie die wiederholte Orthonalisierung bieten sich ebenfalls für eine Parallelisierungsübung an. Dazu setzen Sie aber sinnvollerweise die Methoden des nächsten Teilkapitels ein. Warten Sie also noch ein wenig mit der kompletten Umsetzung. Merken Sie sich dazu folgende ergänzende Versuche vor, die Sie bereits im seriellen Modell ausprobieren können:

a) Iteration ohne Nachorthogonalisierung. Läuft die Rechnung aus dem Ruder und wie schnell geschieht das?

b) Iteration mit Matrizen mit entarteten Eigenwerten. Symmetrische Matrizen neigen zu dieser Eigenschaft, und Beispiele lassen sich ggf. dem Internet entnehmen.

Die Ergänzungsversuche spielen zwar für die Parallelisierung keine Rolle, sind aber in Bezug auf das Erkennen numerischer Probleme recht hilfreich.

---

55 Der höchste Eigenwert ist in der Regel nicht entartet und macht keine Probleme. Eine Regel, wann Entartung auftritt, gibt es allerdings auch nicht, d.h. bei beliebigen Ausgangsmatrizen stellt man erst im Lauf des Verfahrens fest, ob sie Ärger machen oder nicht. Entartung und schnelle Zunahme des Iterationsaufwands sind auch die Grund dafür, dass dieses Verfahren technisch nicht einsetzbar ist.

Reichen wir an dieser Stelle noch eine weitere Kommunikationsfunktion nach, die wir für diese Aufgabe jedoch nicht benötigen. Die Funktion

```
int MPI_Alltoall(const void *sendbuf, int sendcount,
    MPI_Datatype sendtype,
    void *recvbuf, int recvcount,MPI_Datatype recvtype,
    MPI_Comm comm)
```

geht noch einen Schritt weiter: während **Allgather( )** jedem Prozess die gleiche Nachricht zusendet, erlaubt **Alltoall( )** die Individualisierung der Nachrichten (Abbildung 6.5). Will Prozess **i** verschiedene Nachrichten an die Prozesse **k** und **l** senden, so plaziert er diese im Sendepuffer jeweils mit den zu **k** und **l** gehörenden Offsets. **k** und **l** finden im Empfangspuffer die Nachricht von **i** an der jeweils gleichen Stelle, jedoch sind die Inhalte verschieden.

Abbildung 6.5: Allgather und Alltoall

Als Beispiel (ohne dass wir jedoch hier eine Aufgabe dazu konstruieren) denken Sie an einen Graphen, in dem jeder Knoten mit (fast) jedem anderen verbunden ist und die Knoten (Prozesse) Produktions- oder Konsumstätten sind. Jeder Knoten teilt individuell jedem anderen Knoten mit, was er von ihm zu erhalten wünscht oder was geliefert werden kann. In bestimmten Modellen können die Berechnungen durchaus komplex genug werden, eine Parallelisierung zu rechtfertigen.

6.5.3   Verbinden der Ergebnisse

In unserem letzten Beispiel ist es etwas unbefriedigend, wenn alle Prozesse die Normierung oder Nachorthogonalisierung komplett selbst durchführen müssen. Jeder Prozess könnte beispielsweise die Partialsumme seiner neuen Vektorkomponenten schon vorberechnen und den anderen mitteilen. Das würde die Arbeit reduzieren, aber immer noch nicht das Optimum sein. Eine entsprechende Netzwerktopologie vorausgesetzt könnten einzelne Prozesse die Partialsummen weiter verdichten, so dass wir im Idealfall beim Zeitaufwand für die Verdichtung wieder bei $O(\log(N))$ landen statt bei $O(N)$.

MPI stellt mit den **MPI_Reduce()**-Funktionen auch hiefür wieder Werkzeuge zur Verfügung. Da die Daten an alle Prozesse verteilt werden müssen, stellen wir gleich die Methode vor, die auch das übernimmt:

```
int MPI_Allreduce(const void *sendbuf, void *recvbuf,
                  int count, MPI_Datatype datatype,
                  MPI_Op op, MPI_Comm comm)
```

Jeder Prozess trägt seine Partialsumme in **sendbuf** ein und liest fertig das Ergebnis aus **recvbuf** aus. **MPI_Op** spezifiziert, wie MPI das Ergebnis aus den Einzeleingaben ermitteln soll. In MPI sind die Operatoren

```
Name              Meaning
---------         --------------------
MPI_MAX           maximum
MPI_MIN           minimum
MPI_SUM           sum
MPI_PROD          product
MPI_LAND          logical and
MPI_BAND          bit-wise and
MPI_LOR           logical or
MPI_BOR           bit-wise or
MPI_LXOR          logical xor
MPI_BXOR          bit-wise xor
MPI_MAXLOC        max value and location
MPI_MINLOC        min value and location
```

definiert, die sich auf die gängigen Standard-Datentypen beziehen. In unserem Fall ist **MPI_SUM** der geeignete Operator und **count==1** (die Methode kann auch auf Vektoren operieren, wobei die Operatoren komponentenweise angewandt werden).

Aufgabe. Ergänzen Sie die letzte Aufgabe durch die **Allreduce()**-Funktion. Einzustellen sind die Partialsummen der Quadrate der gefundenen Vektorkomponenten. Die Prozesse können die Gesamtsumme im Empfangspuffer ablesen. Die Normierung – die Division des Vektors durch die Wurzel des übermittelten Wertes – muss allerdings jeder Prozess einzeln vornehmen. Die Nachorthogonalisierung sei, wei die Fortsetzung der Eigenwertberechnung selbst, Ihnen überlassen.

Die nur auf den Masterprozess reduzierte Funktionsvariante ist

```
int MPI_Reduce(const void *sendbuf, void *recvbuf,
               int count, MPI_Datatype datatype,
               MPI_Op op, int root, MPI_Comm comm)
```

recvBuf ist nur für den Masterprozess definiert; eine Rückverteilung an die Arbeitsprozesse erfolgt nicht.

Wenn der benötigte Operator in der Liste von MPI nicht vorhanden ist, kann man ihn durch eine Funktion definieren. Dabei ist sogar die Definition nicht kommutativer Operatoren, also solcher, die genau in der Reihenfolge der Ränge der Prozesse ausgeführt werden, möglich. Als fiktives Beispiel betrachten wir die Wortmenge

```
char const *words[] = { "Hallo " , "Welt ", "wie " ,
        "geht " , "es " , "dir ", "denn " , "so "};
```

von der jeder Prozess eines zum Zusammenbau eines Wortes beisteuern soll. Der Sammelbefehl lautet

```
comm.Reduce(outb,inb,100,MPI_CHAR,concat,0);
```

In **outb** wird von jedem Prozess das Wort hineinkopiert, das seinem Rang entspricht. Die Feldlänge beträgt 100 Byte, ist also lang genug, den kompletten Datz aufzunehmen. Der Operator lautet in diesem Fall **concat**, ist also kein MPI-Operator, sondern ein selbst erstellter. Er basiert auf einer Funktion, die einen C-String vom **outb**-Puffer an das Ende des vorhandenen Strings im **inb**-Puffer kopiert.

```
void MPI_Usr_func( const void *invec, void *inoutvec,
        int len, const MPI::Datatype& datatype)
{
    char const* p1=reinterpret_cast<char const*>(invec);
    char* p2=reinterpret_cast<char*>(inoutvec);
    size_t o_len=strlen(p2);
    size_t i_len=strlen(p1);
    memcpy(p2+o_len,p1,i_len);
}
```

Sie wird in ein **MPI::Op**-Objekt eingefügt.

```
concat.Init(MPI_Usr_func, true);
```

Führen wir mit diesem Operator nun die Reduce-Funktion aus, so erhält
der Zielprozess reproduzierbar den String

```
Result: Welt Hallo geht wie dir es so denn
```

Der Parameter **true** signalisiert dem MPI-System, dass die Operation
kommutativ und assoziativ ist. Die Worte in einem Satz dürfen aber
nicht in der Reihenfolge vertauscht werden, und konsequenterweise
geht diese erste Zusammenfassung schief. Signalisieren wir durch **false**
dem System, dass die Operation nicht kommutativ ist, wird beginnend
mit dem höchsten Rang alles in der korrekten Reihenfolge nach unten
abgearbeitet (was hier natürlich dazu führt, dass der Satz verkehrt herum erscheint):

```
Result: so denn dir es geht wie Welt Hallo
```

6.5.4   Dateiarbeit

Wir haben bislang den Masterprozess die Daten die Arbeitsprozesse
übermitteln lassen, was für die Übungen ja auch völlig ausreichend ist,
da ohnehin nur irgendwelche Zufallsdaten erzeugt werden. Massendaten
aus realen Messungen liegen in der Regel in Dateien auf den Festplatten,
und jeder Prozess kann seine Daten in diesem Fall auch gleich von dort
holen. Wenn alle Prozesse auf die gleichen Daten zugreifen, liegt es
nahe, auch die Dateiarbeit durch das MPI-System koordinieren zu lassen. Im Fileserver werden hierdurch weniger Ressourcen belegt und Daten, die von mehreren Prozessen benötigt werden, können vom MPI-
System verteilt werden, sie mehrfach auszulesen.

Die Syntax entspricht weitgehend der Dateiarbeit in C:[56]

```
MPI_File* fh;
int MPI_File_open(MPI_Comm comm,
                  const char *filename,
                  int amode,
                  MPI_Info info,
```

---

56 Angegeben ist die C-Syntax. Bei Erstellung eines C++ Programms kommt
u.U. eine leicht geänderte Syntax zum Tragen. Greifen Sie auf die offizielle
Dokumentation von OpenMPI zurück, wenn Probleme auftreten.

```
MPI_File *fh)
```

In **info** können genauere Anweisungen für das Kommunikationssystem hinterlegt werden, wie die Prozesse mit den Daten umgehen. Da es sich hier aber um recht spezielle Steuerungen geht, für die wir hier kein Beispiel hinterlegt haben, ignorieren wir das Objekt und setzen das Feld auf **MPI_INFO_NULL.** Geschlossen werden die Dateien mit **MPI_File_close.**

MPI_File_read, MPI_File_write und **MPI_File_seek** entsprechen weitgehend den normalen C-Anweisungen, die wohl an dieser Stelle nicht näher erläutert werden müssen:

```
int MPI_File_read(MPI_File fh,
                  void *buf,
                  int count,
                  MPI_Datatype datatype,
                  MPI_Status *status);
```

Daneben existieren noch weitere Varianten, unter anderem:

- **MPI_File_read_at** kombiniert **MPI_File_seek** mit **MPI_File_read.** Ebenso existiert eine **MPI_File_write_at**-Methode. Alle Methoden sind blockierend, d.h. der aufrufende Prozess kann erst wieder weiterarbeiten, wenn seine Übertragungspuffer bearbeitet sind.

- **MPI_File_iread** usw. sind, wie der Name ausdrückt, nicht blockierende Varianten, die in der bereits bekannten Weise verwendet werden.

Die vorstehenden Funktionen sind individuell, d.h. jeder Prozess kann schreiben und lesen, wann er will. Koordiniert wird lediglich der Zugriff auf einen Filehandle. Die folgenden Methoden koordinieren die Zugriffe der Prozesse (wir referieren nur die Lesemethoden; natürlich existieren ebensolche Schreibmethoden):

- **MPI_File_read_all** ist eine koordinierende Funktion und gibt ein kollektives Lesen der Daten für alle Prozesse in Auftrag, d.h. alls Prozesse müssen diesen Leseprozess gleichzeitig anstoßen. Jeder Prozess verfügt dabei aber über seinen eigenen individuellen Positionszeiger. Die Koordinationsmöglichkeiten sind hierdurch noch relativ beschränkt.Die Typangaben sind ebenfalls individuell.

- Wesentlich koordinierter get es bei **MPI_File_read_ordered** zu. Die Anfragen werden in der Reihe der Prozessränge bearbeitet, und jeder Prozess erhält die Daten ab der Position, an der der Prozess zuvor mit dem Lesen gestoppt hat. Datentyp und Datenmenge sind allerdings weiterhin individuell einstellbar.

- **MPI_File_read_all_begin** und **MPI_File_read_all_end** (anstelle von **all** kann auch **ordered** eingesetzt werden) stellen die nichtblockierenden Varianten von **read_all/read_ordered** dar: der Leseprozess wird bei **begin** nicht blockierend gestartet, auf die Daten darf jedoch vor **end** nicht zugegriffen werden. Wird die end-Methode aufgerufen bevor die Daten vorhanden sind, blockiert der Prozess.

Wichtig ist die Unterscheidung zwischen kolletiven und nicht kollektiven Operationen:

- ➢ Kollektive Operationen, beginnend mit **MPI_File_open**, müssen von <u>sämtlichen</u> Prozessen eines Komminikators in gleicher Weise ausgeführt werden. Auch wenn keine Dateien gelesen werden, ist **MPI_File_open** und **MPI_File_close** auszuführen, und an einem **MPI_File_read_all** usw. müssen alle Prozesse teilnehmen.

- ➢ Nicht kollektive Operationen – das sind diejenigen, die vom Namen her den normalen C-Operationen entsprechen – können von den Prozessen beliebig eingesetzt werden.

Aufgabe. Wenn Sie die Dateiarbeit in der Praxis erproben wollen, können Sie sehr große Matrizen, deren Anlage den Masterprozess überfordern würde, zunächst als Dateien erzeugen und dann von den Prozessen stückweise einlesen und auch wieder schreiben lassen.

Ebenfalls geeignet sind Sortierprobleme mit sehr großen Feldern, wie sie in Datenbanken auftreten können (Kapitel 6.7 ab Seite 173). Anstelle von Zahlen, die dort für die ersten Versuche verwendet werden können, können Sie auch Strings mit fester Blocklänge (Datentyp VARCHAR in einer Datenbank) erzeugen (z.B. Hashwerte) und sortieren.

6.6   Datenstrukturen

In komplexeren Anwendungen sind oft viele verschiedene Daten auszutauschen bzw. die Daten sind in C++ Anwendungen in Klassenobjekte mit verschiedenen Attributen verpackt. Daten wie bisher einzeln zu senden (und darauf zu vertrauen, dass eben nur Felder als größere Datenobjekte auftreten) macht nicht nur die Anwendungsprogrammierung umständlich und die Datenübertragung ineffizienter (wer bei der koordinierten Kommunikation Zeitmessungen durchgeführt hat, weiß, dass damit nennenswerte Einsparungen zu erzielen sind), sondern birgt auch die Gefahr von Blockaden durch unkorrekte Reihenfolge der Funktionsaufrufe in sich. Für die Übertragung kompletter Datenobjekte existieren mehrere Möglichkeiten, die wir uns nun vornehmen.

6.6.1   Packen von Daten

Sind verschiedene Daten zu versenden, erfolgt dies bislang in jeweils eigenen Sende- und Empfangsbefehlen. Mehrere Sendebefehle sollten jedoch das Übertragungssystem mehr belasten als ein Sendebefehl mit einer entsprechend größeren Datenmenge, und ein Broadcast sollte wiederum effektiver sein als Einzelübertragungen an jeden Prozess. Ein kleines Testprogramm belegt diese Vermutung.

```
Typ (1)
--------
for(size_t k=0; k<PARTS; k++)
   MPI_Send(s,BUFS/PARTS,MPI_CHAR,i,k,MPI_COMM_WORLD);

Typ (2)
--------
MPI_Send(s,BUFS,MPI_CHAR,i,0,MPI_COMM_WORLD);

Type (3)
--------
MPI_Bcast(s,BUFS,MPI_CHAR,0,MPI_COMM_WORLD);

Mark(2) interval: 2.8052ms
Mark(4) interval: 1.72134ms
Mark(6) interval: 0.572907ms
```

Eine Methode, die Zahl der Sende- und Empfangsoperationen zu vermindern, ist das Zusammenpacken unterschiedlicher Daten auf einem Puffer. MPI liefert eine Pack-Methode dazu:

```
Allgemeine Definition
---------------------
int MPI_Pack(const void *inbuf, int incount,
             MPI_Datatype datatype,
             void *outbuf, int outsize, int *position,
             MPI_Comm comm)


Anwendung
---------
position = 0;
MPI_Pack(&a, 1, MPI_FLOAT,
         buffer, 100, &position, MPI_COMM_WORLD);
MPI_Pack(&b, 1, MPI_FLOAT,
         buffer, 100, &position, MPI_COMM_WORLD);
MPI_Pack(&n, 1, MPI_INT,
         buffer, 100, &position, MPI_COMM_WORLD);
MPI_Bcast(buffer, position, MPI_PACKED, 0,
MPI_COMM_WORLD);
 . . .
position = 0;
MPI_Unpack(buffer, 100, &position,
           &a, 1, MPI_FLOAT, MPI_COMM_WORLD);

MPI_Unpack(buffer, 100, &position,
           &b, 1, MPI_FLOAT, MPI_COMM_WORLD);
MPI_Unpack(buffer, 100, &position,
           &n, 1, MPI_INT, MPI_COMM_WORLD);
```

Bereit zu stellen ist ein Puffer **buffer**, der groß genug ist, sämtliche Daten aufzunehmen. Zum Packen wird die Startadresse der jeweiligen Daten, die Anzahl und der Datentyp angegeben. Die Buchführung für die Position im Puffer übernehmen die MPI-Funktionen mit der Variablen **position**, die zum Schluss die Anzahl der Datenbytes beinhaltet und im Send-Befehl verwendet werden kann.

Die Pack/Unpack-Methoden verringern die Belastung des Kommunikationssystems, aber nur bedingt den Programmieraufwand in der Anwendung:

- Für die Datenübertragung ist ein zusätzlicher Datenpuffer notwendig, dessen Größe korrekt konfiguriert werden muss. Bei dynamischen Feldgrößen werden ggf. zwei Operationen (1. Ermitteln der Größe, 2. Kopieren der Daten) notwendig.

- Alle zu übertragenen Variablen sind in Pack-Befehlen aufzurufen, d.h. die Anzahl der Codezeilen verringert sich nicht.

Die Übertragung dynamischer Daten ist problemlos möglich, indem man zunächst die Längen der variablen Felder überträgt:

```
class DS  {
    char* s1;
    char* s2;
    ...
};

int l1 = strlen(ds.s1)+1;
MPI_Pack(&l1,1,MPI_INT,&buf,blen,&pos,comm);
MPI_Pack(s1,l1,MPI_CHAR,&buf,blen,&pos,comm);
l1 = strlen(ds.s2)+1;
MPI_Pack(&l1,1,MPI_INT,&buf,blen,&pos,comm);
MPI_Pack(s2,l1,MPI_CHAR,&buf,blen,&pos,comm);
```

Aufgabe. Implementieren Sie ein kleines Framework zum Packen und Entpacken von Objektdaten.

Wieder als Starthilfe: sehen Sie in den Klassen der zu übertragenden Objekte die Methoden

```
void pack_data(void* buf, int& pos) const;
int packed_length() const;

void unpack_data(void* buf, int& pos);
```

vor. Bei geeigneten Attributen können die Aufrufe rekursiv erfolgen. Das Packen erfolgt zweckmäßigerweise mit einer Hilfsklasse der Art

```
template <class T>
struct Packer {
    int len;
    void* buf;
    Packer(T const&){...}
    ~Packer(){free(buf);}
    ...
};
```

Hier ist vorgesehen, das im Konstruktor das Kopieren der Daten auf den dabei erzeugten Puffer **buf** erfolgt. Nach Verwenden in einem

MPI_Send oder einem anderen Übertragungsbefehl wird der Puffer automatisch entsorgt. Das aber nur als Starthilfe.

Die boost::mpi-Bibliothek geht noch einen Schritt weiter, indem sie Werkzeuge bereit stellt, Objekte unabhängig von MPI zu serialisieren. In Verbindung mit den Übertragungsfunktionen muss man sich nur darum kümmern, die Attribute in einer speziellen Methode zu deklarieren:

```
struct A {
    int nr;
    double d;
    string s;
    B b;

    template<class Archive>
    void serialize(Archive & ar,
                   const unsigned int version=0)
    {
        ar & nr;
        ar & d;
        ar & s;
        ar & b;
    }
};
```

Ist das Attribut **B** in diesem Beispiel eine selbst definierte Klasse, muss diese ebenfalls die Methode **serialize** enthalten. Auf die dahinter stehenden Programmiermethoden können wir aufgrund es Umfangs hier nicht weiter eingehen.

6.6.2   Klassenobjekte

Alternativ zum Kopieren der Daten auf einen Zwischenpuffer kann ein eigener MPI-Datentyp definiert werden, der nebst den Objekten direkt einem Send- oder Recv-Befehl übergeben werden kann. Betrachten wir als Beispiel die Struktur

```
struct Partstruct   {
    int     i;
    double  d[6];
    char    b[7];
    };
```

```
struct Partstruct    f[1000];
```

Wie die Daten im **struct** genau angeordet sind und wie das Feld aufgebaut ist, ist systemabhängig. Der Compiler kann aus Optimierungsgründen auch leere Bytes zwischen den Datenfeldern plazieren oder gar die
Reihenfolge ändern, weshalb eine Übertragung mit

```
MPI_Send(f,1000*sizeof(Partstruct),MPI_BYTE,...
```

nicht der richtige Weg ist. Die Attribute müssen einzeln mit der korrekten Größe übertragen werden. Dazu deklariert man zunächst drei Felder:

```
MPI::Datatype type1[4] =
          {MPI::INT, MPI::DOUBLE, MPI::CHAR, MPI::UB};
int           blocklen1[4] = {1, 6, 7, 1};
MPI::Aint     disp1[4];
```

- **type1** enthält 4 Einträge mit den Datentypen der Attribute,

- **blocklen** die Länge der Datenfelder in der Klasse,

- **disp1** wird mit den Abständen zwischen den Attributen gefüllt.

Da bei Adressen nicht definiert ist, wie sie vom System zu interpretiert
werden, werden sie zunächst in sichere Integertypen umgewandelt und
mit diesen die Abstände berechnet:

```
disp1[0]=MPI::Get_address(&f[0].i) -
         MPI::Get_address(&f[0].i);
disp1[1]=MPI::Get_address(&f[0].d) -
         MPI::Get_address(&f[0].i);
disp1[2]=MPI::Get_address(&f[0].b) -
         MPI::Get_address(&f[0].i);
disp1[3]=MPI::Get_address(&f[1].i) -
         MPI::Get_address(&f[0].i);
```

Wesentlich ist der Datentyp **MPI_UB** (Upper Bound). Er spezifiziert
keine Daten, sondern gibt an, mit welchem Offset in einem Feld das
nächste Feldelement beginnt. Dieses muss in unserem Beispiel nicht direkt auf **b[6]** folgen, sondern es können weitere Leerbytes aus Optimierungsgründen vorhanden sein.

Mit diesen Feldern wird ein neuer MPI-Datentyp konstruiert

```
MPI::Datatype A_type =
  MPI::Datatype::Create_struct(4,blocklen1,disp1,type1);
```

Wenn es sich hierbei bereits um den Typ der zu übertragenden Daten handelt, wird er dem System bekannt gemacht:

```
A_type.Commit();
```

A_type kann nun in jedem Sende- und Empfangsbefehl verwendet werden, um einzelne Variable oder komplette Felder des Typs **Partstruct** zu übertragen.

Die Typisierung kann rekursiv erfolgen, d.h. **Partstruct** kann Attribut einer weiteren Klasse sein. Der fertige (!) Datentyp **A_type** wird hier in der Typliste der neuen Klasse an der entsprechenden Position angegeben:[57]

```
struct B {
    int i;
    Partstruct a;
    int j;
};

MPI::Datatype type2[4] =
    {MPI::INT, A_type, MPI::INT, MPI::UB};
```

Die rekursive Definition erklärt die Trennung von Typerzeugung und Bekanntmachung im System: nicht jeder Zwischentyp muss in Übertragungen vorkommen, d.h. man macht nur die Typen bekannt, die benötigt werden.

Mit der Funktion **MPI_Type_free()** kann ein Datentyp wieder aus dem System entfernt werden, wenn er nicht mehr benötigt wird.

Bei einer Implementation auf Klassenebene, die Ihnen überlassen sei, ist folgendes zu beachten:

a) Bei virtueller Vererbung ist die Adresse des ersten Attribut <u>nicht</u> die Startadresse (Verweis auf die Tabelle virtueller Methoden) ! Die Offsetberechnung muss das berücksichtigen.

b) Es können nur fest definierte Klassenstrukturen vereinbart werden. Zeigerattribute wie Strings oder dynamische Felder lassen sich nicht in eigenen Typen unterbringen.

---

57 Fertig bedeutet, dass **Create_struct** für **A_type** bereits aufgerufen wurde und die Offsets in **Partstruct** <u>nicht</u> neu in Bezug auf **B** berechnet werden.

6.6.3 Spezielle Typen

Bei der Übertragung von Feldern muss die Anzahl der Datenelemente bekannt sein. In unserem Anwendungsbeispiel der Matrixmultiplikation ergab sich die Anzahl der zu übertragenen Matrixelemente aus dem Produkt der Anzahl der Spalten und der Anzahl der zu übertragenen Zeilen. Mittels

```
MPI::Datatype Line =
    MPI::DOUBLE.Create_contiguous(A.cols());
```

lässt sich aus dem Grundtyp für ein Element (hier **MPI::DOUBLE**) ein Datentyp für eine komplette Zeile erzeugen. **Create_contiguous** geht von einem zusammenhängenden Speicherbereich für das komplette Feld aus.

Ein Problem bei der Matrixmultiplikation besteht, wenn nicht Zeilen sondern Spalten zu übertragen sind, da hier die Elemente nicht zusammen hängen. Wir haben dies in Kapitel 6.3.1 durch ein Transponieren der Matrix erledigt. MPI bietet aber auch eine interne Alternative an:

```
MPI::Datatype Column = MPI::DOUBLE.Create_hvector(
        A.cols(),    // Anzahl der Elemente insgesamt
        1 ,          // Anzahl der zusammenhängenden E.
    MPI::Get_adrress(&A(1,0)) -
        MPI::Get_adrress(&A(0,0)));
```

Auch diese Typvereinbarung geht wieder von einem beliebigen Grundtyp aus, der vervielfacht wird, nun aber Lücken zulässt. Der erste Parameter gibt die Anzahl der von Lücken getrennten Elemente an, der zweite die Anzahl der zusammenhängenden Elemente vor einer Lücke und der dritte die Größe der Lücke der Bytes (! nicht Anzahl der Elemente !).[58]

---

58 Die Lückenbreite in Bytes anzugeben mag Ihnen etwas merkwürdig vorkommen, was aber nur am Standardtyp **MPI::DOUBLE** liegt. Für Standardtype liegt die Angabe der Anzahl der auszulassenden Elemente näher. Wenn Sie an die Definition eigener Datentypen denken und auch solche hier zulassen wollen, kommen Sie mit einer Elementanzahl nicht sehr weit, sondern benötigen zwingend die Anzahl in Bytes.

Aufgabe. Zum Testen, ob Ihnen alles klar ist, übertragen Sie zwei Spalten einer Matrix an einen anderen Prozess. Implementieren Sie anschließend eine verteilte Multiplikation von Links, ohne die Speicherstrategie zu ändern.

In der Aufgabe werden Sie – falls Sie das veruschen – feststellen, dass **Scatter** und **Gather** nicht mit Ihrem neuen Datentyp zusammenarbeitet (**Send** und **Receive** auch nicht, wenn Sie mehrere Spalten in einem Befehl versenden). Beim Versuch, mehrere Spalten zu verteilen, würde MPI, der allgemeinen Logik folgend, die nächste Spalte im Abstand der Lücke hinter dem letzten Element vermuten, und das ist außerhalb der Matrix. Das lässt sich aber korrigieren:

```
MPI::Datatype Column_scatter =
     Column.Create_resized(0,sizeof(double));
```

Der erste Parameter gibt den Startpunkt (Lower Bound) des ersten Elementes im Feld an, der zweite den Abstand des zweiten Elementes vom Startpunkt. Übersetzt auf die Matrixmultiplikation bedeutet dies, dass zwischen den Elementen einer Spalten die angegebene Lückenbreite liegt, die nächste Spalte aber direkt nach dem ersten Element der vorhergehenden anfägt.

Aufgabe. Implementieren Sie nur die Matrixmultiplikation mit koordinierter Kommunikation. Achten Sie dabei darauf, dass Sie für die empfangenden Matrizen eigene Datentypen definieren müssen, wenn die Dimensionen auf das Notwendige reduziert sein sollen ! Hier macht die Angabe unterschiedlicher Datentypen im Ausgangs- und Eingangsbereich von MPI erstmalig in unseren Anwendungen tatsächlich Sinn. Sie können die empfangenen Daten auch auf einem **double**-Feld zusammenschieben lassen, müssen dann aber auch die Anzahl der Daten im Empfang anpassen.

Unregelmäßige Felder lassen sich mit

```
Datatype Datatype::Create_hindexed(int count,
     const int array_of_blocklengths[],
     const MPI::Aint array_of_displacements[]) const
```

aufteilen, wobei der neue Typ auch hier von einem Basistyp „erbt". Aus der Schnittstellendefinition dürfte eigentlich bereits alles hervorgehen.

171

Aufgabe. Drei- oder höherdimensionale Felder lassen sich ebenso wie Matrizen mittels einer Indexarithmetik auf einen Vektor abbilden. Machen Sie sich einige Verteilmodelle eines Datenwürfels und prüfen Sie, wie weit Sie mit den verschiedenen MPI-Modellen kommen.

6.6.4 Portierung

Das Arbeiten mit Datenstrukturen wirkt sicher etwas mühsam, und bei den Übungsbeispielen, die wir hier behandeln, ist man sicher versucht, auf diesen Aufwand zu verzichten und die Daten händisch in Send/Recv-Befehle zu verpacken. Wenn man sich allerdings nochmals vergegenwärtigt, dass gerade parallele Programmierung mit hoher Wahrscheinlichkeit im Rahmen sehr komplexer Aufgaben auftritt, wird man den Sinn recht schnell erkennen: Klassendefinitionen dienen ja auch dazu, Funktionalitäten sicher in andere Programmumgebungen zu portieren. Bei paralleler Programmierung muss zusätzlich auch der Datenaustausch sicher organisiert werden, was durch genormte Schnittstellen realisierbar ist.

Aufgabe. Implementieren Sie eine Klasse mit einigen Attributen und definieren Sie MPI-Datentypen für den Austausch von Objekten. Erweitern Sie die Klasse anschließend durch Vererbung und ggf. weiteren Attributen. Stellen Sie anschließend sicher, dass sie Fehlermeldungen erhalten, wenn in den verschiedenen Prozessen unterschiedliche Klassenobjekte miteinander zu kommunizieren versuchen.[59]

Durch spezifische Klassenkennungen können auch Inkompatibilitäten berücksichtigt werden, die entstehen, wenn Objekte unterschiedlicher Klassen mit gleichem Attributsatz miteinander kommunizieren. Damit ist es auch möglich, im Zielprozess dynamisch Klassen auszuwählen und Objekte nach Bedarf zu erzeugen.

---

59 Diese Techniken sind in Internetprotokollen weit verbreitet und keine Erfindung von OpenMPI. Sofern Ihnen diese kurze Aufgabenstellung zu diffus erscheint, können Sie auf Beispiele aus der Internetprogrammierung wie TLS/SSL und anderes als Vorlagen zurückgreifen.

6.7   *Das Sortierproblem*

In Kapitel 4.5.2 auf Seite 78 ff haben wir eine parallelisierbare Variante des Bubblesort-Algorithmus entwickelt, die auch als Even-Odd-Sortierung bezeichnet wird. In jedem Durchlauf werden jeweils zwei Elemente überschneidungsfrei verglichen und sortiert, und zwar so, dass jedes Element abwechselnd mit dem linken und dem rechten Element verglichen wird. Die folgenden Zahlen bezeichnen die Positionen der Elemente, nicht deren Wert. Insgesamt ergibt sich das Vergleichs/Ausstauschschema

```
1 - 2   3 - 4   5 - 6   7 - 8   9 - 10 ..
1   2 - 3   4 - 5   6 - 6   8 - 9     - ..
1 - 2   3 - 4   5 - 6   7 - 8   9 - 10 ..
1   2 - 3   4 - 5   6 - 6   8 - 9     - ..
```

Wollen wir das Schema parallelisieren, können wir jeder Position einen Prozess zuordnen, der abwechselnd mit dem Prozess des nächstkleineren Rangs und des nächstgrößeren Rangs die Werte vergleicht und jeweils das größere bzw. kleinere Element für den nächsten Durchlauf festhält. Im Unterschied zu den bisherigen Beispielen, in denen die Prozesse jeweils mit dem Masterprozess den nächsten Schritt abgestimmt haben, haben wir damit nun ein Prozessmodell vor uns, bei dem sich verschiedene Arbeitsprozesse untereinander abstimmen, allerdings nach streng nach einem Schema geordnet.

Nun ist dieses Modell natürlich unbrauchbar, denn ein solches Sortieren lohnt sich erst ab einer Anzahl von Elementen, die jede sinnvoll einsetzbare Anzahl von Prozessen übersteigt. Setzen wir p Prozesse zum sortieren von N Elementen ein, so muss sich jeder Prozess um N/p Elemente kümmern.

Wir können o.B.d.A.[60] davon ausgehen, dass N/p glatt aufgeht. Es genügt, wenn der verteilende Prozess sich merkt, wie viele Elemente in der ursprünglichen Liste vorhanden waren, und die für die glatte Aufteilung notwendige Menge durch Auffüllen mit E_{max} (dem größten möglichen Wert für ein Element) erzeugt. Diese Elemente bleiben grundsätzlich hinten stehen und können zum Schluss wieder entfernt werden. Nach

---

60 Ohne Beschränkung der Allgemeinheit – eine bei Mathematikern beliebte Abkürzung.

übermitteln der Feldgröße kann die komplette unsortierte Liste durch **MPI_Scatter** auf die Prozesse verteilt werden. Die weitere Arbeit erfordert allerdings, dass jeder Prozess eine sortierte Teilliste besitzt, d.h. jeder Prozessen sortiert die empfangenen Daten zunächst mit einem beliebigen Sortieralgorithmus.

Der Sortierprozess des kompletten Feldes besteht nun darin, dass in jedem Schritt die beiden jeweils einander zugeordneten Prozesse gegenseitig ihre N/p Elemente zusenden, d.h. in der 1. Runde sendet $1 \to 2$ und $2 \to 1$, $3 \to 4$ und $4 \to 3$, usw. Jeder Prozess besitzt dann 2 Listen mit N/p Elementen, aus denen er sich die jeweils N/p größten bzw. kleinsten Elemente heraussucht, je nachdem ob er der rechte oder linke Partner in der Kommunikation ist. Im nächsten Schritt wird dieser Austausch mit dem Nachbarn auf der anderen Seite wiederholt. Wichtig ist dabei, dass die Teillisten jeweils sortiert sind. Das Bubblesort oder Even-Odd-Sort-Schema findet sich nur im Austauschschema wieder; in den Prozessen selbst findet sich kein Bubblesort-Code.

Analysieren wir den Austauschvorgang im Detail: im denkbar schlechtesten Fall befinden sich die N/p kleinsten Elemente zu Beginn im Prozess mit dem höchsten Rang, und da sie in jedem Schritt nur einen Rang hinab wechseln können, ist der Algorithmus nach höchstens p Schritten beendet, d.h. die äußere Schleife lautet

```
size_t round=0;
while(round<c_size) {
```

Ob ein Prozess mit dem linken oder dem rechten Nachbarn die Daten austauscht kann nun einfach durch

```
if(round++%2==0) {
```

entschieden werden. Nehmen wir an, dass bei Zutreffen der Bedingung Prozesse mit geradem Rang die Daten mit dem Prozess des nächsthöheren ungeraden Rang austauschen, so ist die nächste Unterscheidung durch

```
if(c_rank%2==0) {
```

durchführbar. Jede dieser Verzweigungen hat zwei Zweige, so dass wir einschließlich der Prüfung, ob der entsprechende Nachbar überhaupt existiert, auf das Gesamtschema

```
while(round<c_size) {
    if(round++%2==0) {
        if(c_rank%2==0) {
            if(c_rank!=c_size-1) {
                . . .
            } else {
                . . .
            }
        } else {
            if(c_rank%2==0) {
                if(c_rank!=0) {
                    . . .
                }
            } else {
                if(c_rank!=c_size-1) {
                    . . .
                }
            }
        }
    }
}
```

kommen.

Da sich die Prozesse gegenseitig ihre kompletten Felder zusenden, kann nicht unkoordiniert mit **Send/Recv** gearbeitet werden. Rufen beide Prozesse zunächst **Send** auf, blockiert die Funktion höchstwahrscheinlich, so dass niemand zu einem **Recv** gelangt und das System festhängt. Man muss daher

- **Recv/Send** in einem Partner, **Send/Recv** im anderen,

- mit **Isend/Irecv/Wait_all** arbeiten,[61]

- oder prüfen, ob MPI weitere Optionen bietet.

MPI bietet in der Tat eine weitere Option an, die Senden und Empfangen miteinander verbindet. Im ersten Bedingungszweig sieht diese folgendermaßen aus:

```
MPI_Sendrecv(&val1->at(0),FIELD_SIZE,MPI_UNSIGNED,
             c_rank+1,round,
             &val2->at(0),FIELD_SIZE,MPI_UNSIGNED,
             c_rank+1,round,
             MPI_COMM_WORLD, MPI_STATUSES_IGNORE);
```

---

61 Die Kommunikation muss vollständig abgeschlossen sein, bevor weiter gearbeitet werden kann, d.h. ein blockierende Operation, die das sicherstellt, ist notwendig.

In einem Befehl wird der Inhalt von **val1** gesendet und auf **val2** die Sendung des Partners empfangen, wobei die Puffer als Vektoren – genauer als Zeigerobjekte auf Vektoren – deklariert sind:[62]

```
vector<unsigned>* val1,* val2,* val3;
val1 = new vector<unsigned>();
val2 = new vector<unsigned>();
val3 = new vector<unsigned>();
```

MPI_Sendrcv kann im Gegensatz zu **Send/Recv** nicht zu einem Deadlock führen, da das Kommunikationssystem die Kontrolle über die gegenläufigen Datenströme ohne dazwischen liegende Aktionen des Anwendungsprogramms übernimmt. Nach Durchführung des **Sendrecv** befinden sich die alten Daten des Prozesses auf **val1** und die Daten des Partnerprozesses auf **val2**. Von beiden Feldern sind nun die N/p kleinsten oder größten Werte einzusammeln. Da beide Felder bereits sortiert sind, kann das mit einem Merge erfolgen, d.h. man sammelt auf **val3** alternierend den jeweils kleinsten/größten Wert ein, bis wieder N/p Daten gesammelt sind.[63]

```
vector<unsigned>::iterator it1,it2,ot1;
for(ot1=val3->begin(),it1=val1->begin(),
            it2=val2->begin(); ot1!=val3->end(); ot1++)
    if(*it1<*it2) {
      *ot1=*it1++;
    } else {
      *ot1=*it2++;
    }
swap(val1,val3);
```

Ein Merge ist hier aufgrund der Vorsortierung wesentlich effektiver als ein Sortieren von **val1+val2**, und das einfache Umpointern von **val1** und **val3** enthebt den Programmierer einer komplexen Logik, wann welches Feld in die Übertragung einzubinden ist. Nach dem Merge erfolgt direkt die nächste Austauschrunden, nun mit dem anderen Partner, und nach Durchlaufen aller Runden wird das Ergebnis mit einem **Gather** vom Masterprozess eingesammelt.

---

62 **unsigned** dient hier nur für Testzwecke. In realen Anwendungen hat man es meist mit komplexeren Datentypen zu tun.

63 Wenn die größten Werte gesammelt werden sollen, ist mit **reverse_iterator** zu arbeiten.

Aufgabe. Komplettieren Sie die Codebruchstücke zu einem kompletten Programm. Vergleichen Sie die Laufzeiten eines normalen seriellen Bubble-Sort-Algorithmus mit der parallelen Version. Da der Algorithmus etwas schlechter ist, sind höhere Prozessanzahlen zu berücksichtigen. Achten Sie darauf, die reinen Programmlaufzeiten und nicht die Absolutzeiten zu messen.

Bekanntermaßen kann der Bubblesort der schnellste Sortieralgorithmus werden, wenn das Feld bereits weitgehend sortiert ist. Das kann auf die parallele Version übertragen werden. Gilt nach einem Austausch

```
*val1->rbegin() < *val2->begin()
```

so brauchen die Prozesse kein Merge mehr durchzuführen, da ihre alten Felder auch ihre neuen sind. Diese Information kann mit

```
int sorted_right;
int sorted_all;

if(*val1->rbegin() < *val2->begin()){
    fill(sorted_right,sorted_right+c_size,1);
}else{
    fill(sorted_right,sorted_right+c_size,0);
}
MPI_Allreduce(&sorted_right,&sorted_all,1,
    MPI_INT,MPI_LAND,MPI_COMM_WORLD);
```

verbreitet werden. Stellen alle Prozesse fest, dass sie nicht mehr sortieren müssen, ist das Ergebnis der AND-Verknüpfung 1, haben zwei Prozesse nochmals sortieren müssen, ist das Ergebnis 0, und es muss ein weiterer Zyklus eingelegt werden. Die Funktion entspricht einen **MPI_Reduce**, jedoch wird das Ergebnis an alle Prozesse übermittelt. **sorted_all** kann als Abbruchbedingung für die Sortierung in allen Prozessen verwendet werden.

Aufgabe. Ändern Sie die Abbruchlogik in Ihrem Programm. Beachten Sie dabei, dass die erste Prüfung erst nach dem 2. Durchlauf stattfinden darf (warum?).

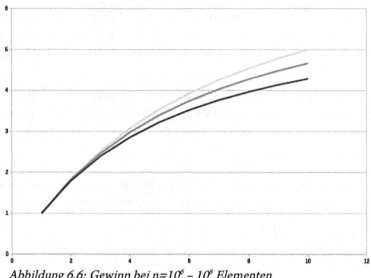

Abbildung 6.6: Gewinn bei n=10⁶ – 10⁸ Elementen

Welcher Gewinn ist zu erwarten? Der Bubblesort ist nicht der schnellste Algorithmus, wenn das Feld nicht vorsortiert ist. Eine serielle Sortierung wird daher – genau wie die Vorsortierung der Teilfelder in den Prozessen – einen anderen Algorithmus, beispielsweise den Quicksort-Algorithmus einsetzen. Unter Vernachlässigung des Kommunikationsaufwandes ist der theoretisch zu erwartende Gewinn

$$S = \frac{n * \log(n)}{n/p * \log(n/p) + (p-1) * n/p} = \frac{p * \log(n)}{\log(n/p) + p - 1}$$

Abbildung 6.6 gibt eine Übersicht für verschiedene Größen des zu sortierenden Feldes. Der Gewinn beruht auf der schnelleren Grundsortierung und dem im weiteren günstigeren Merge-Prozess, der nur noch mit der Laufzeitordnung $O(n)$ steigt.

In der Praxis hat man zu berücksichtigen, dass

➢ der Kommunikationsaufwand bei diesem Verfahren hoch ist. Es müssen jeweils genauso viele Daten zwischen den Prozessen transportiert werden, wie die Prozesse verarbeiten.

178

> ➤ mit komplexen Objekten wie Strings u.ä. zu rechnen ist, die zu sortieren sind, was den Kommunikationsaufwand weiter steigert.

Grundsätzlich sollte man erwarten, dass mit steigender Prozessanzahl das Ergebnis günstiger wird, weil zusätzlich zum theoretischen Gewinn die Datenmenge, die zwischen einzelnen Prozessen verschoben werden muss, geringer wird. Ob das der Fall ist, hängt aber auch von der MPI-Topologie ab. In diesem Zusammenhang sei noch einmal auf die Anmerkung auf Seite 33 verwiesen.

7 Threads

7.1 Mit Prozessen im Vergleich

Threads blicken auf eine ähnlich lange Geschichte zurück wie Prozesse. Threads sind eigenständige Teile eines Prozesse, die sich den RAM teilen: sie nutzen den gleichen Programmcode, die gleichen globalen Variablen und die gleichen Heapdaten. Was ein Thread an Daten hineinschreibt, können alle anderen lesen. Jeder Thread besitzt einen eigenen Stack, auf dem die Funktionsaufrufe und lokalen Variablen abgelegt sind. Da auch der Stack zum allgemeinen Speicher gehört, können auch lokale Variable eines Threads in einem anderen bekannt gemacht und genutzt werden.

Da das Betriebssystem bei einem Umschalten auf einen anderen Thread nur die Stackbereiche ein- und ausblenden muss, besitzen Threads Vorteile gegenüber Prozessen hinsichtlich der Verwaltung. Das gilt auch für die Einrichtung. Abbildung 7.1 zeigt Einrichtungs- und Laufdaten für Prozesse und Threads auf verschiedenen Hardwarearchitekturen.

Platform	fork()			pthread_create()		
	real	user	sys	real	user	sys
Intel 2.6 GHz Xeon E5-2670 (16 cores/node)	8.1	0.1	2.9	0.9	0.2	0.3
Intel 2.8 GHz Xeon 5660 (12 cores/node)	4.4	0.4	4.3	0.7	0.2	0.5
AMD 2.3 GHz Opteron (16 cores/node)	12.5	1.0	12.5	1.2	0.2	1.3
AMD 2.4 GHz Opteron (8 cores/node)	17.6	2.2	15.7	1.4	0.3	1.3
IBM 4.0 GHz POWER6 (8 cpus/node)	9.5	0.6	8.8	1.6	0.1	0.4
IBM 1.9 GHz POWER5 p5-575 (8 cpus/node)	64.2	30.7	27.6	1.7	0.6	1.1
IBM 1.5 GHz POWER4 (8 cpus/node)	104.5	48.6	47.2	2.1	1.0	1.5
INTEL 2.4 GHz Xeon (2 cpus/node)	54.9	1.5	20.8	1.6	0.7	0.9
INTEL 1.4 GHz Itanium2 (4 cpus/node)	54.5	1.1	22.2	2.0	1.2	0.6

Abbildung 7.1: Laufzeitvergleich zwischen Prozessen und Threads

Durch die Nutzung des gleichen Speichers entfallen Kommunikationsvorgänge, d.h. Threads arbeiten in der Regel effizienter als miteinander kommunizierende Prozesse und lassen ein klareres und übersichtlicheres Design zu, da ein Thread zu jeder Zeit durch einen Blick in den Hauptspeicher feststellen kann, wo seine Kollegen gerade stehen. Im Gegenzug sind andererseits Vorsorgemaßnahmen treffen, um Fehler durch Konkurrenz zu verhindern. Beispielsweise könnte in der Anweisungssequenz

```
if(i<n){
    . . .
    i++;
}
```

ein anderer Thread zwischen **if** und **i++** zugreifen, was dazu führt, dass ein i-Belegungswert zweimal bearbeitet wird, während der nächste gar nicht zum Zuge kommt, da i zweimal inkrementiert wird.

Außerdem können Threads für Parallelisierungsaufgaben nur in einer begrenzten Anzahl gestartet werden, die durch die auf einer Rechnerplatine zur Verfügung stehenden CPUs gegeben wird. Das sind derzeit ca. 4 auf normalen Arbeitsplatzrechnern und einige mehr auf größeren Maschinen. Die Technik arbeitet zwar laufend an der Erhöhung dieser Zahlen, aber Aufgaben, die eine größere Anzahl von Bearbeitern benötigen, sind bei MPI besser aufgehoben.

Trotzdem werden in der Praxis oft mehr Threads erzeugt als Prozessoren vorhanden sind, darunter auch viele Enkelthreads. Das hat jedoch meist mehr softwaretechnische Gründe: neben eine arbeitsintensive Aufgabe tritt vielfach noch eine organisatorische, beispielsweise dem Nutzer zu signalisieren, dass seine Aufgabe noch in Bearbeitung und wie der Fortschritt ist. Threads erlauben eine elegante Trennung der Codes für unterschiedliche Aufgaben, und wenn eine der Aufgaben weitgehend blockierend ausgeführt werden kann, d.h. nur zu bestimmten Zeiten aktiv ist, kommt es auch nicht zu Effizienzverlusten. Allerdings verlässt man mit solchen Softwaredesigns den Bereich der parallelen Programmierung wie wir ihn hier verstehen, nämlich der koordinierten Bearbeitung rechenintensiver Aufgaben. Geht man hier zu sorglos mit der Anzahl der Threads um, kann ein parallelisiertes Programm mehr reale Zeit verbrauchen aus das serielle, weil die Verwaltungszeit für die Threads alles wieder auffrisst.[64]

Threads und Prozesse sind somit nur begrenzt als Alternativen zu betrachten, ergänzen sich aber unter Umständen hervorragend:

---

64 „Sorglos" ist hier so zu verstehen, dass die Anzahl der Arbeitsthreads die Anzahl der verfügbaren CPUs um den Faktor 5 oder mehr übersteigt.

- Anwendungen, die keine zwingend blockierende Synchronisation an bestimmten Punkten erfordern, sondern auch ohne Datenaustausch mit anderen Prozessen noch weiter arbeiten können, können den Rechen- und den Kommunikationsteil durch Threads designmäßig voneinander trennen.

- Grobe Aufteilungen von Aufgaben lassen sich auf Threadebene verfeinern. Als Beispiel sei die Integrationsaufgabe genannt: lange Summen können besser nochmals in Threads zerlegt werden als im Hauptprogramm verschiedene Weichen für unterschiedliche Schleifengrößen zu stellen.

7.2 Threads ← MPI

Threads sind seit 2011 Bestandteil der C++ Standardbibliothek. Der Code eines Threads ist eine Funktion im Programm, die allerdings nicht von einem anderer Funktion aufgerufen sondern als eigenes Programm gestartet wird.

```
#include <thread>          // C++ - Header
#include <pthread.h>       // C - Header

void func(int i){
    . . .
}
```

In C erfolgt dies durch die Anweisungen

```
int main (){
  pthread_t p;
  int i=100;
  pthread_create (&p, NULL, func, &i);
  . . .
  pthread_join (p, NULL);
```

In C++ wird wieder eine objektorientierte Syntax verwendet:

```
void main(){
  . . .
  std::thread thr(func,100);
  . . .
  thr.join();
```

182

Wir werden uns im Weiteren an die C++ Syntax halten.

Wie bei Prozessen hat (mindestens) das Hauptprogramm auf das Ende des Kindthreads zu warten (**join**), wenn die Arbeit korrekt abgeschlossen werden soll. Wird das Hauptprogramm beendet, gilt das auch für noch arbeitende Kinder.

Threads können selbst weitere Threads erzeugen, die von ihren Erzeugern abhängig sind. Diese können

- mit **join()** warten, bis der erzeugte Thread beendet ist, oder
- mit **detach()** den Thread freigeben und sich selbst beenden.

Fehlt ein **join()** vor dem Ende des Elternthreads, so generiert ein noch laufender Kondthread einen Laufzeitfehler; genauso reagiert das System, wenn nach einem **detach()** ein **join()** versucht wird. Der Grund liegt in der objektorientierten Kapselung in C++. Lokale Threadobjekte sind nur in der Methode gültig, in der sie deklariert wurden, und werden bei verlassen der Methode zerstört. Unstimmige Behandlungen führen gemäß der objektorientierten Paradigmen zu (möglichst noch während der Entwicklung auftretenden) Laufzeitfehlern. Der Anwendungsprogrammierer sollte allerdings wissen, was er mit einem **detach()** bewirken will, da anschließend keine direkte Kontrolle über den Thread mehr besteht.

Threads bestimmen selbst, wann sie sich beenden. Die C-Thread-Bibliothek bietet zusätzlich die Möglichkeit, einen Thread durch einen anderen zu stoppen. Da das irgendwo im laufenden Code erfolgt, wird belegter globaler Speicher nicht aufgeräumt, Dateioperationen nicht abgeschlossen oder in verteilten Anwendungen entfernte Objekte nicht sauber terminiert. In der C++ Erweiterung ist ein hartes Beenden eines Threads durch einen anderen deshalb gar nicht erst vorgesehen. Ein Thread hat sich ordentlich selbst zu beenden und vorher aufzuräumen.

Die Zuweisung von Stackbereichen erfolgt automatisch. Auf 64-Bit-Maschinen besteht kein Grund, sich jemals darum kümmern zu müssen, aber wer das trotzdem unbedingt machen möchte, kann auf die Verwaltungsfunktionen in Abbildung 7.2 zurück greifen.

Stack Management

▶ **Routines:**

```
pthread_attr_getstacksize (attr, stacksize)

pthread_attr_setstacksize (attr, stacksize)

pthread_attr_getstackaddr (attr, stackaddr)

pthread_attr_setstackaddr (attr, stackaddr)
```

Abbildung 7.2: Stack-Management von Threads

Als erste Übungsbeispiele nehmen wir uns die Anwendungen auf dem MPI-Kapitel vor. Diese operierten in den parallelen Versionen völlig unabhängig voneinander in ihrem eigenen Adressraum. Wir können daher sämtliche Anwendungen in einem Programm durch mehrere Threads realisieren, ohne weitere Funktionalitäten als die bislang diskutierten zu benötigen. Alle Threads können die gleichen Daten lesen, jeder Thread schreibt seine Ergebnisse in einen Speicherbereich, der von den anderen Threads bis zum Synchronisationspunkt nicht gelesen wird. Die Synchronisationspunkte können durch

- Beenden der Threads realisiert werden – der Hauptthread wartet mit **join()** bis alle Threads beendet sind und startet für die nächste Runde neue Threads, weil der Verwaltungsaufwand hierfür zu vernachlässigen ist.

- eine für jeden Prozess vorgesehene globale logische Variable angezeigt werden. Wenn auf eine Speicherstelle jeweils nur ein Prozess schreibt, sind Konflikte ausgeschlossen.

Aufgabe. Formulieren Sie die Matrixmultiplikation mit Threads. Alle Threads können auf beide Matrizen zugreifen, so dass eine Verteilung nicht notwendig ist. Jeder Thread muss wissen, welche Zeilen der linken Matrix er bearbeiten soll, da die Matrix nicht mehr in Teilmatrizen zerlegt wird. Diese Informationen können vom Hauptprogramm als Funktionsübergabewerte erzeugt werden.

Mit Threads ist es auch die Multiplikation von Links kein Problem mehr. Erweitern Sie die beiden inline-Multiplikationsmethoden um die Parameter

```
Matrix& mul_right(Matrix const& b,
    size_t from_zeile=0,
    size_t to_zeile=numeric_limits<size_t>::max())
```

um Teilmultiplikationen durchführen zu können. Die Matrizen können lokal im Hauptthread erzeugt werden, müssen aber dann als Zeigervariablen an die Threadfunktion übergeben werden (Referenzen funktionieren nicht!).

Wie die letzte Anmerkung zeigt, kann jeder Thread auch auf lokale Variable eines anderen Threads zugreifen. Um Konflikte durch nicht mehr gültige Verweise auszuschließen sollten Zeigerverweise aber nur von Eltern zu Kindern verwendet werden

Aufgabe. Ähnlich können Sie die weiteren Algorithmen – Eigenwertberechnung, Integration, Sortieralgorithmus – aufarbeiten.

Beim Sortieralgorithmus bietet sich eine Variante an, in der man die überlappenden Mergeoperationen durch verschobenes Teilsortieren ersetzt, beispielsweise

Position	Thread 1	Thread 2	...
1. Durchlauf	1-30	31-60	...
2. Durchlauf	16-45	46-75	...
...	...	...	...

Hierdurch lässt sich die Verdoppelung des Speicherplatzes einsparen, um die man beim Mergen nicht herum kommt. Man bezahlt dafür aber mit einem schlechteren Gewinn. Rechnen Sie das nach!

Bei dieser Änderung der Algorithmen sind Ihnen möglicherweise weitere Ideen gekommen, was noch parallelisiert werden könnte. Durch den Wegfall der Kommunikation werden auch Teilalgorithmen interessant, deren Parallelisierung sonst ein Verlustgeschäft geworden wäre. Allerdings haben Sie wohl auch die Hinderungsgründe bemerkt:

- Die weitere Parallelisierung ist mit einem größeren Aufwand verbunden; vermutlich mehr, als man bereit ist zu investieren.

- Die Threads kommen sich an einigen Stellen ins Gehege: es ist nicht auszuschließen, dass zwei Threads gleichzeitig auf die gleichen Daten zugreifen oder ein Thread in einem Bereich operiert, den er eigentlich erst betreten darf, wenn ein anderer Thread damit fertig ist.

Beidem werden wir uns annehmen.

7.3   Thread-Sicherheit

Selbst wenn die Threads einander auf Anwendungsebene nicht in Konkurrenz treten, muss dafür Sorge getragen werden, dass die in den Anwendungen verwendeten Funktionen und Bibliotheken „threadsafe" sind, d.h. sich ebenfalls nicht in Konkurrenzsituationen verwickeln, wenn sie in verschiedenen Threads aufgerufen werden. In der Regel ist das erfüllt, da die Funktionsaufrufe über die Threadstacks abgewickelt werden und lokale Variablen der Funktionen auf dem Stack des jeweiligen Threads liegen, also nicht interferieren können. Eine Ausnahme liegt vor, wenn in den Funktionen als **static** deklarierte (globale) Variablen verwendet werden wie im folgenden Beispiel:

```
int foo(..){
    static int foo_call_counter = 0;
    foo_call_counter++;
    . . .
    return foo_call_counter;
}
```

Diese Variablen werden im Bereich der globalen Programmvariablen angelegt und bei Aufrufen der Funktion von allen Threads verwendet. Wenn ein Thread durch einen anderen unterbrochen wird, bevor die Daten auf solchen Variablen verarbeitet worden sind, kann ein falsches Ergebnis resultieren. Der Beispielcode kann im Fehlerfall mehreren Threads den gleichen Rückgabewert liefern.

Stellen Sie sich als weiteres Beispiel einen Puffer vor, auf den ein String bei der Verarbeitung ausgelagert und von dem nach der Bearbeitung wieder in den RAM zurückgeschrieben wird. Wurde beispielsweise der String

`Hallo welt`

mit dem Korrekturziel

`hallo Welt`

auf eine solche Variable zwischengesichert, aber während der Bearbeitung von einem anderen Thread

`komisches Ergebnis`

in den gleichen Puffer geschrieben, kommt mit einiger Wahrscheinlichkeit keiner der beiden zu dem Ergebnis, das er sich erhofft.

In Bibliotheken, seien es nun eigene oder Systembibliotheken, muss der Anwendungsprogrammierer dafür sorgen, dass in kritischen Bereichen solche Konkurrenzsituationen unterdrückt werden. Dazu werden im Prinzip die gleichen Methoden, die wir im weiteren auch diskutieren werden, eingesetzt. In Bibliotheken werden diese allerdings nicht grundsätzlich implementiert, da man sich damit auch Effizienzverluste oder anderen Ärger einhandeln kann. Für die Anwendungsentwicklung gilt daher:

- Manche Bibliotheken kommen mit mehreren Varianten daher, je nachdem, ob man threadsafe-Eigenschaften benötigt oder nicht, und man muss die passende Variante im Linkprozess angeben.

- Bei anderen empfiehlt sich ein Blick in die Dokumentation, was die Entwickler zu diesem Thema sagen.

- Findet man keine Angaben, kann man seine eigene Programmiererfahrung zu Rate ziehen und sich auf sein Glück verlassen, dass alles schon funktionieren wird, weil man selbst bei der Umsetzung der Bibliotheksfunktionalität keine Stolperstellen eingebaut hätte und mutmaßt, dass der andere Entwickler so gedacht hat wie man selbst.

- Wem das zu windig ist oder der Verdacht kommt, dass solche Stolperstellen vorhanden sein könnten, kommt nicht darum herum, die betreffenden Methoden in einen eigenen Rahmen zu binden, der die Probleme beseitigt. Wir sprechen unten auch das an.

Außer bei lokalen statischen Variablen kann es auch bei der Nutzung externer Geräte zu Problemen kommen. In der Methode

```
template <class T1, class T2>
void print(T1 const& t1, T2 const& t2){
    cout << "Var " << t1 << " value " << t2 << endl;
}
```

wird mehrfach der Operator << aufgerufen, um Daten auf den Ausgabepuffer zu schieben, und jeder Aufruf transferiert nur den dahinter stehenden Teil der Daten zum Gerät, um anschließend die Verbindung wieder abzubrechen. Gelegenheit genug für einen anderen Thread, dazwischen einmal zuzuschlagen und ähnliches zu versuchen. Die Ausgabe kann dann ziemlich durcheinander sein.

Hier haben wir es mit einer Transaktion zu tun, die komplett abgeschlossen sein muss, bevor ein anderer Thread ähnliches versuchen darf. Neben einem Blockieren anderer Threads genügt beim Umgang mit externen Geräte ein Sammeln der Daten vor dem Absenden. Das Absenden besteht nämlich meist aus einem Softwareinterrupt, da die Gerätebedienung in der Regel Angelegenheit des Betriebssystems ist. Ist der Interrupt einmal ausgelöst, sorgt das Betriebssystem für störungsfreie Ausführung.

Aufgabe. Die Methode **print** des oben angegebenen Beispiels ist so umzuschreiben, dass alle Daten zunächst auf einem String gesammelt werden und die Ausgabe durch **cout << s** erfolgt.

7.4   *Konkurrierende Threads*

Bislang haben wir Threads wie Prozesse behandelt: da Prozesse ihren eigenen Adressraum haben, müssen die Arbeiten verschiedener Prozesse sauber voneinander getrennt werden, und die Synchronisation erfolgt an genau definierten Punkten. In den ersten Versuchen haben wir die gleichen Aufgaben mit Threads bearbeitet, und die Synchronisation besteht im gezielten Starten und Beenden von Threads ohne dass sich zwischendurch Probleme ergeben. Interaktionen aufgrund der schreibenden Nutzung des gleichen RAM-Speichers haben wir nur als auszuschließende Fehlerquellen betrachtet, aber wir können diese Interaktionsfähigkeit natürlich auch ganz bewusst nutzen, um parallele Anwendungen zu konstruieren.

Als Anwendungsklasse betrachten wir im weiteren Simulationen bzw. reale Interaktionen in einem Netzwerk. In Netzwerkinteraktionen wie Webshops kann beispielsweise jedem Client ein Thread zugeordnet sein, und der Zugriff auf die Warendatenbank muss koordiniert werden, damit nicht zwei Kunden der gleiche Artikel verkauft wird. In Simulationen können Verbraucher und Produzenten als Threads gestaltet werden, was vielfältige und komplizierte Eigenschaften ermöglicht. Auch sie stehen in Konkurrenz um irgendwelche Ressourcen, und die Zugriffe dürfen nicht zu ungültigen Zuständen führen. Simulationen dieser Art findet man in der Wirtschaft (Produktionssimulation, Verbrauchssimulation) oder in den Biowissenschaften (Populationsentwicklung), wobei Threads eine Möglichkeit der Programmgestaltung darstellen.

Uns interessiert hier vorzugsweise der kokurrierende Zugriff auf die Ressourcen. Als Modell betrachten wir ein Lager, in das Teile eingelagert oder aus dem Teile entnommen werden können:

```
class Lager {
public:
    void put(string part, size_t anzahl);
    size_t get(string part, size_t anzahl);
    size_t stock(string part);
    size_t turn_over(string part);
. . .
```

Aus dem Lager kann natürlich nichts entnommen werden, was nicht darin ist, und der Leser kann sich sicher auch vorstellen, dass es zu ungültigen Zuständen kommen kann, wenn mehrere Threads, die etwas einlagern oder entnehmen möchten, konkurrierend zugreifen, oder weitere Funktionalitäten hinzu kommen. Wir werden mit einem einfachen Modell der Konkurrenzsteuerung beginnen und schrittweise weitere Programmierbausteine liefern. In einem Lagermodell kann man vermutlich kaum alle Bausteine gleichzeitig einsetzen, so dass unterschiedliche Arbeitsmodelle entstehen. Nutzen Sie dies wieder, um einfache und zuverlässige Referenzanwendungen zu erhalten, an denen sich verbesserte Versionen messen können.

In der einfachsten Lösung hat jeder Thread exklusiven Zugriff auf das Lagerobjekt: so lange eine Methode bearbeitet wird, hat kein anderer Thread die Möglichkeit, eine andere Methode abzuarbeiten. Eine solches Objekt nennt man auch *Monitor*.

Als einfachste Lösung wird dem einen oder anderen vermutlich ein logisches Attribut **bin_beschaeftigt** einfallen, das beim Betreten einer Funktion geprüft, bei Vorfinden des Zustands **false** auf **true** gesetzt und bei Verlassen der Funktion wieder auf **false** zurückgesetzt wird. Findet ein Thread den Wert **true** vor, muss er halt in einer Schleife warten, bis **false** erscheint. Diese simple Lösung funktioniert allerdings nicht kinfliktfrei; zwischen Prüfen und Verändern des Attributes kann ein anderer Thread gleiches getan haben, und nun arbeiten doch zwei Threads gleichzeitig mit den Daten. Dass dies tatsächlich passieren kann, demonstrieren wir weiter unten an einem anderen Beispiel. Halten wir zunächst fest: die einfachste Lösung funktioniert nicht.

Eine sicheren Verriegelung der Funktionen gegeneinander wird durch einen so genannten Mutex erreicht. Das Wort leitet sich aus mutual exclusion = gegenseitiger Ausschluss ab. Dazu erhält die Klasse ein Mutex-Attribut[65]

```
std::mutex mtx;
 . . .
size_t get(stting part, size_t anzahl){
  mtx.lock();
   . . .
  mtx.unlock();
}
```

In jeder Methode wird **mtx.lock()** aufgerufen, was den Mutex in den blockierenden Zustand versetzt. Greifen weitere Threads auf das Objekt zu, werden diese bei Aufruf von **lock()** so lange blockiert, bis der aktive Thread **mtx.unlock()** aufruft. Blockieren bedeutet wie bei MPI, dass die Funktion nicht wieder zum rufenden Programmteil zurückkehrt. Das System aktiviert bei einem **unlock()** zufällig genau einen der wartenden Threads und lässt diesen agieren. Die Funktionen sind im Gegensatz zu

---

65 Verfügbar ab dem std-Standard 2011. Ansonsten muss man auf Posix-Threads in C zurückgreifen und Mutex-Variablen deklarieren, initialisieren und abschließend zerstören. C++ nimmt dem Programmierer diese Arbeit durch Kapselung in Klassenobjekten ab.

unserer ersten einfachen Lösung eines logischen Attributs sicher: es ist immer nur höchstens ein Thread im geschützten Bereich unterwegs. Die Garantie wurde/wird traditionell durch das Betriebssystem hergestellt, das ja ohnehin die Threadoperationen steuert, ist heute aber auch mit einfacheren Mitteln realisierbar.

Mit **lock()** und **unlock()** lassen sich gezielt kritische Codebereiche blockieren; man kann innerhalb einer längeren Codesequenz auch mehrfach die Methoden aufrufen und zwischendurch die Ausführung wieder freigeben. Im Fall eines Monitor wird meist komplett blockiert, was durch ein Objekt des Typs

```
std::lock_guard<std::mutex> lck (mtx);
```

vereinacht werden kann. Konstruktor und Destruktor beinhalten **lock()** und **unlock()**, so dass die Methode bis zum Verlassen blockiert bleibt.[66]

Aufgabe. Implementieren Sie eine Lagerklasse, die verschiedene Artikel speichern und ausliefern kann. Mindestanforderungen: ein Lager soll nur zugelassene Artikel bis zu einer Maximalmenge aufnehmen können. Diese Parameter sind mit Konfigurationsmethoden änderbar. Bei Anlieferung sollen nicht mehr Artikel angenommen werden als aufgenommen werden können, bei Entnahme kann höchstens der aktuelle Lagerbestand entnommen werden.

In der Anwendung können mehrere Läger instanziiert werden. Artikel werden durch Lieferanten- und Verbraucherthreads entnommen (vordefinierte maximale Produktionskapazität der Lieferanten pro Zeiteinheit, vordefinierter Verbrauchsbedarf von Konsumenten). Die Anzahl der Threads ist variabel zu gestalten. Ein Kontrollthread soll die Lagerauslastung beobachten: wenn Lager nicht ausgelastet sind, ist ihre Kapazität zu verringern, wenn Lieferungen nicht ausreichen, sind neue Produzenten zu erzeugen. Produktion und Lagerkapazität sind so dynamisch an die Verbrauchssituation anzupassen.

Die Aufgaben können Sie beliebig erweitern, wenn Ihnen ein interessantes Simulationsmodell einfällt.

---

66 Das ist vergleichbar mit **auto_ptr**, der den Anwendungsprogrammierer ja von dem kritischen **delete** bei Zeigervariablen entlastet. Die Rolle von **delete** hat hier das **unlock**, dessen Fehlen unangenehme Nebenwirkungen hat.

Als erste Verbesserung unterbinden wir das Blockieren bei gesetztem Mutex und geben dem Thread die Möglichkeit, in der Wartezeit andere Aufgaben zu erledigen oder einfach ein anderes Lager zu fragen. Dazu ist statt der **lock()**-Methode **try_lock()** aufzurufen.

```
size_t get(string part, size_t anzahl){
    if(!mtx.try_lock()) return 0;
    . . .
    mtx.unlock();
}
```

Die **try_lock()** Funktion hat die gleiche Wirkung wie **lock()**, wenn der Mutex nicht gesperrt ist, blockiert aber bei einer bestehenden Sperrung den aufrufenden Thread nicht. Am Rückgabewert kann abgelesen werden, ob die Blockierung gelungen und die kritische Codesektion zugänglich ist (**true**) oder nicht (**false**). Im Lagerbeispiel werden keine Teile ausgeliefert oder eingelagert, wenn der exklusive Zugriff nicht erlangt werden kann, und der rufende Thread muss entscheiden, wie er mit dieser Situation umgeht.

Sind in der Anwendung mehrere kritische Codesektionen vorhanden, die logisch nichts miteinander zu tun haben – beispielsweise zwei unabhängig Lagerobjekte – definieren diese jeweils eigene Mutexobjekte, die unabhängig voneinander arbeiten.

```
std::mutex mtx1;
std::mutex mtx2;
...
void foo(){
    mtx1.lock();
    ...
    mtx1.unlock();
    ...
    mtx2.lock();
    ...
    mtx2.unlock();
    ... }

void f1(){
    mtx1.lock();
    ...
    mtx1.unlock();}

void f2(){
    mtx2.lock();
    ...
```

```
mtx2.unlock();
... }
```

foo() blockiert in diesem Beispiel nacheinander **f1()** und **f2()** bzw. kann von diesen an der Arbeit gehindert werden. Im Lagerbeispiel wird der Mutex objektbezogen erzeugt, d.h. zwei Lagerobjekte besitzen zwei unterschiedliche Mutexe und beeinflussen einander nicht.

Da für eine Verriegelungswirkung unterschiedliche Threads auf das gleiche Mutex-Objekt zugreifen müssen, ist ein Mutex

➢ eine globale Variable (oder ist in eine globale Variable wie ein Lagerobjekt eingebettet),

➢ eine vom Elternthread erzeugte und als Zeigervariable den Kindthreads übergebene lokale Variable,

➢ in eine Singleton-Verwaltung eingebunden (siehe Kapitel 6.4 ab Seite 138) und dadurch in der gesamten Anwendung zugänglich.

Bei der Verwendung von Mutexvariablen ist einige Sorgfalt vonnöten:

→ Blockieren mehrere parallele Threads die gleiche Funktion, kommt es zu Laufzeitverlusten. Je größer der Anteil gesperrten Codes an der Gesamtfunktionalität hat, desto mehr nähert sich die Ausführungszeit einer rein seriellen Bearbeitung. Für Simulationen wie in diesem Beispiel mag das unerheblich sein, für Massendatenverarbeitung wäre das fatal.

→ Mutexe erlauben keine Steuerung der Reihenfolge. Welcher von mehreren wartenden Threads zum Zuge kommt, wenn ein Mutex frei wird, bestimmt der Zufall. Das kann dazu führen, dass die Bearbeitung einer Aufgabe stark verzögert erfolgt. Im Lagerbeispiel können statt eines bereits wartenden Lieferanten mehrfach zunächst Entnehmer zum Zuge kommen, die unverrichteterweise wieder abziehen müssen.

→ Mutexe erlauben keine synchrone Bearbeitung, was zu Blockadesituationen führen kann. Das sei an einem Beispiel erläutert:

• Thread A wendet sich an Lager_1, um einen Artikel zu entnehmen. Der Zugang zu Lager_1 wird dadurch blockiert.

Sie haben in der Programmierung vorgesehen, fehlende Teile ggf. bei Lager_2 zu organisieren. Lager_1 wendet sich daher an Lager_2.

- Thread B hat sich inzwischen an Lager_2 gewandt und den Zugriff hierauf blockiert. Lager_2 steht vor dem gleichen Problem und wendet sich nun an Lager_1.

Beide Zugriffe bleiben hängen, da Lager_2 von Thread B blockiert ist und Lager_1 damit festhängt, umgekehrt aber auch Lager_1 von Thread A blockiert ist und Lager_2 auch nicht mehr zu einem **unlock()** gelangt. Wir haben einen so genannten Deadlock.

Deadlockbeispiele in der Literatur sind häufig so gestaltet, dass man als Leser das Gefühl bekommen könnte, auf so etwas nicht so schnell hereinzufallen zu können. Ein Thread blockiert Mutex_1 und anschließend Mutex_2, im anderen Thread ist das genau umgekehrt, also anscheinend leicht durchschaubar. Im unserem Lagerbeispiel sind die Mutexzugriffe jedoch wesentlich verdeckter. Sind Sie sicher, nicht doch darauf hereinfallen zu können, wenn Sie sich mit Thread A, Thread B und dem Borgen vom anderen Lager beschäftigen und die Mutexe selbst im Code gar nicht mehr sehen ?

Eine andere Deadlockfalle können rekursive Funktionen mit Mutex-Bedienung sein. Beim rekursiven Aufruf blockiert sich der Thread selbst für immer, da er je bereits zuvor **lock()** aufgerufen hat. Für solche Fälle gibt es den Datentyp **recursive_mutex**, dem beim Aufruf der erfolgreiche Thread als Eigentümer zugewiesen wird und der diesen in der Folge nicht blockiert. Die rekursiven **lock()**-Aufrufe sind mit der gleichen Anzahl an **unlock()**-Aufrufen wieder aufzulösen.

In der C++-std-Bibliothek sind eine Reihe weiterer Threadobjekte definiert, die Blockaden mit Zeitüberwachung, die sichere Auflösung von Blockaden bei auch bei Ausnahmen (ähnlich **lock_guard**) oder die Behandlung weiterer Spezialfälle erlauben. Wir gehen hier aber nicht weiter darauf ein.

7.5   *Kritische Variable*

Wir kommen nun auf unsere nicht funktionierende einfache Lösung der Konkurrenzsituation vom Beginn des letzten Kapitels zurück. Häufig betrifft die Konkurrenzsituation nur einzelne Variable. Als Beispiel diene uns zwischendurch wieder eine aufwändige Rechenaufgabe, weil verschiedene Effekte damit einfacher zu demonstrieren sind, nämlich die Berechnung der Zahl π mittels der (für die Praxis völlig ungeeigneten) Formel

$$\pi = 4 * \sum_{k=0}^{\infty} (-1)^k * (2*k+1)^{-1}$$

Parallelisierung soll hier wieder helfen, schneller an das Ergebnis zu gelangen. Bei 10^8 Summanden finden wir mit dem Code

```
double v;
size_t i;
for( i=u, v=1; i<o; i++,v=-v) {
    *sum+=v/(2.0*i+1.0);
}
```

den Wert und die Rechenzeit

```
pi = 3.1415926435893260    time = 447 ms
```

was (immer noch) eine Differenz von $1*10^{-8}$ zum korrekten Wert ergibt.[67] Will man mit dieser Methode halbwegs brauchbare Werte gewinnen, muss man wohl erheblich mehr Rechenzeit investieren.

Verteilen wir die Summe auf 4 Threads, die alle auf die gleiche (globale) Summenvariable **sum** addieren, erhalten wir

```
pi = 3.1415926135889173    time = 124,3 ms
pi = 4,16 * 10⁻⁸
pi = ...
```

d.h. im besten Fall eine Differenz von $4*10^{-8}$ (das ist immer noch deutlich mehr als durch eine Änderung der Summationsreihenfolge entstehen dürfte). Das Ergebnis zeigt, wie „gut" sich Threads bei der einfachen Operation **+=** in die Quere kommen können, und weist die Unbrauch-

---

67 Da die Summanden ~ $1/k$ kleiner werden, ist die Genauigkeit direkt proportional zu ihrer Anzahl.

barkeit der einfachen Lösung zur Behandlung der Konkurrenzsituation nach.

Um das korrekte Ergebnis mit mehreren Threads zu erhalten, wählen wir zunächst die „dumme" Lösung: verriegeln wir nur die Addition mit einem Mutex, geben aber den Rest der Schleife in einem Thread jeweils frei, finden wir erwartungsgemäß mit 4 Threads den gleichen Wert für π, allerdings mit den Laufzeiten

```
1753 ms -> 21.400 ms
```

Die „Grundlaufzeit" von 2005 ms gegenüber den 447 ms oben resultiert aus einer 1-Thread-Version mit **lock/unlock**-Aufrufen, um den reinen Aufwand für die Funktionsaufrufe ohne eigentliche Blockierung abschätzen zu können. **lock/unlock** ist nicht nur für den Anwendungsprogrammierer ein ziemlicher Aufwand, auch im Maschinencode ist einiges zu tun, was schon an der Laufzeit ersichtlich ist

```
mov     edi,0x60b5a0
call    0x40431c <std::mutex::lock()>
movsd   xmm0,QWORD PTR [rip+0x207b0d]
addsd   xmm0,QWORD PTR [rbp-0x10]
movsd   QWORD PTR [rip+0x207b00],xmm0
mov     edi,0x60b5a0
call    0x40434a <std::mutex::unlock()>
```

lock/unlock eignet sich somit nur für relativ wenige Aufrufe im Gesamtverlauf und gar nicht für den Schutz einzelner Größen.

DasSummationsproblem unseres Algorithmus lässt sich natürlich recht einfach lösen, indem jeder Thread zunächst auf eine eigene Summenvariable summiert und nur die Verdichtung auf die Hauptsummenvariable durch einen Mutex geschützt wird (sofern man das nicht ganz dem Hauptthread überlässt).

Das grundsätzliche Problem, einzelne Variable in mehreren Threads (auch relativ häufig) schreibend bedienen zu müssen, ist damit aber nicht aus der Welt geschafft. Die Anweisung

```
k=i++;
```

besteht trotz ihrer einfachen Form aus mehreren Operationen auf Maschinenebene:

1. der Wert von **i** wird aus dem RAM über die Cache-Ebenen in ein CPU-Register geladen,

2. der Wert wird in die Speicherstelle von **k** geschrieben,

3. das Register wird inkrementiert,

4. der inkrementierte Wert wird über den Cache in den RAM nach **i** zurückgeschrieben.

Bei konkurrierend zugreifenden Threads kann es dazu kommen, dass mehrere den gleichen Wert von **i** bearbeiten, während andere Werte gar nicht bearbeitet werden. Der Fall dürfte sogar gar nicht einmal so selten auftreten, wenn man berücksichtigt, dass zwischen Lesen und Schreiben durch die CPU auch noch die Cache-Ebenen beteiligt sind, die u.U. bereits einige Zeit vor der Benutzung den Wert in den Cache laden und sich Zeit lassen, den geänderten Wert wieder zurück zu schreiben.

Wenn es nur um einzelne Variable geht, sind alternativ zu **lock/unlock** hardwaretechnisch Variablenzugriffe realisiert worden, die nicht unterbrechbar sind, also Konflikte durch konkurrierende Zugriffe ausschließen. Diese sind in std-11-c++ durch das **atomic**-Template berücksichtigt, das im C-Code nur eine Änderung der Typdeklaration verlangt und dessen Assembler-Code die **call**-Aufrufe des **lock**-Beispiel ausfallen:

```
std::atomic<size_t> i;
for(i=start; i<start+range; i++) {

0x404d34        mov     QWORD PTR [rbp-0x8],rdi
0x404d38        mov     QWORD PTR [rbp-0x10],rsi
0x404d3c        mov     DWORD PTR [rbp-0x14],edx
0x404d3f        mov     rax,QWORD PTR [rbp-0x8]
0x404d43        mov     rdx,QWORD PTR [rbp-0x10]
0x404d47        lock    xadd QWORD PTR [rax],rdx
```

Die Verwendung von **atomic**-Variablen ist (natürlich) aufwändiger als die von Standardvariablen. Im π-Algorithmus ergibt sich durch Austausch der Schleifenvariablen eine Laufzeit von

```
450 ms → 2.270 ms          (1 Thread)
124 ms → 1.869 ms          (4 Threads)
```

Die **atomic**-Variable unbedarft einzusetzen ist somit bei einem Thread sogar ungünstiger als **lock/unlock**, was aber verständlich ist: bei **lock/unlock** erfolgen zwar die Funktionsaufrufe der Methoden, da aber keine Threads eingesetzt sind, ist das schnell erledigt. **atomic** setzt aber zumindest teilweise die Cachefunktion außer Betrieb. Günstiger wird es bei mehreren Threads: die **atomic**-Version ist nun um mehr als den Faktor 10 besser als die **lock/unlock**-Version, eben weil nur die Cachefunktion außer Betrieb gesetzt wird.

Für die Einführung des Datentyps **atomic** haben wir einen Umweg über Integer-Variablen gemacht, unsere Problemvariable war aber von Typ **double**. Das liegt daran, dass (zum Zeitpunkt des entstehen dieses Buches) **atomic** auf Integraltypen, d.h. alles zwischen **char** und **size_t**, sowie Zeiger beschränkt ist und den Typ **double** nicht einschießt. Auch **atomic<double*>** nützt nichts, da **atomic** nur den Speicherplatz der Zeigervariable schützt, aber nicht den Wert, auf den die Variable zeigt. Für nicht-Integral-Typen, insbesondere Klassentypen, ist deshalb **lock/unlock** zu verwenden.

So weit zu unserem Rechenbeispiel. Halten wir fest

✗ Die Anwendung sollte so konstruiert werden, dass kritische Bereiche (Codebereiche oder einzelne Variable) möglichst selten angesprochen werden müssen.

✗ Bei der Verwendung von sicheren Variablen können Cache-Effekte den Vorteil paralleler Anwendungsausführung komplett kippen (siehe auch Tabelle 1: Laufzeitmessung Cache/Compileroptimierung auf Seite 73)

Wir kommen auf weitere Eigenschaften von **atomic**-Größen zurück, die auch im Lagerbeispiel verwendbar sind. Mit **atomic**-deklarierten Datentypen kann man im Code genauso umgehen wie mit normal definierten Datentypen, nur dass Operationen wie

```
i++;
i+=j;
i&=k;
. . .
```

nun als Transaktion ausgeführt werden, d.h. bei mehreren Threads, die auf einer solchen Variablen operieren, kommt der nächste erst dann zum Zug, wenn die Operation vollständig abgeschlossen ist. In einer einfachen Lagerversion mit unbegrenzter Aufnahmefähigkeit entfällt damit die Notwendigkeit, Lieferanten zu blockieren.

Außer solchen Operatormethoden existieren weitere häufig benötigte Operationen, die nicht primärer Bestandteil der Sprache sind und als Funktionen oder Makros implementiert werden. Diese werden durch spezielle atomic-Templates ebenfalls threadsicher gemacht. Dazu gehören als wichtigste

(1) Austauschen von Inhalten

```
atomic_exchange(&i,j);
```

entspricht einer **swap**-Operation, in der der Inhalt der **atomic**-Variablen i sicher mit dem der nicht-**atomic**-Variablen j ausgetauscht wird.

(2) Im Zusammenhang mit Zeigeroperationen tauchen häufig dem **++**-Operator verwandte Operationen auf, die einen größeren Vorschub besitzen

```
T* atomic_fetch_add(&i,j);
```

Der Wert der **atomic**-Variablen i wird als Rückgabewert generiert, und auf i ist abgesichert anschließend die Summe mit j. Das gleiche gilt für Subtraktion, AND- und OR-Operationen, die ebenfalls eigene **atomic**-Funktionen besitzen

(3) Verzögerter Austausch. Eine sehr wichtige Funktion ist

```
atomic_compare_exchange_strong(&j,&k,val);
```

die die Werte von j und **val** nur dann tauscht, wenn j den Inhalt von k aufweist. Den Sinn dieser Operation versteht man am Besten anhand einiger Beispiele:

7.5.1   std::vector

Greifen mehrere Threads auf einen **std::vector**-Container zu, gibt es keinerlei Probleme, so lange nur Lesezugriffe stattfinden. Bei der Veränderung von Elementen sind allerdings Kontrollen notwendig. Unsere Lagerverwaltung kann beispielsweise mittels des Containers

```
std::vector<std::atomic<long>> lager;
```

implementiert werden, um **lock/unlock** zu vermeiden. Soll etwas ein-gelagert werden, muss sich der Lieferant zuerst vergewissern, dass noch Platz im Lager ist

```
long insert(long zugang){
  long ist,soll;
  do{
    ist=lager[i].load()
    soll=min(ist+zugang,max_lager)
  }while(!atomic_compare_exchange_strong(
     &lager[i],ist,soll));
  return zugang-(soll+ist);
}
```

Für die Prüfung ist zunächst der aktuelle Lagerbestand auszulesen. Da-mit kann berechnet werden, wie viele Artikel übernommen werden kön-nen, anschließend kann der Lagerbestand verändert werden – allerdings nur, wenn zwischen Prüfung und Änderung kein anderer Thread etwas an dem Lagerbestand verändert hat. Wenn doch, muss der Vorgang wie-der aufgerollt werden. **atomic_compare_exchange_strong** stellt si-cher, dass das korrekt funktioniert, und der Leser analysiert leicht, dass ohne eine solche Funktion doch nur wieder der Griff zu **lock/unlock** bleibt. Da solche Konflikte die Ausnahme und nicht die Regel sind, muss man sich keine Sorgen machen, hier eine Endlosschleife konstru-iert zu haben. Die Entnahme kann gleichermaßen geregelt werden.

Aufgabe. Implementieren Sie eine verbesserte Version der Lagerver-waltung und schätzen/messen Sie den Gewinn.

Nur als Machbarkeitsstudie: lässt sich mit den Methoden ein Mutex-Objekt konstruieren ?

Weniger einfach ist das Verändern komplexerer Objekte. Werden die Ar-tikelbezeichnungen als Strings in einem Vektor-Container gespeichert und sollen auch diese veränderbar sein, ist eine Situation denkbar, in der ein Thread einen String auswertet, während ein anderer ihn durch einen neuen String überschreibt, wobei sich neben dem Inhalt auch die Spei-cheradresse ändern kann. Es ist daher notwendig, den Zugriff exklusiv zu machen – aber nur für den String, der bearbeitet wird. Andere Posi-tionen sollen weiteren Threads ungehindert zugänglich sein.

Anstelle von **lock/unlock** kann ein spezielles **atomic**-Objekt genutzt werden, um die Konkurrenzsituation zu beheben. Um elementweise zu blockieren, definieren und initialisieren wir zunächst einen Hilfsvektor:

```
vector<auto_ptr<atomic_flag>> lock_elements;
lock_elements.resize(lager.size());
```

Achten Sie hier auf die Feinheiten: **atomic_flag** wird in dieser Codeversion als Zeigervariable deklariert (den dadurch bewirkten Aufwand von **new** und **delete** bei allen möglichen Operationen übernimmt freundlicherweise **auto_ptr**). Die **atomic**-Größen sind (begreiflicherweise) an bestimmte Bedienungsmethoden gebunden, was Kopierkonstruktoren und einige andere Operationen ausschließt. Kann die Größe des Vektors **lock_elements** bereits zur Compilezeit festgelegt werden, genügt ein **vector<atomic_flag> v(LAGER_SIZE)** zur Deklaration; ein **resize()** machen die **atomic**-Variablen aber nicht mit. Für dynamische Felder ist daher der Umweg über Zeigervariablen notwendig.

Alle Zugriffe auf den Datenvektor werden durch eine **lock/unlock**-ähnliche Methodik gesteuert.

```
while(lock_stream.at(i)->test_and_set());
        . . .
lock_stream.at(i)->clear();
```

Die Methode **test_and_set()** setzt konkurrenzsicher ein Flag und gibt **false** zurück. Falls das Flag bereits gesetzt ist, wird **true** zurück gegeben und der Thread weiss, dass er noch warten muss. „Konkurrenzsicher" bedeutet, dass zwischen Prüfen und Setzen kein anderer Thread eindringen kann. Auch wenn mehrere Threads warten, kommt immer nur einer zum Zug, wenn das Flag vom Inhaber zurückgesetzt wird. Die Wirkung entspricht somit einem **try_lock()**, und der Thread muss aktiv in einer **while**-Schleife warten.

> **Aufgabe.** Implementieren Sie eine Veränderbarkeit der Artikelbezeichnungen. Sowohl Lese- als auch Schreibmethoden müssen mit dem **atomic_flag** arbeiten. Lesende Threads müssen vor der Freigabe den Vektorinhalt einer eigenen Stringvariable zuweisen.

Mit diesen Methoden lassen sich allerdings nur einzelne Containerfelder bearbeiten. Soll der Container komplett durch Einfügen oder Löschen von Elementen verändert werden, kommt man nicht um eine komplette

Sperrung der Baustelle herum. Die Operation wird einem speziellen Thread übertragen, der als einziger den Container verändern darf. Zum selektiven Sperren des Lagerobjektes bei solchen Operationen unter möglichst geringer Rückwirkung auf andere Threads dient ein spezielles Blockierobjekt:

```cpp
class short_lock{
public:
    void lock()    {
        while(flg.test_and_set());
        while(cnt!=0);       }

    void test_lock()    {
        while(flg.test_and_set());
        cnt++;
        flg.clear();       }

    void ready()   {
        cnt--;     }

    void unlock() {
        flg.clear();    }

private:
    atomic_flag flg;
    atomic<int> cnt;
};
```

Das Objekt dient als Zähler, wie viele Threads den kritischen Bereich nutzen. Will der Veränderungsthread die anderen Threads blockieren, ruft er die Methode **lock()** auf, die per **atomic_flag** eine Blockade einleitet. Alle anderen Threads müssen dieses Flag ebenfalls bedienen, bevor sie Zugriff erlangen, so dass sie blockiert werden, wenn der Veränderungsthread das Flag belegt. Erst wenn er seine Arbeit abgeschlossen hat, gibt er den Bereich mit **unlock()** wieder frei.

Seine Arbeit darf er jedoch nur aufnehmen, wenn alle noch aktiven Threads den Bereich verlassen haben. Hierzu dient das Attribut **cnt**, das die aktiven Threads mitzählt. Es wird in der Methode **test_lock()** bedient. Das kann erst erfolgen wenn dem Thread das **atomic_flag** zugeteilt ist; nach der Inkrementierung von **cnt** wird es wieder frei gegeben. **cnt** selbst ist ebenfalls eine atomic-Variable und kann daher in der Funktion **ready()** sicher bedient werden, selbst wenn mehrere Threads gleichzeitig an diese Stelle gelangen.

Wichtig ist das Kapseln von **cnt++** zwischen dem Erhalten und dem Freigeben des **atomic_flag**. Der Veränderungsthread darf seine Arbeit nämlich erst aufnehmen, wenn **cnt** auf Null steht, und die Kapselung verhindert, dass ein Thread anläuft und anschließend vor der Inkrementierung der Veränderungsthread weitere Threads sperrt, **cnt** als Null identifiziert und seine Arbeit beginnt, obwohl noch ein weiterer Arbeiter im gesperrten Bereich unterwegs ist.

> **Aufgabe.** Implementieren Sie Methoden zum Löschen und Einfügen in den Container. Programmieren Sie dazu auch Hilfsklassen der Art lock_guard, die bei Instanziierung **lock()/test_lock()** aufrufen und bei Freigabe **unlock()/ready()**.

7.5.2   std::list

Statt eines Vektors kann auch eine (doppelt) verkettete Liste als Container verwendet werden. Bei einem Zugriff auf die Elemente ändert sich nichts gegenüber der gleichen Operation in einem Vektor. Da in einer Liste ein indizierter Zugriff nicht definiert ist, ist das **atomic_flag** als weiteres Attribut des Knotens zu definieren. Es muss nur dann bedient werden, wenn auf das Datenelement des Knotens zugegriffen wird. Die Behandlung der Datenteile lassen wir im weiteren Code fort.

Soll ein neuer Knoten eingefügt werden, kann das problemlos vorbereitet werden: der neue Knoten kann erstellt und die Einhängepunkte ausgelesen und auf **next** und **prev** des Knotens geschrieben werden.

Ist nur ein einziger Thread zum Einfügen neuer Elemente berechtigt, kann der Knoten sogar auf normale Art eingefügt werden (in diesem Fall sind weitere **atomic**-Definitionen überflüssig):

```
Node* new= new Node();
. . . // suche Einhägeposition „list_node"
new->prev = list_node;
new->next = list_node->next;
list_node->next = new;
list_node->next->prev = new;
```

Für die lesenden Threads sind alle Zeigerverweise gut definiert. Die einzige mögliche Unregelmäßigkeit besteht darin, dass

```
list_node->next->prev = new;
```

noch nicht ausgeführt wurde und ein vorwärts laufender Thread das Element **new** bereits sieht, ein rückwärts laufender Thread aber noch nicht. Verwendet man Algorithmen, die auf solche Situationen mit Empörung reagieren, darf dieses Verfahren natürlich nicht verwendet werden.

Bei einfach verketteten Listen können alle Threads neue Knoten einfügen, wenn die Knoten mit **atomic**-Zeigern ausgestattet werden:

```
struct Node {
    data d;
    atomic_flag flag;
    atomic<Node*> next; };
. . .
atomic<Node*> head;
```

Allerdings sind nun wieder zusätzliche Kontrollen notwendig, ohne die möglicherweise

- ein Knoten gar nicht in der Liste landet oder

- ein Knoten an der falschen Position eingefügt wird.

Vorbereiten und Einfügen erfolgt durch

```
void insert_node(..){
    ...
    new->next=list->node->next;

    if(!position_valid(list_node)){
        insert(..);
        return;
    }

    if(!atomic_compare_exchange_strong(
        &list_node->next,&new->next,new))
        insert(..);
}
```

Knoten werden in verketteten Listen in der Regel an genau definierten Positionen eingefügt. Während der Vorbereitung des neuen Knotens kann ein anderer Thread bereits einen Knoten eingefügt haben, wodurch die zuvor bestimmte Position nicht korrekt sein kann (Prüfung **positi-on_valid**). Die einfachste Möglichkeit, die Situation zu bereinigen, ist ein rekursiver Aufruf der Funktion. Gleiches gilt, wenn sich die Verweis-kette bis zum Eintrag verändert hat.

Bei doppelt verketteten Listen kommt man auf diese Weise nicht weiter. Zur Übung weise der Leser nach, dass es bei zwei Austauschoperatio-nen, auch wenn sie mit **atomic_compare_exchange_strong** abgesi-chert sind, nicht auszuschließen ist, dass im Ergebnis Vorwärts- und Rückwärtsrichtung unterschiedliche Daten vorweisen oder Knoten dop-pelt in der Liste auftreten.

Aufgabe. Bei doppelt verketteten Listen kann man auf nur einen zum Einfügen berechtigten Thread zurückgreifen, dem die neuen Knoten auf einem einfach verketteten Stack übergeben werden, bei dem im-mer an der Basis eingefügt und gelöscht wird. Weisen Sie nach, dass Einfügen und Löschen mit der **compare_exchange**-Methode möglich ist, und erweitern Sie die Lagerklasse durch Einfügeoperationen für neue Artikel.

Aufgabe. Unter der gleichen Nebenbedingung – nur ein Thread ist für Einfügen und Löschen zuständig – ist auch ein Löschen aus einer ein-fach oder doppelt verketteten Liste möglich. Dazu wird der zu lö-schende Knoten aus der Liste ausgeschnitten und in einer separaten Liste zwischengespeichert, ohne allerdings **next** und **prev** zu verän-dern. Die Liste fungiert als Garbage-Collection, aus der die Elemente nach einer hinreichend langen Zeitspanne, die garantiert, dass sich eventuell auf dem gelöschten Knoten befindende Threads inzwischen davon gemacht haben. Fügen Sie auch diese Methode der Lagerklasse hinzu.

7.5.3   Optimierungsdetails

Bei einem Code wie

```
std::atomic<bool> x,y;
std::atomic<int> z;

void write_x_then_y()
{
    x=true;
```

```
    y=true;
}

void read_y_then_x()
{
    while(!y);
    if(x) ++z;
}

int main()
{
    x=false;
    y=false;
    z=0;
    std::thread a(write_x_then_y);
    std::thread b(read_y_then_x);
    a.join();
    b.join();
    assert(z.load()!=0);
}
```

erwartet man, dass **z** den Wert 1 aufweist, weil **y** nach **x** gesetzt, aber vor **x** im anderen Thread ausgewertet wird. Allerdings stimmt das nicht unbedingt. Der Compiler weiß beim Übersetzungsvorgang nicht, was zur Laufzeit in welchem Thread passiert. Bei der Übersetzung von Code verhält er sich daher so als ob er ein serielles Programm übersetzt. Nun sind die Programmzeilen in den beiden Threads voneinander unabhängig, und der Optimierer hat deshalb die Freiheit zu entscheiden, ob die Anweisungen in dieser Reihenfolge ausgeführt werden oder eine andere Reihenfolge aus Optimierungsgründen besser ist. Beispielsweise kann das sinngemäß im ersten Thread zu

```
x=y=true;
```

führen und **x** wird erst nach **y** bedient (auch im anderen Thread kann der Optimierer zu einer anderen Reihenfolge kommen). Fallweise führt das dazu, dass das Programm bei **assert()** scheitert.

Um das zu verhindern, kann dem Compiler per

```
void write_x_then_y()
{
    x.store(true,std::memory_order_seq_cst);
    y.store(true,std::memory_order_seq_cst);
}
```

```
void read_y_then_x()
{
    while(!y.load(std::memory_order_seq_cst));
    if(x.load(std::memory_order_seq_cst)) ++z;
}
```

mitgeteilt werden, dass solche Optimierungsversuche für **x** und **y** uner-
wünscht sind. Insgesamt existieren 6 verschiedene Modelle der Synchronisation auf dieser Ebene:

```
typedef enum memory_order {
    memory_order_relaxed,    // relaxed
    memory_order_consume,    // consume
    memory_order_acquire,    // acquire
    memory_order_release,    // release
    memory_order_acq_rel,    // acquire/release
    memory_order_seq_cst     // sequentially consistent
} memory_order;
```

acquire/release-Operationen führen beispielsweise zwar nicht zu einer
Sortierung der Kommandos im gewünschten Sinn, aber zu einer Synchronisation zwischen **load()** und **store()**. Die Ergebnisse hängen allerdings davon ab, welche Modelle in den Threads aufeinander stoßen und
wieviele Threads an der Erzeugung der Situation beteiligt sind.

Auswirkungen sind (nur) zu erwarten, wenn verschiedene **atomic**-Varia-
ble bedient werden und zwischen den Variablen definierte Relationen
gültig sein müssen. Es empfiehlt sich in solchen Fällen an den Standard-
zugriffsmodellen zunächst nicht zu ändern, sondern die System intensiv
mit **assert()**-Bedingungen zu testen. In den meisten Fällen ist es günstiger, bei Problemen den Algorithmus anzupassen anstatt mit Speichermodellen zu experimentieren.

7.5.4   π revisited

Die Berechnung der Zahl π durch die zu Beginn angegebene Summe eignet sich nun beim besten Willen nicht zur praktischen Berechnung. Sehr
viel effizienter ist die so genannte BBP-Formel:

$$\pi = \sum_{k=0}^{\infty} \frac{1}{16^k} \left(\frac{4}{8k+1} - \frac{2}{8k+4} - \frac{1}{8k+5} - \frac{1}{8k+6} \right)$$

Die Formel kann man in zweifacher Hinsicht verwenden: a) man kann für beliebige Fließkommagenauigkeiten π exakt berechnen, oder b) man kann unabhängig von irgendeiner Rechengenauigkeit beliebige Ziffern von π ermitteln, ohne die vorhergehenden kennen zu müssen. Wir kümmern uns hier nur um Aufgabe a).

Aufgabe. In der boost-Library oder mit freien Bibliotheken wie tt-math stehen Fließkommazahlenmodelle beliebiger Genauigkeit zur Verfügung. Schätzen Sie ab, wie viele Summanden Sie für die Berechnung von π für eine gegebene Stellenanzahl benötigen und verteilen Sie die Aufgabe auf mehrere Threads (nicht in jeder Anwendung wird π benötigt, aber wenn diese Zahl benötigt wird, genügt eine einmalige Berechnung und Speicherung auf einem Singleton-Objekt).

7.6   *Synchronisation von Threads*

Wenn in unserem Lagerprojekt ein Lieferant oder Verbraucher nicht bedient werden kann, muss er unverrichteter Dinge wieder abziehen. Eine Alternative wäre abzuwarten, bis eine Bedienung möglich ist. Dazu fehlen bislang elegante Möglichkeiten. Wünschenswert wäre eine Selbstblockade, die von anderen Threads gelöst wird. Eine solche Möglichkeit besteht in einem Objekt des Typs **std::condition_variable**, die zusammen mit einem Mutex eingesetzt wird:

```
std::mutex mtx;
std::condition_variable cv;
bool ready = false;

void thread_funcion (int id) {
  std::unique_lock<std::mutex> lck(mtx);
  // ...
  while (!ready) cv.wait(lck);
  // ...
}
```

unique_lock besitzt die gleiche Grundfunktionalität wie **lock_guard** – Blockieren bei Instanziierung und Freigabe beim Vernichten – erlaubt aber auch zwischenzeitlich Aufrufe von **lock()**, **unlock()**, **try_lock()** oder **try_lock_for()**. Da **lock_guard** diese Möglichkeiten nicht bietet, sie aber für diesen Einsatzfall benötigt werden, muss hier **unique_lock**

verwendet werden, der auch für die Zusammenarbeit mit
condition_variable ausgelegt ist.[68]

Bei direkter Bedienung eines Mutex ist folgende Befehlskette einzuhalten:

```
mtx.lock();
// . . .
cv.wait(mtx,check_ready);
// . . .
mtx.unlock();
```

Im ersten Codebeispiel waren Bedingungsvariable und Prüfung der Bedingungserfüllung getrennt. Der Thread ging daher wieder in den Wartemodus, wenn er aufgeeckt wurde, ohne dass die Bedingung bereits erfüllt worden war. In dieser Codevariante ist **check_ready()** mit einer Funktion verbunden, die vor der Freigabe des Thread prüft und **true** zurückgibt, wenn der Wartezustand aufgehoben werden kann. Nur dann läuft der Thread wieder an. Um den Wartezustand zeitlich zu begrenzen, existieren auch die Methoden **wait_for()** oder **wait_until()**, die den Thread zu einem bestimmten Zeitpunkt oder nach Ablauf eines Timeouts wieder zum Leben erwecken, wenn bis dahin nichts passiert ist.

Das Gegenstück – der aufweckender Thread – besitzt die Befehlskette

```
mtx.lock();
...
cv.notify_one();      // oder
cv.notify_all();
...
mtx.unlock();
```

notify_one() weckt genau einen der wartenden Threads auf (welcher das ist, ist allerdings nicht festzulegen; das System wählt nach eigenem Gutdünken einen Thread aus), die zweite Methode wirft alle wartenden Thread wieder an. Wartet kein Thread, passiert nichts. Weitere Auswirkungen auf den laufenden Thread hat **notify_xxx()** nicht.

Der Hintergrund der Befehlsketten ist leicht zu verstehen:

---

68 Man kann das Mutexobjekt auch selbst verwalten, wenn die Zusammenhänge komplexer sind, muss dann aber anstelle von **std::condition_variable** ein Objekt von **std::condition_variable_any** verwenden.

1. Die Prüfung der Daten findet ebenso wie deren Veränderung in einem kritischen Bereich statt. Alle Threads (auch der die negative Prüfung aufhebende) müssen daher ein **lock()** setzen, um zu verhindern, dass ein Thread in den Wartezustand geht, während ein anderer gleichzeitig den negativen Zustand beseitigt.

2. Die **wait()**-Funktion versetzt den Thread in einen Wartezustand und ruft gleichzeitig ein **unlock()** für den Mutex auf. Ein wartender Thread, der den Zustand bereinigen kann, kann damit anlaufen. Aus einem **wait()** kann ein Thread aber nur durch ein **notify()** aufgeweckt werden, <u>nicht</u> über ein **unlock()**!

3. **notity()** weckt im Gegenzug einen über **wait()** gebundenen Thread auf, aber <u>nicht</u> einen über **lock()** blockierten. Der Mutex bleibt weiterhin blockiert. Da ein kritischer Thread anläuft, müssen alle kritischen Aufgaben vor dem **notify()** erledigt sein.

4. Die abschließenden **unlock()** wecken einen der nach einem **lock()** wartenden Threads wieder auf.

Funktional lässt sich der Ablauf folgendermaßen versinnbildlichen: eine **condition_variable** verfügt über einen eigenen Mutex, der in einem **wait()** mit einem doppelten **lock()** aufgerufen wird und so den Thread selbst blockiert. Um den gesperrten Hauptmutex wieder freizugeben, wird **wait()** an diesen gebunden und kann ihn so zwischen den **lock()**-Befehlen auf dem eigenen Mutex mit **unlock()** aufrufen.[69] Im **notify()** wird ein **unlock()** für den Mutex der **condition_variable** aufgerufen, so dass der blockierte Thread wieder anläuft. Dies aber nur als prinzipielles Funktionsabbild. Wenn man eine Bedingungsvariable selbst implementieren will, sind noch eine Reihe weiterer Feinheiten zu beachten.

Aufgabe. Implementieren Sie eine Lagerversion, bei der Lieferanten und Verbraucher jeweils warten, bis die Bedingungen erfüllt sind. Beachten Sie: beide müssen gegebenenfalls ein **wait()** und immer ein **notify()** bedienen.

Auf der **atomic**-Ebene existiert ein weiterer Synchronisationsmechanismus in Form des **future**-Templates. Das Template erlaubt es, Bedingun-

---

69 Der Leser vergewissere sich, dass ein **unlock()** zwischen den beiden **lock()**-Befehlen zu einer korrekten Funktion führt, wenn vor dem zweiten **lock()** bereits ein **notify()** ausgeführt wurde.

gen an einzelne Variable zu binden, im folgenden Code beispielsweise die Ausführung eines Threads:

```
bool is_prime (int x) {
    for (int i=2; i<x; ++i) if (x%i==0) return false;
    return true;
}

future<bool> fut = async (is_prime,444444443);
...
if(fut.valid()){
    bool x = fut.get();
    cout << "\n444444443 " << (x?"is":"is not")
        << " prime.\n";
}
...
```

fut.get() kehrt erst zurück, wenn der durch **async** eingeleitete Thread sich beendet und damit ein Ergebnis geliefert hat. Die Methode **fut.valid()** erlaubt es, festzustellen, ob das Ergebnis bereits vorliegt, ohne ein Blockieren in Kauf zunehmen. Anstelle eines Threads kann die **future**-Variable auch an andere Variable gebunden werden

```
promise<int> prom;
future<int> fut = prom.get_future();
...
prom.set_value(10);
...
```

Auch hier blockiert das irgendwo in anderen Threads aufgerufene **fut.get()**, bis **prom.set_value()** den Wert geliefert hat.

future kann nur an ein einzelnes Ereignis gebunden werden.

```
x=fut.get();
y=fut.get();
```

führt zu einen Laufzeitfehler, weil die Variable durch das erste **get()** bereits „verbraucht" ist. Soll das Ergebnis an mehreren Stellen verwendet werden, ist statt dessen **shared_future** zu verwenden, das beide **get()**-Methoden bedienen kann. Eine Wiederverwendung ist allerdings möglich:

```
future<bool> fut = async (is_prime,444444443);
bool x = fut.get();
fut = async (is_prime,444444441);
bool y = fut.get();
```

Die Einsatzbedingungen sind damit für unser Lagerprojekt etwas zu eng, so dass wir auf ein Einsatzbeispiel verzichten.

7.7   Fazit

Betrachten wir die Aufgaben, die wir mit OpenMPI bearbeitet haben, so lassen diese sich relativ leicht auch mit Hilfe von Threads erledigen.

Integration. Sehr einfach ist die Umstellung der Integrationsaufgabe. Die Summen können von vornherein auf verschiedene Threads verteilt werden. Der Hauptthread braucht lediglich die einzelnen Threads zu starten und kann mittels **join()** abwarten, bis alle beendet sind.

Die Teilsummen können als Einzelvariable abgelegt und von Hauptthread eingesammelt werden, alternativ kann auch eine gemeinsame Summenvariable verwendet werden, die mit einem **atomic_flag** (oder einer **mutex**) für exklusive Bedienung abzusichern ist, da der Variablentyp **double** nicht von der Hardware threadsicher abgesichert ist.

Matrixmultiplikation. Die Umstellung dieser Aufgabe erfolgt auf die gleiche Weise wie die der Integrationsaufgabe und hat zusätzlich den Vorteil, dass keinerlei Konkurrenzsituationen auftreten können. Da der Anteil der Kommunikation bei dieser Aufgabe in OpenMPI hoch ist, fällt der Unterschied zu Threads besonders deutlich aus.

Eigenvektoren. Die Aufgabe ist der Matrixmultiplikation sehr ähnlich, und der zusätzliche Aufwand, den wir in OpenMPI betrieben haben, betraf ausschließlich die Optiomierung der Kommunikation. Diese fällt nun natürlich fort. Allerdings hat die Kommunikation auch dafür gesorgt, dass die Arbeitsschritte in den Prozessen synchronisiert wurden. Was ist damit?

Anstatt sich an ein Modell zu begeben, in dem die Synchronisationsfunktionen der Kommunikation in OpenMPI durch eine komplizierte Konstruktion von Mutexen, Bedingungsvariablen oder Atomic-Variablen ersetzt werden, sollte man sich daran erinnern, dass Threads im Vergleich mit Prozessen fast zum Nulltarif zu haben sind (Abbildung 7.1, S. 180). Es genügt, die Teile zwischen den Kommunikationsschritten in Threads zu zerlegen.

Aufgabe. Führen Sie diese Umstellungen für alle Aufgaben durch und stellen Sie fest, aber welcher Rechenlast (Schleifengröße, Art der Rechnung) sich eine Aufteilung in Threads rentiert.

Die Sortieraufgabe lässt sich ebenfalls einfacher erledigen. Haben wir n Threads zur Verfügung, so wird das zu sortierende Feld in $k = N/(2n+1)$ Teile zerlegt, wobei wie in OpenMPI ggf. durch Auffüllen mit zusätzlichen Werten dafür zu sorgen ist, dass kein Rest übrig bleibt. Im Sortierschritt l führt der Thread i die Teile $2*i+(l \bmod 2)$ und $2*i+(l \bmod 2)+1$ durch einen Mergevorgang zusammen, wodurch das Sortieren nach spätestens k Schritten beendet ist.

Beispiel. Sei $N=10$, $n=2$ und damit $k=5$. Jeder Block enthält damit 2 Elemente. Im ersten Schritt werden die Blöcke $(0,1)$ und $(2,3)$ zusammengeführt, d.h. die Element $(0,1,2,3)$ und $(4,5,6,7)$. Im zweiten Schritt die Blöcke $(1,2)$ und $(3,4)$, d.h. die Elemente $(2,3,4,5)$ und $(6,7,8,9)$, usw.

Aufgabe. Setzen Sie die Sortierung in Threads um. Auch hier wird jede Sortierrunde durch ein eigenes Ensemble von Threads realisiert. Beachten Sie, dass die einzelnen Blöcke wie in der OpenMPI-Version vorsortiert sein müssen. Beachten Sie, dass der Merge-Vorgang jeweils komplett durchzuführen ist und ein eigenes Ergebnisfeld benötigt. Testen Sie Gewinn ./. Skalierung.

Die Aufgabe lässt einigen Raum für Optimierungen. Ist das zu sortierende Feld ein Array, muss für den Mergevorgang ein weiteres Array für das Ergebnis vorgehalten werden. Der Speicheraufwand verdoppelt sich daher gegenüber einem seriellen Sortieren. Durch geschickte Zeigernutzung kann allerdings vermieden werden, dass das Ergebnis des Mergevorgangs wieder in das ursprüngliche Feld zurückkopiert werden muss. Durch den Mergevorgang fallen zunächst nicht weniger Kopiervorgänge an als im seriellen Bubblesort-Algorithmus, ein Zurückkopieren verdoppelt allerdings die Zahl der Kopiervorgänge und verlängert entsprechend die Laufzeit. Wenn Sie merkwürdige Ergebnisse der Zeiten bei der Parallelisierung erhalten haben, sollten Sie zunächst prüfen, ob sie hier etwas verbessern können.

Anders sieht es aus, wenn das zu sortierende Feld eine verkettete Liste ist. Die Mergeoperation ist gerade auf das Zusammenlegen von Listen konzipiert. In diesem Fall müssen nur die Zeiger in der Liste verändert werden. Doppelt verkettete Listen lassen sich im ersten Schritt als einfach verkettete Listen behandeln, wobei man die Korrektur der Rückwärtszeiger zum Schluss in einem Schritt durchführt.

> **Aufgabe.** Implementieren Sie das Sortierschema auch mit verketteten Listen. Es ist nicht nötig, dass Sie die Operationen selbst programmieren. **std::list** besitzt mit den Funktionen **merge( )** und **splice( )** bereits die passenden Werkzeuge dafür.

Die Wiederaufnahme der Aufgaben aus dem OpemMPI-Teil zeigt, dass für Parallelisierungsaufgaben oft nur wenige der Funktionalitäten, die die Thread-Bibliotheken bieten, benötigt werden. Meist kommt man damit aus, Konkurrenzsituationen durch eigene Variablenbereiche oder **atomic_flags** zu bereinigen. Die weiteren Funktionalitäten kommen oft erst dann ins Spiel, wenn Funktionsabläufe durch Threads klar getrennt werden sollen, aber dann befindet man sich auch bereits in der Grauzone zwischen dem, was wir parallele Programmierung und verteilte Programmierung genannt haben.

Das Arbeiten mit Threads ist allerdings etwas schwerfällig. Das Programm muss von vornherein für die Existenz von Threads konstruiert werden, und der zwar durch Kommunikationsbefehle unterbrochene, aber meist immer noch kontinuierliche Code der OpenMPI-Programme wird durch Verteilung der Aufgaben auf threadfähige Methoden in disjunkte Teile aufgebrochen. Angenehmer wäre es, das serielle Programm ohne diese Aufspaltung mit mehreren Threads arbeiten zu lassen. Zeit für OpenMP.

8   OpenMP

Wie OpenMPI das Prozessmodell in ein für rechenintensive Parallelisierung nutzbares Framework umsetzen, ist OpenMP ein Framework, das Threads auf einfache Art nutzbar macht – und nach Möglichkeit noch weitere Beschleunigungsmöglichkeiten, die in der Hardware implementiert sind, aber von der Hochsprache aus nicht eingesetzt werden können, nutzt.

OpenMP ersetzt jedoch nicht einfach Threads, genauso wenig wie OpenMPI Prozesse ersetzt. Das Anwendungsbeispiel des letzten Kapitels – Simulationen mit eigenständigen unterschiedlichen Objekten – lässt sich mit OpenMP zwar auch realisieren, allerdings wird das etwas holprig und mündet voraussichtlich in alles andere als guten Programmierstil. OpenMP ist für die automatische Parallelisierung rechenintensiver serieller Prozesse vorgesehen und in dieser Zielrichtung sogar strikter organisiert als OpenMPI.

8.1   OpenMP ./. Threads

Größere Anwendungen zerfallen oft in viele hintereinander liegende parallelisierbare Teilstücke. Beispielsweise können aufeinander folgende parallelisierbare Schleifen von Codestücken unterbrochen sein, die die Schleifen synchronisieren oder aus anderen Gründen nicht parallel ausgeführt werden können (Abbildung 8.1). Das Umschreiben eines seriellen Programms in eine parallel arbeitende Version mit Threads wird dann zu einer komplizierten und unübersichtlichen Angelegenheit, da alle Teilstücke in Form von Funktionen implementiert und jeweils allen Threads zugängliche Variable für die Übergabe der Daten deklariert werden müssen.

OpenMP benutzt einen andern Ansatz: statt den Anwendungsprogrammierer das fertige serielle Programm zerpflücken zu lassen, überlässt man dies dem Compiler. Der Anwendungsprogrammierer muss dem Compiler nur mitteilen, welche Codeteile er in welcher Form parallelisieren würde, wenn ihm die Programmiersprache entsprechende Syntaxmittel zur Verfügung stellen würde. Das erlaubt dem Compiler sogar, auch auf Hardwaremöglichkeiten zur Beschleunigung, wie sie in Kapitel 4.3 angesprochen wurden, zu berücksichtigen, was er ohne definite Kenntnis, dass eine Parallelisierung möglich ist, gar nicht tun darf. Wir werden Beispiele hierfür in Kürze vorstellen.

Vereinfacht dargestellt: nach Erstellen des kompletten seriellen Programms werden die parallelisierbaren Teile durch zusätzliche Anweisungen im Code spezifiziert, die aber mangels vorhandener Syntaxelemente keinen Programmcode darstellen, sondern Compileranweisungen. Die Regeln für den Compiler, sofern er auf solche Anweisungen trifft, beinhalten auch ein Ignorieren, wenn er damit nichts anfangen kann. Solche Programme laufen daher auch auf Rechnern, die keine Parallelisierung erlauben, dann aber nur in serieller Form.

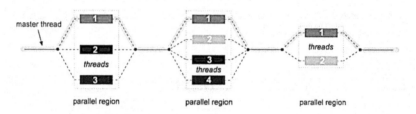

Abbildung 8.1: Aufspaltung in OpenMP-Threads

OpenMP-Anweisungen sind so genannte Pragmas – Anweisungen an den Compiler, bestimmte implementationsspezifische Anweisungen auszuführen – und besitzen das Aussehen

```
#pragma omp . . .
```

Sie zerlegen die folgende(n) Anweisunge(n) in mehrere Threads, allerdings nicht durch die Nutzung von Bibliotheken, sondern der Compiler macht dies selbst. Die Parallelisierung kann daher vom Grundsatz her kleinräumiger aufgebaut werden. Die Mechanismen sind allerdings die gleichen wie bei Threads: die automatisch erzeugten Threads „joinen" ebenfalls automatisch mit dem Hauptthread, die kritischen Größen müssen ebenfalls mit Pragmas deklariert werden, und der Anwendungsprogrammierer kann wie bei MPI-Anwendungen intern den Rang und die Anzahl der Threads mit Funktionen einer Hilfsbibliothek abfragen, um

216

die Arbeitsbereiche abzugrenzen. Uns wird somit einiges, was wir bei Threads kennen gelernt haben, hier wieder begegnen, nur dass wir es nicht selbst implementieren müssen sondern es dem Compiler überlassen, anderes wird sich in den Anweisungen verstecken ohne dass wir uns als Anwendungsprogrammierer darum kümmern müssen.

8.2   *Spezielle Hardware*

Bei der Optimierung können weitere Hardwareeigenschaften berücksichtigt werden, die mit Methoden der Hochsprachen gar nicht zugänglich sind. Das Folgende fällt im Grunde in die Rubrik „Compileroptimierungen" (Kapitel 4.3, Seite 68), scheint mir jedoch hier im speziellen Parallelisierungsteil thematisch besser aufgehoben.

Als Einsteiger sehen wir uns das bekannte Skalarprodukt (wieder einmal) an:

```
for(size_t i=0;i<N;i++)
    sum += a[i] * b[i];
```

Spezielle Hardware ist möglicherweise in der Lage, parallel die Operationen

```
a[i]*b[i]  ,  a[i+1]*b[i+1]  , .. a[i+n]*b[i+n]
```

durchzuführen, weil die CPU über Vektorregister verfügt, die zwei Vektoren von Operanden aus dem Cache übernimmt statt einzelne Operanden. Bei der folgenden Addition von Fließkommazahlen sind eine Reihe von Schritten notwendig:

1. Laden der beiden Operanden

2. Vergleich der beiden Operanden auf gleichen Exponenten

3. Schieben der Mantisse des (absolut) größeren Operanden

4. Addition der beiden Operanden

5. Normalisierung des Ergebnisses

6. Runden des Ergebnisses

7. Speichern des Ergebnisses

Die Hardware kann auch hier bereits Parallelitäten berücksichtigen. Während der Vergleich der Operanden durchgeführt wird (2), kann beispielsweise der Ladevorgang für das nächste Operandenpaar bereits eingeleitet werden(1). Wird ein Operand geschoben (3), kann das nachgeladene Paar in den Comparator verschoben (2) und ein drittes Paar nachgeladen werden (1), usw. Gegenüber einer Schleife, die diese Möglichkeiten nicht nutzt, sinkt der Zeitbedarf dadurch möglichweise auf 1/5. Die Voraussetzung dafür ist natürlich eine Unabhängigkeit der Operanden voneinander, weshalb im Einzelfall entschieden werden muss, ob das möglich ist.

Für die betrachtete Schleife ist die Nutzbarkeit durch eine Zyklisierung möglich. Das könnte folgendermaßen aussehen:

```
Input                           Output
----------------------------------------------
s_1 = p_1 + p_2                 ---     // Startphase
s_2 = p_3 + p_4                 ---
s_3 = p_5 + p_6                 s_1
s_1 = s_1 + p_7                 s_2     // Zyklus
s_2 = s_2 + p_8                 s_3
s_3 = s_3 + p_9                 s_1
  . . .
```

Nach einer Startphase werden die Teilsummen wieder in die Addition eingeschleust, sobald sie komplett zur Verfügung stehen. In der Abschlussphase werden die Teilsummen ebenfalls zusammengeführt.

Noch weiter geht eine Kaskadierung, die allerdings nur bei (derzeit unrealistisch) hohen Anzahlen an Rechenwerken durchführbar ist:[70]

```
p1.p2   p3.p4   p5.p6   p7.p8   p9.pa
p1.p3   p5.p7   p9.pb   q1.q2   q3.q4
p1.p5   q5.q6   q7.q8   q1.q3   -
p1.p9   q1.q5   -       -       -
q1.q7   -       -       -       -
```

Jedes Rechenwerk führt nur eine Operation aus (hier durch . Dargestellt). Das Ergebnis wird

- an das nächste bereite Rechenwerk übermittelt oder

- mit dem Ergebnis eines anderen Rechenwerkes verrechnet.

---

70 Wir kommen in Kapitel 9.8 darauf zurück.

Während ein Teil der Rechenwerke noch die zur Schleife der Operanden p gehörenden Daten auswertet, ist ein anderer Teil bereits mit der Schleife q beschäftigt. Die mit der Auslastungssteuerung der Rechenwerke verbundene Logik ist sicher nicht gerade trivial, aber rein formal liegt der Aufwand zur Auswertung einer Schleife bei genügend vielen Rechenwerken nicht mehr bei $O(n)$, sondern mehr bei $O(log(n))$.

Die Überlegungen, wie man solche (und weitere) Rechnerstrukturen mit weitgehend „normalen" CPUs organisieren kann, sind nicht neu, und die Technologie hat den Namen SCC (Single Chip Cloud Computer). In massiv parallelen Hochgeschwindigkeitsrechnern werden solche Chips seit einigen Jahren eingesetzt (Abbildung 8.2), wobei die Anzahl der Rechenwerke die 100er-Marke erreicht oder überschritten hat. Angepeilt wird bereits die nächste 10er-Potenz.

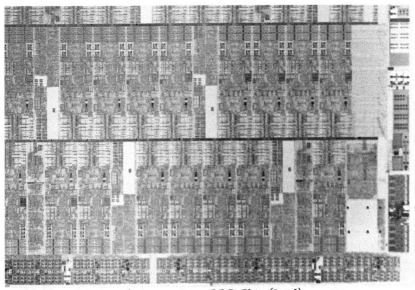

Abbildung 8.2: Ausschnitt aus einem SCC-Chip (Intel)

SCC-CPUs stehen zwischen den Universal-CPUs auf Mainboards und GPUs mit ihrer hochgradig parallelen Struktur (siehe Kapitel 9.1 ab Seite 245). Sie sind derzeit nur für Supercomputer interessant (und auch nur dort einsetzbar, da normale Betriebssysteme keine Unterstützung liefern). OpenMP ist hier das Vehikel, Threads automatisch in größeren Stückzahlen zu erzeugen.

8.3   Einfache Parallelitäten

Die Matrixmultiplikation haben wir bereits in OpenMPI und mit Threads untersucht. Da verschiedene Threads in diesem Algorithmus nicht in eine Konkurrenzsituation treten, bietet sie sich auch für ein Einstiegsbeispiel für OpenMP an. Wir „übersetzen" die OpenMPI-Methodik mehr oder weniger 1:1 in eine OpenMP-Form, schicken dem aber gleich voraus, dass dies nicht die bevorzugte Einsatzart von OpenMP ist.

Die Multiplikation wird in eine Funktion ausgelagert, in der auch die Berechnung der Zeilennummern, für die ein Thread zuständig ist, vorgenommen wird:

```
void MP_parallel(Matrix<double>& A,
                 Matrix<double> const& B){
    size_t id = omp_get_thread_num() ;
    size_t n_thr = omp_get_num_threads();
    size_t start = A.rows() * id / n_thr;
    size_t ende = A.rows() * (id+1) / n_thr;
    A.mul_right(B,start,ende);
}
```

Ähnlich den OpenMPI-Methoden geben die beiden OpenMP-Methoden die Anzahl der verwendeten Threads und die laufende Nummer des Threads, in dem man sich befindet, aus.[71] Wir verwenden sie hier, um den Zeilenbereich in der linken Matrix auszurechnen, um den sich der Thread kümmern muss. Dazu ist die Multiplikationsmethode leicht anzupassen (default-Werte 0 und **SIZE_MAX**, so dass ohne Angabe eine volle Multiplikation stattfindet).

Im Hauptprogramm wird die Multiplikation mit

```
#pragma omp parallel
    MP_parallel(A,B);
```

---

71 Sie sind im Header <omp.h> definiert. In Linuxsystemen ist zusätzlich **libgomp.so** einzubinden und die Compileroption **-fopenmp** beim Übersetzen anzugeben. Für Windows gibt es ähnliche Einstellungen. Falls das verwendete System OpenMP nicht unterstützt, müssen die Funktionen zumindest 0 bzw. 1 ausgeben, um eine normale serielle Ausführung des Algorithmus zu gewährleisten.

aufgerufen. Ist das System nicht OpenMP-fähig, wird mit einem Thread eine normale Multiplikation ausgeführt. Im anderen Fall werden so viele Threads gestartet wie das System CPU-Kernel besitzt. Man kann die Steuerung aber auch händisch übernehmen:

```
#pragma omp parallel num_thread(6)
    MP_parallel(A,B);
```

Da es sich um eine Compileranweisung handelt, geht das natürlich nur statisch. Das pragma bezieht sich auf den folgenden Programmblock. Das kann eine Zeile, eine Methode (wie in diesem Beispiel) oder auch ein Programmblock sein:

```
#pragma omp parallel
{
    size_t id = omp_get_thread_num() ;
    size_t n_thr = omp_get_num_threads();
    size_t start = A.rows() * id / n_thr;
    size_t ende = A.rows() * (id+1) / n_thr;
    A.mul_right(B,start,ende);
}
```

führt ebenso wie unsere Methode die komplette Matrixmultiplikation in mehreren Threads aus. Parallelitäten sind mit OpenMP somit wesentlich leichter in ein Programm einzubauen als mit Threads, und auch die Übergabe von Daten zwischen den Threads und den seriellen Programmabschnitten ist unproblematischer:

> ➤ Sämtliche zuvor deklarierten lokalen Variablen des seriellen äußeren Blocks sind gemeinsame Variable der Threads. Sie können von allen Threads benutzt werden, Änderungen sind im folgenden seriellen Programmteil sichtbar. Mit Übergaben in der Form von Zeigern und der entsprechenden Zugriffstechnik in den Threads braucht sich der Anwendungsprogrammierer nicht herum zu schlagen, muss jedoch auf mögliche Konkurrenzsituationen achten (dazu gleich mehr).

> ➤ Alle im parallelen Block deklarierten Variable private Größen des jeweiligen Threads.

Innerhalb der parallelen Bereiche kann bei Bedarf weiter parallelisiert werden. Man muss dies jedoch erst aktivieren:

```
omp_set_nested(true);

#pragma omp parallel num_threads(2)
{
  printf("outer %d, %d\n",
         omp_get_thread_num(),omp_get_num_threads());
#pragma omp parallel num_threads(2)
  printf("nested %d, %d\n",
         omp_get_thread_num(),omp_get_num_threads());
}
```

liefert die Ausgabe

```
outer 0, 2
outer 1, 2
nested 0, 2
nested 1, 2
nested 0, 2
nested 1, 2
```

Das ähnelt in gewisser Weise der Aufspaltung der MPI-Kommunikatoren in Untergruppen. Allerdings: OpenMP nutzt per default das, was die Hardware hergibt, und wenn man nicht gerade vom OS voll unterstützte SCC-Systeme nutzt, ist das begrenzt. Rekursive OPM-Parallelisierung dürfte daher nur in Sonderfällen interessant sein.

8.4   Schleifen und Abhängigkeiten

Bei der Nutzung von OpenMP stoßen wir auf die von den Threads her bekannten Probleme. Die (zugegebenermaßen unsinnigen) Codes

```
int i=0;
for(int j=0; j<1000; j++)
    #pragma omp parallel numthreads(4)
    i++;
cout << i << endl;
```

oder

```
atomic<int> i(0);
int j;
#pragma omp parallel numthreads(4)
for(j=0;j<1000;j++)
    i++;
cout << i << endl;
```

führt in der Regel nicht zur Ausgabe des Wertes 4000, weil die Threads kokurrierend auf die Variablen i bzw. im zweiten Fall j, das threadglobal deklariert ist, zugreifen. Im zweiten Versuch haben wir die Situation bereits mit dem Threadkonstrukt **atomic** entschärft, was für j natürlich auch gemacht werden könnte, aber das wäre eine Abweichung von der Parallelisierung eines rein seriellen Programms durch Pragmas ohne explizite Nutzung anderer Mechanismen.

OpenMP stellt natürlich auch die Threadmethoden direkt zur Verfügung. Die Ergänzung

```
int i=0;
for(int j=0; j<10; j++)
    #pragma omp parallel
    #pragma omp critical
    i++;
cout << i << endl;
```

führt nun zum richtigen Ergebnis, und bei genaueren Prüfungen stellt man fest, dass der auf die Anweisung **critical** folgende Block der Blockierung durch einen Mutex entspricht, d.h. eine inhaltsreichere Funktion

```
i+=f(j);
```

kann nur von einem Thread ausgeführt werden, während die anderen warten müssen (man kann das beispielsweise durch **cout**-Befehlen in der Funktion testen: Ausgaben verschiedener Threads mischen sich nicht).

Wenn die Vorteile der Parallelität nicht komplett eingebüßt werden sollen, benötigt man eine Methode, die sich nur auf i bezieht und die Ausführung der Funktion nicht blockiert, beispielsweise **atomic**.

```
double i=0;
for(int j=0; j<10; j++)
    #pragma omp parallel atomic(i)
    i+=f(j);
cout << i << endl;
```

atomic haben wir aber bereits bei Threads als nicht in jedem Fall optimale Lösung identifiziert. Das gilt auch für OpenMP. Besser für den gegebenen Anwendungsfall ist

```
double i=0;
for(int j=0; j<10; j++)
    #pragma omp parallel reduction(+:i)
    i+=f(j);
cout << i << endl;
```

In diesen Codebeispielen kann **f(x)** von mehreren Thread gleichzeitig aufgerufen werden. In der Paralleldefinition wird im Anschluss an die **parellel**-Anweisung mit der Folgeanweisung **reduction** definiert, für welchen Operator und welche Variable Konflikte beim Zugriff der Threads aufgelöst werden sollen. Sind im parallelen Block mehrere Variable von Konfliktmöglichkeiten betroffen, sind entsprechend viele **reduction**-Klauseln zu definieren, was ggf. durch den Zeilentrenner „\" in mehreren Zeilen erfolgen kann. Wie sich **atomic** und **reduction** unterscheiden, erklären wir gleich.

Damit verlassen wir den Bereich von für die Praxis unsinnigen Codes. Die Stärke von OpenMP zeigt sich bei der direkten Anwendung auf Schleifen. Der Algorithmus

```
size_t i ;
for(i=0; i<A.cols(); i++)
    sum+=A(0,i)*B(i,0);
```

mit sehr vielen Schleifendurchläufen war ja eines der Hauptthemen bei der Parallelisierung mit MPI oder Threads und leider auch mit einigem Aufwand verbunden. OpenMP kann die Aufteilung der Schleifenaufgabe auf mehrere Threads automatisch übernehmen. Dazu stellt man der Schleife lediglich

```
size_t i;
#pragma omp parallel for reduction(+:sum)
for(i=0; i<A.cols(); i++)
    sum+=A(0,i)*B(i,0);
```

voraus. **parallel for** sorgt für die Aufteilung der abzuarbeitenden Indexbereiche in den einzelnen Threads und **reduction** legt die allen Threads gemeinsame Summenvariable fest.

reduction unterscheidet sich bei genauerem Hinsehen deutlich von einem **atomic** und entspricht formal folgendem Code:

```
atomic<int> i=0;
#pragma omp parallel for
{   int i_intern=0;
    for(int j=0; j<10; j++)
        i_intern+=f(j);
    i+=i_intern;
}

cout << i << endl;
```

Die threadinterne Summierung wird nicht auf der **atomic**-Variablen durchgeführt, sondern zunächst auf einer threadinternen, und erst das Ergebnis wird zur externen Gesamtsumme hinzugefügt. Auf diesen Trick waren wir unter dem Gesichtspunkt optimaler Cache-Nutzung ja auch schon bei der Einführung der **atomic**-Variablen gekommen.

Wenden wir dieses OpenMP-Konstrukt auf die Berechnung von π mittels

$$\pi = 4 * \sum_{k=0}^{\infty} (-1)^k * (2*k+1)^{-1}$$

an (siehe Kapitel 7.5 auf Seite 195), stößt man (beim Einsatz geeigneter Hardware) auf ein weiteres Phänomen:

```
Laufzeit serielles Programm:      10.200 ms
erwartet bei 4 Threads             2.050 ms
gemessen                           1.260 ms
```

Das Programm kommt doppelt so schnell zu einem Ende, wie anhand der vorhandenen CPU-Kernel – hier 4 – zu erwarten ist. Der Compiler setzt offenbar weitere ihm bekannte Beschleunigungsstrategien ein, was er hier auch ungestraft machen darf: da der Programmierer den Bereich ausdrücklich als „parallelisierbar" deklariert hat, kann es nicht zu Problemem kommen.

Nebenbedingung: die Schleifen müssen reguläre **for**-Schleifen sein, um parallelisiert werden zu können. Nicht reguläre Schleifen sind

```
for(i=0;i<n;i++)                              (1)
    if(a[i]==0) break;

for(i=0;i<n;i++)                              (2)
    if(a[i]==0) return;

for(i=0;a[i]!=0;i++)                          (3)
```

```
f(i=0;i<n;i+=f(i))
```
(4)

Vereinfacht ausgedrückt:

- OpenMP muss die Größe der Schleifen eindeutig bestimmen können. In (3) ist die Größe nicht bestimmbar, in (4) der Schleifenvorschub.

- Die Schleifen dürfen nicht vorzeitig abgebrochen werden.

Bei einer Parallelität könnten diese Bedingungen dazu führen, dass ein Thread wiederholt, was ein anderer schon ausgeführt hat, oder bei einer Abbruchbedingung die dahinter opertierenden Threads munter weiter machen. Die Einhaltung dieser Bedingungen wird direkt vom Compiler geprüft und führt bei Verletzung zu Compilerfehlern.

Andere Schleifenkonstrukte wie

```
for(i=2;i<n;i++)
    a[i]=a[i-1]+a[i-2];
```

werden übersetzt, aber der Leser hat sicher schon bemerkt, dass dieses Konstrukt gegen die generellen Regeln für eine Parallelisierbarkeit verstößt, weil das Ergebnis eines Schleifendurchlaufs von der korrekten Ausführung der Durchläufe davor abhängt. Dies kann der Compiler nicht feststellen, d.h. der Anwendungsprogrammierer muss selbst darauf achten, was parallelisierbar ist und was nicht.

Um eine Sache muss man sich allerdings noch kümmern: per Konvention gehören alle äußeren Variablen allen Threads gemeinsam. Der Code zur Berechnung von π kann daher in der Form

```
double v=1;
size_t i;
#pragma omp parallel for reduction(+:su2)
for( i=u; i<o; i++) {
    su2+=v/(2.0*i+1.0);
    v=-v;
}
```

das falsche Ergebnis liefern, da **v** gemeinsame Variable aller Threads ist.[72] OpenMP bietet Möglichkeiten, genauer zu spezifieren, was mit den Variablen in den verschiedenen Threads zu geschehen hat:

```
#pragma omp parallel for \
    reduction(+:su2)    \
    firstprivate(v)
```

private(..) erklärt die sonst gemeinsamen Variablen als threadeigenen Größen, die allerdings bei dieser Deklaration den globalen Wert **v=1** nicht mit in die Threads nehmen können, sondern mit **v=0** initialisiert werden. **firstprivate(..)** sorgt dafür, dass die globale Initialisierung in den Threads landet.

Aufgabe. Erweitern Sie die Integrationsaufgabe in Kapitel 6.3.5 ab Seite 132, indem Sie in den Summenberechnungen zusätzlich OpenMP einsetzen. Betrachten Sie auch die Möglichkeit, die Anzahl der Threads von der Anzahl der Schleifendurchläufe abhängig zu machen. Dies ist mit der Funktion **omp_set_num_threads()** auch dynamisch möglich (anstelle der statischen Festlegung in den **#pragma**-Anweisungen).

Aufgabe. Diese Aufgabe ist etwas außer Konkurrenz. Einige Integrationsverfahren (Romberg u.a.) extrapolieren die berechneten Zwischenwerte auf die Intervallbreite Null. Da die Zwischenwerte meist relativ gleichmäßig konvergieren, unterschreitet die Differenz aufeinander folgender Extrapolationen häufig die geforderte Genauigkeitsgrenze, bevor die Iterationen überhaupt in der Nähe des gesuchten Werte landen. Versuchen Sie einmal empirisch[73], ob Sie damit Erfolg haben. Wenn Sie die Näherungswertpaare $(h_k, S_k), k=1..n$ ermittelt haben, können Sie das interpolierende Lagrangepolynom

---

72 Möglicherweise bemerkt man das nicht, da **v** in diesem Code gar nicht über den RAM in die anderen Cache-Bereiche kopiert wird, weil der Zustand von der CPU schon wieder geändert wurde, bevor das der restlichen Hardware auffällt.

73 Auf die Theorie können wir nicht weiter eingehen. Weder die Integrationsformel noch die Intervallteilung noch die Art der Interpolation sind für solche Verfahren optimal, aber dafür ist der Versuch relativ einfach durchzuführen.

$$P(h) = \sum_{k=1}^{n} S_k * \prod_{\substack{l=1 \\ l \neq k}}^{n} \frac{h - h_l}{h_k - h_l}$$

bilden, den extrapolierten Integralwert $I_n = L(0)$ berechnen und prüfen, ob mit

$$\|I_{n+1} - I_n\| \leq \delta$$

ein Ende der Berechnung erreicht ist.

Die Deklarationen **private** und **firstprivate** werden ergänzt durch die Deklarationen

- **default(none)** hebt die grundsätzliche **shared**-Deklaration von äußeren Variabler innerhalb des **omp**-Blockes fest.

- **shared(..)** erlaubt nach einem **default(none)** die Einblendung bestimmter shared-Variabler.

- **lastprivate(..)** erlaubt den Export der Endwerte privater Variabler aus dem omp-Bereich zurück in den allgemeinen Bereich, ist also in gewisser Weise die Umkehrung von **firstprivate(..)**

Zusammen helfen die Deklarationen, Fehler durch falsch verwendete Variable in den parallelen Bereich zu verhindern.

8.5   Schleifensynchronisation

Wir beginnen mit einer Aufgabe. Da sie innerhalb sehr kurzer Zeit realisierbar ist, sollten Sie sie erst ausführen, bevor Sie die weiteren ausführungen zur Synchronisation lesen.

Aufgabe. In Kapitel 4.5.2 auf Seite 78 haben wir eine parallelisierbare Version des Bubblesort-Algorithmus entwickelt (Code siehe dort; verwenden Sie den Urcode und nicht den optimierten OpenMPI-Code aus Kapitel 6.7!). Implementieren Sie eine OpenMP nutzende Version des Algorithmus und messen Sie die Zeiten bei verschiedenen Threadanzahlen (machen Sie das zu sortierende Feld hinreichend groß).

Voraussichtlich haben Sie zwei

Anweisungen an den inneren Schleifen plaziert und festgestellt, dass der Zeitgewinn bei mehreren Threads nicht so deutlich ausfällt, wie man das erwarten würde. Der Grund liegt darin, dass nach jeder inneren Schleife ein **join** stattfindet und beim nächsten Durchlauf der äußeren Schleife die Threads aufs Neue eingerichtet werden. Das verursacht einen Verwaltungsaufwand, der sich trotz der an sich gutmütigen Eigenschaften der Threaderzeugung in einer verminderten Effizienz äußert.

Bei den anderen Parallelisierungen dieser Aufgabe haben wir nicht die inneren Schleifen zerlegt, sondern nur dafür gesorgt, dass sie synchronisiert werden. OpenMP bietet diese Möglichkeit ebenfalls an:

```
#pragma omp parallel
for(i=1;i<n;i++){
    if(i%2){
        #pragma omp for
        for(j=1;i<n;j+=2){ . . .
```

Die erste Direktive parallelisiert den kompletten Algorithmus, womit ohne weitere Maßnahmen aber nur erreicht wäre, dass er der Zahl der CPU-Kernel entsprechend komplett ausgeführt würde. Die Direktive **for** an den inneren Schleifen sorgt nun für eine Verteilung der Schleifengrenzen auf alle Threads und für eine Synchronisation am Ende der Schleife, ohne dass allerdings die Schleifen selbst nochmals in Threads zerlegt werden. Der Aufwand „Thread erzeugen → Thread vernichten" findet nun nur einmal statt n-mal statt, und wenn Sie nun die Messungen der Aufgabe wiederholen, werden Sie feststellen, dass Sie bereits näher an den erwarteten Verbesserungen liegen als vorher.

Bei dieser Trennung von Parallelcode und Schleife ist allerdings wieder Vorsicht geboten! Wenden wir die Zerlegung auf

```
#pragma omp parallel private(i,j)
for(i=1;i<n;i++){
    #pragma omp for
    for(j=1;i<n;j+=2){
        for(k=1; . . .
```

an, kommt Unfug heraus. Warum? **#pragma omp for** bezieht sich nur auf das folgende Schleifenkonstrukt mit der Variablen **j**, aber nicht mehr auf die innere Schleife mit der Variablen **k**. Die wird in dieser Form der

Implementation nicht aufgeteilt und ist eine allen Threads gemeinsame Variable. Wie am Ende des letzten Kapitels bereits ausgeführt, ist

```
#pragma omp for private(k)
```

oder

```
for(int k=
```

notwendig.

Ein weiteres Problem ist uns bereits bei der Integration begegnet: die parallelen Abschnitte haben unterschiedliche Anzahlen von Schleifendurchläufen und benötigen daher unterschiedliche Zeit. Um das Problem und Gegenmaßnahmen zu verdeutlichen, betrachten wir das Beispiel

```
double hard_func(int i){
    int j;
    int start=i*(i+1)/2;
    int finish=start+i;
    double s=0;
    for(j=start; j<=finish; j++) {
        s+=sin(j);
    }
    return s;
}
. . .
#pragma omp parallel for reduction(+:sum)
for(int i=0;i<10000;i++)
    sum+=hard_func(i);
```

Es ist offensichtlich, dass das System suboptimale Arbeits leistet, wenn die Schleifenintervalle gleichmäßig aufgeteilt werden. Da der Aufwand der Funktionsauswertung mit der Größe der Übergabevariable steigt, ist Thread 0, der für den Bereich 0-2.500 zuständig ist, schon lange fertig, bevor Thread 3 mit dem Bereich 7.500-10.000 zu Rande kommt. Eine bessere Aufteilung wäre sinngemäß

```
Thread 0:   for(i=0;i<10000;i+=4)  ..
Thread 1:   for(i=1;i<10000;i+=4)  ..
Thread 2:   for(i=2;i<10000;i+=4)  ..
Thread 3:   for(i=3;i<10000;i+=4)  ..
```

Bei dieser Aufteilung wären alle Threads gleichmäßig mit schnellen und langsamen Funktionsauswertungen beschäftigt.

OpenMP erlaubt, die Verteilung der Schleifenintervalle zu steuern. Das Aufteilungsbild wird durch

```
#pragma omp parallel for schedule(static,1)
```

eingestellt. **static** sorgt für eine feste Aufteilung der Schleifenparameter, der zweite Parameter gibt an, wie viele Schleifenindizes aufeinander folgen sollen. **schedule(static,2)** liefert beispielsweise für

```
Thread 0: 0,1    8, 9   16,17 ..
Thread 1: 2,3   10,11   18,19 ..
Thread 2: 4,5   12,13   20,21 ..
Thread 3: 6,7   14,15   22,23 ..
```

Die Standardeinstellung ist **schedule(static,n/no_threads)**, wie man sich leicht überlegen kann. Unter Nutzung dieser Möglichkeiten misst man für das Beispiel

```
seriell    1.907 ms
default      838 ms
static,1     547 ms
dynamic      501 ms
```

Hier sind noch zwei weitere Strategien berücksichtigt:

- **schedule(dynamic,n)** bearbeitet **n** Schleifendurchläufe und lässt sich dann vom System den nächsten noch zu bearbeitenden Block zuweisen. Die Schleife wird sinngemäß in zwei Schleifen zerlegt, wobei die innere parallelisiert wird und eine vorgegebene Anzahl von Indizes abarbeitet, sich aber anschließend statt eines Join von der äußeren Schleife den nächsten Indexbereich zuweisen lässt.

- Eine weitere im Versuch nicht berücksichtigte Option – **guided** – arbeitet ebenfalls eine angegebene Anzahl von Schleifendruchläufen ab, wobei der jeweils zugewiesene Block während der Abarbeitung der Schleife immer kleiner wird, um weiterhin alle Threads auslasten zu können.

Natürlich ist jede Strategie wieder mit einem gewissen Verwaltungsaufwand verbunden. Optimale Performance erreicht man, wenn man den Arbeitsmodus der zu bearbeitenden Aufgabe anpasst.

8.6   *Nicht immer funktioniert es*

In Lehrbüchern beschränkt man sich meist auf funktionierende Beispiele und überlässt es den Programmieren, festzustellen, wo man an die Grenzen gerät. Ich halte Negativbeispiele hingegen auch für recht lehrreich. In der Realität gehört es ja zum täglichen Geschäft, dass etwas nicht funktioniert, und dabei gewonnene Erkenntnisse können vergebliche Bemühungen anderer Entwickler, zu einem späteren Zeitpunkt mit ähnlichen Methoden weiter zu kommen, einschränken, wenn sie denn sauber dokumentiert werden. Leider neigen viele dazu, Fehlschläge zu verschweigen, was den zusätzlichen Effekt nach sich ziehen kann, dass derjenige auch noch als faul eingestuft wird, weil er keine Ergebnisse vorweisen kann. Trennen Sie sich davon und dokumentieren Sie auch, was nicht zum Ziel geführt hat.[74] In diesem Sinne betrachten wir nun ein Beispiel, das auf den ersten Blick Vorteile durch Parallelisierung verspricht, in der Umsetzung aber hartnäckigen Widerstand leistet.

Eine Liste kleiner Primzahlen lässt sich recht einfach mit dem Sieb des Eratosthenes gewinnen – wobei „klein" den Bereich bis etwa 10^{10} umfasst, also noch weit davon entfernt, was man beispielsweise für Verschlüsselungszwecke benötigt.[75] Für die Praxis ist das Sieb daher nur von recht untergeordnetem Wert.

Das Siebverfahren ist denkbar einfach: aus einer Liste aller Zahlen von 2 bis zu einer Grenze N werden alle Nicht-Primzahlen gestrichen. Dazu sucht man die erste noch nicht gestrichene Zahl am Beginn der Liste, die noch eine Primzahl sein muss, und entfernt alle Vielfachen der Zahl. Ist die Startzahl beispielsweise die 7, streicht man jede siebte weitere Zahl usw. Natürlich werden so Zahlen mehrfach gestrichen, aber das ändert nichts am Verfahren.

---

74 Das ist auch eine Sache des eigenen Marketings. „Hat alles nicht funktioniert" ist eine negative Aussage und folglich nicht zu verwenden. „Wir können definitiv ausschließen, dass … zu einer effizienteren Lösung führt" erlaubt es, dem Aufwand entsprechende Unterlagen vorzulegen und den Chef von der eigenen Sorgfalt beim Vorgehen zu überzeugen, obwohl im Grunde die gleiche Aussage dahinter steckt.

75 Hier liegt man derzeit bei etwa 10^{600}, was andere Methoden erfordert, die in der Regel aussagen, dass eine Zahl mit der Wahrscheinlichkeit $1-10^{-50}$ oder besser eine Primzahl ist, also nicht ganz so definitiv sind wie das Sieb.

Bei einer Implementation kann man es sich noch einfacher machen:

a) Man kann gerade Zahlen von vornherein auslassen, da es außer der 2 keine weitere gerade Primzahl gibt. Dadurch kann man doppelt so viele Zahlen in der Liste speichern.

b) Man braucht die selbst Zahlen gar nicht zu speichern. Es genügt der Index in einem Feld, der je gerade die Zahl angibt. Als Feld genügt ein Bit, das 1 ist, wenn es sich um eine Primzahl handelt, und 0, wenn die Zahl gestrichen wurde. Auf einem Byte lassen sich in dieser Weise 8 Zahlen verwalten.

Die Liste kann mit **std::bitset<N>** implementiert werden. Da wir bei der Parallelisierung einige besondere Zugriffsmöglichkeiten benötigen, implementieren wir eine eigene Version der Listenklasse:

```
template <size_t N> struct bset2 {

    bset2(){v= new size_t[N/(sizeof(size_t)+1)];}

    bool test(size_t i) const    {
     return ((v[i>>6] & ((size_t)1 << (i & 0x3f))) != 0);}
    void reset(size_t i){
        v[i>>6]&=(size_t)-1 ^ ((size_t)1 << (i & 0x3f));}
    ...
    size_t* v;
};
```

Weitere Detail seien Ihnen überlassen. Die Bits werden zu Beginn alle auf 1 gesetzt und Nichtprimzahlen durch den Algorithmus

```
void init_field(){
    size_t i,j,k;
    for(i=1; i<N/2; i++) {
      if(v.test(i)) {
         j=2*i+1;
         for(k=i+j; k<N; k+=j)
           v.reset(k);

      }
    }
}
```

gelöscht.

Aufgabe. Implementieren Sie zunächst die serielle Form. Prüfen Sie mit Hilfe von Internetseiten, ob Primzahlen und Nichtprimzahlen korrekt ausgewiesen werden.

Die Anzahl der Primzahlen $<10^9$ beläuft sich nach Auswertung des Ergebnisses auf

```
Primzahlsatz n/ln(n)    ≈ 48.254.942
serielles Programm        50.847.533
```

Die Hauptschleife läuft über das gesamte Bitefeld, und bei jeder gefundenen Primzahl müssen im gesamten restlichen Feld Nichtprimzahlen markiert werden. Die zweite Schleife arbeitet somit nur das ab, was die erste Scheife übrig gelassen hat. Trotz Verschachtelung der Schleifen ist die Laufzeitordnung des Siebes daher eher im Bereich $O(n)$ und nicht $O(n^2)$, wie auch Tabelle 3 zeigt.[76]

$1*10^7$	$2*10^7$	$3*10^7$	$4*10^7$	$6*10^7$
1630	4050	6500	8900	13800

Tabelle 3: Laufzeit serielles Programm in [ms]

Außerdem ist jeder Durchlauf der Hauptschleife vom davorliegenden abhängig. Die Parallelisierungsmöglichkeiten sind zwar begrenzt, aber die zweite Schleife bietet sich dennoch für eine Parallelisierung an:

1. Verschiedene Threads oder Prozesse kümmern sich jeweils um das Markieren der Vielfachen einer Primzahl und nehmen sich dann die nächste, von anderen Threads noch nicht bearbeitete frei Primzahl vor.

2. Die innere Schleife, in der die Vielfachen einer Primzahl markiert werden, wird parallelisiert.

Am einfachsten ist Strategie 2 zu verfolgen:

```
for(i=1; i<M/2; i++) {
    if(v.test(i)) {
        j=2*i+1;
        #pragma omp parallel for schedule(static,1024)
```

---

76 Wer möchte, kann die genaue Ordnung mit Hilfe des Primzahlsatzes feststellen.

```
      for(k=1; k<M/j; k++) {
          v.reset(k*j+i);
      }
    }
  }
```

Die Schleife ist hier mit einem größeren Vorschub ausgestattet, um eine
Überschneidung der Threads auf einem Speicherfeld zu verhindern. Für
$3*10^7$ Tabelleneinträge finden wir die Laufzeiten

Seriell	Version 2
6.500 ms	9.800 ms

Tabelle 4: Laufzeiten bei 3*10^7 Einträgen

Leider kann die Direktive nur auf die innere Schleife bezogen werden,
d.h. die Threads werden in jeden Durchgang neu erzeugt. Trotz Verwendung von 4 CPU-Kernel ist die OpenMP-Version um 1/3 langsamer als
die serielle Version. Strategie 2 führt also zunächst nicht weiter. Wir
kommen aber noch einmal auf sie zurück, wenn wir nach den Gründen
forschen.

Für Strategie 1 investieren wir vier Threads, bauen aber nun sowohl das
Bitfeld als auch dessen Bearbeitung mit Hilfe von atomic-Variablen um:

```
Bitset-Speicher:
----------------
void reset(size_t i)    {
    size_t x,y;
    do {
        x=v[i>>6];
        y=x & ((size_t)-1 ^ ((size_t)1 << (i & 0x3f)));
    } while(!atomic_compare_exchange_strong(
            &v[i>>6],&x,y));
}

Löschen der Felder
------------------
void init_field()    {
    size_t i,j,k,occ;
    for(i=1; i<M/2; i++) {
        occ=last_occupied;
        if(i>occ && v.test(i))
            if(atomic_compare_exchange_strong(
                    &last_occupied,&occ,i)) {
```

```
            j=2*i+1;
            for(k=1; k<M/j; k++)
                v.reset(k*j+i);
        }
    }
}
```

Beim Löschen der Bitpositionen prüfen wir, ob während des Änderungsvorgangs ein anderer Thread auf der gleichen Variablen operiert hat, in der Hauptschleife wird sichergestellt, dass eine Variable noch nicht von einem anderen Thread bearbeitet wurde.

In einer zweiten Variante gönnen wir jedem Thread ein eigenes Bitfeld, um Konkurrenzsituationen zu verhindern, und synchronisieren nur bei jedem Durchlauf die Felder (hier wird wieder die einfache Version des Bitfelds ohne **atomic**-Größen verwendet):

```
void init_field(bset2<M>* w) {
    size_t i,j,k,occ;
    for(i=1; i<M/2; i++) {
        for(j=0; j<4; j++)
            w->v[i>>6]&=v[j].v[i>>6];
        occ=last_occupied;
        if(i>occ && w->test(i))
            if(atomic_compare_exchange_strong(
                    &last_occupied,&occ,i)) {
                j=2*i+1;
                for(k=1; k<M/j; k++)
                    w->reset(k*j+i);
            }
    }
}
```

Seriell	Version1	Version 2
6.500 ms	8.500 ms	8.100 ms

Tabelle 5: 4-Thread Version mit 10^7 Tabelleneinträgen

Wie aus Tabelle 5 hervorgeht, ist jedoch auch damit kein Gewinn zu erwirtschaften.

Aufgabe. Implementieren Sie die Versionen. Stellen Sie durch Tests sicher, dass in den verschiedenen Threads die gleichen Primzahlen nicht wiederholt bearbeitet werden. Versuchen Sie es auch mit einer OpenMPI-Version.

Obwohl die Schleifenkonstruktion gut parallelisierbar aussieht und auch die Implementationen keine Doppelarbeit verrichten, erwirtschaften wir mit keiner Version einen Gewinn. Worauf ist das zurückzuführen ?

Der erste Grund liegt in der Komplexitätsordnung des Problems. Da wir nur die zweite Schleife parallelisieren können und diese schneller kürzer wird als die äußere (schließlich wird der Vorschub in einem kürzer werden Feld immer größer, während außen der konstante Vorschub 1 vorliegt), nimmt der theoretischen Gewinn pro Primzahl schnell ab.

Mit dieser Überlegung im Hintergrund kann man Strategie 2 nochmals aufgreifen und **#pragma omp parallel for** auf Primzahlen unterhalb einer Schranke zwischen 1.000 und 4.000 beschränken, darüber aber normal seriell in einem Thread zu arbeiten. Bei $3*10^8$ Zahlen und einer Beschränkung auf Zahlen < 2.750 liegt die Bearbeitungszeit tatsächlich 300-350 ms niederiger als bei rein serieller Arbeitsweise, was aber auch nur einer Verstärkung $S=1,06$ entspricht, also weiterhin uninteressant ist.

Der zweite Grund liegt in der Bearbeitung der gleichen Speicherstellen in verschiedenen Threads, was Cache-Strategien wirksam torpediert. Das trifft auch auf die letzt Version zu und betrifft den Abgleich der verschiedenen Speicherbereiche in der zweiten Schleifenkonstruktion. In jedem äußeren Schleifendurchlauf wird einmal der Cache ausgehebelt.

Das Beispiel zeigt, dass eine hohe Anzahl von Schleifendurchläufen kein Garant für den Erfolg einer Parallelisierungsstrategie ist. Um böse Überraschungen zu vermeiden, sind folgende Fragen zu untersuchen:

a) Erstreckt sich die Analyse auf den Gesamtalgorithmus ? Hier liegt beispielsweise eine zu Beginn mächtige parallelisierbare Schleife vor, die schnell kürzer wird. Dieses Verhalten trifft auf eine Reihe anderer Algorithmen ebenfalls zu.

b) Wie hoch ist der administrative Aufwand ? Hier vergrößert sich der administrative Aufwand im Verhältnis zum Gewinn durch Parallelisierung, zum Teil auch dadurch, dass nicht optimal parallelisiert werden kann.

c) Bricht die Parallelisierung Cache-Strategien ? Wenn viele Daten zwischen den Kernel synchronisiert werden müssen, bleibt vom Gewinn oft nicht viel übrig.

8.7   Sektionen

In den bisherigen Beispielen wurde ein serieller Vorgang in parallele Teilstücke zerlegt. Anwendungen sind aber häufig in seriell angeordnete, aber hinsichtlich der auszuführenden Arbeit unabhängige Teile gegliedert. Ein leicht modifizierter Beispielcode aus Kapitel 4.2 soll das verdeutlichen

```
for(int i=1;i<N;i++){
    x[i]=f(x[i-1]);
    y[i]=f(y[i-1]);
}
```

Wie schnell zu analysieren ist, kommen wir mit **omp**-Pragmas zur Zerlegung der Schleife nicht sehr weit: der aktuelle Schleifendurchlauf ist vom Ergebnis des vorhergehenden abhängig, und egal wie wir es drehen, ein **omp parallel for schedule(..)** weist bei jeder Strategie mindestens einen Schleifendurchlauf auf, für den der Vorgänger nicht existiert. Eine Zerlegung in

```
for(int i=1;i<N;i++){
    x[i]=f(x[i-1]);
}
for(int i=1;i<N;i++){
    y[i]=f(y[i-1]);
}
```

kann aber sehr wohl parallelisiert werden, in dem die Schleifen vollständig in verschiedenen Threads bearbeitet werden. In OpenMP ist dies durch Definition von Sektionen realisierbar:

```
#pragma omp parallel
{
  #pragma omp sections private(i) nowait
  {
    #pragma omp section
      for(i=1;i<N;i++){
          x[i]=f(x[i-1]);
      }
```

```
#pragma omp section
   for(i=1;i<N;i++){
       y[i]=f(y[i-1]);
   }
}
}
```

Jede **section** wird als einzelner Thread ausgeführt. Im Standard werden diese am Ende der **sections**-Anweisung wieder synchronisiert, d.h. wenn ein Thread fertig ist, wartet er auf die anderen, bis mit der Ausführung des weiteren Codes fortgefahren wird. Durch die **nowait**-Anweisung kann das unterbunden werden (vergleichbar mit **detach()** bei Threads).

Auch die Umkehrung einer Parallelisierung ist möglich, wenn in einem parallel bearbeiteten Programmteil ein Teil nur von einem Thread ausgeführt werden soll. Sollen beispielsweise Zwischenergebnisse gesichert werden, ist es wenig sinnvoll, wenn jeder Thread das selbst versucht.

```
#pragma omp parallel
{
    ... // first part of serial process
    #pragma omp single
    {
        ... // save result to file
    }
    ... // second part of serial process
}
```

Die **single**-Direktive sorgt dafür, dass die Threads synchronisieren und nur ein Thread die Ausführung des Codes übernimmt.

Aufgabe. Integrationsaufgaben sind manchmal nicht so einfach zu lösen, beispielsweise wenn man komplizierte Körper wie in Abbildung 8.3 vor sich hat und das Volumen berechnen soll.[77] Die Oberfläche kann durch Funktionen oder durch eine hinreichend dichte Punktmenge gegeben sein. Zur Integration packt man den Körper in ein

---

77 Zugegeben, so eine 3D-Mandelbrot-Fläche erzeugt nicht gerade einen Körper, sieht aber zweifelsohne beeindruckend aus. In der Natur tauchen ähnlich aussehende Körper allerdings auf (Ernst Häckel hat vergleichbar aussehende Radiolarien Ende des 19. Jahrhunderts beschrieben und gezeichnet), und die Nähe zu so manchem Science-Fiction-Entwurf ist wohl kaum zu leugnen.

rechteckiges Volumen und erzeugt Messpunkte mit Hilfe eines Zufall-zahlengenerators

$$\boldsymbol{P}_{rand} = \begin{pmatrix} x_{rand} \\ y_{rand} \\ z_{rand} \end{pmatrix}$$

und sucht einen Punkt $\boldsymbol{P}_f = k * \boldsymbol{P}_r$ längs der durch $\boldsymbol{P}$ und den Null-punkt gegebenen Richtung. Bei $k \leq 1$ liegt der zufällige Punkt im Körper, sonst außerhalb.[78] Bei sehr vielen Messungen ist das Verhältnis der inneren Punkt zur Gesamtanzahl der Messungen eine gute Nähe-rung für das Volumen.

Testen Sie die Methode an einem einfachen Beispiel. Um das Volumen einer Kugel zu berechnen, zählen Sie die Anzahl der Punkte mit

$$x_{rand}^2 + y_{rand}^2 + z_{rand}^2 \leq 1$$

in einem parallelisierten Programm und geben Sie alle 10.000 Messun-gen ein Zwischeneregbnis aus.

Aufgabe. Die Integration setzt voraus, dass der Zufallzahlengenerator gleichmäßig verteilte Zahlen liefert. Prüfen Sie, ob der vermutlich im Versuch verwendete **rand()**-Generator aus C das leistet und für die verschiedenen Threads auch unterschiedliche Zufallswerte liefert. Ex-perimentieren Sie mit eigenen linearen kongruenten Operatoren der Form

$$r_n \equiv b + \sum_{k=0}^{m} a_k * r_{n-k} (mod\ r_{max})$$

Die vielleicht im ersten Augenblick erschreckende Formel ist leicht zu implementieren: verwenden Sie **unsigned int, unsigned long** oder **size_t** als Datentyp und wählen Sie die Konstanten a_k , b und m so aus, dass mit hoher Wahrscheinlichkeit in jeder Runde ein Überlauf entsteht. Das ist schon alles.

---

78 Das ist nicht ganz korrekt. Wenn die Fläche überlappende Falten aufweist, ist zusätzlich noch die Laufrichtung der Kurve auszuwerten.

Abbildung 8.3: 3D-Mandelbrot-Menge aus wikipedia.en,
CCASA3.0-Lizenz

8.8   Fazit

In den Beispielen und Aufgaben sind wir ohne programmtechnische Ergänzungen der seriellen Programme ausgekommen und haben nur OpenMP-Pragmas zur Parallelisierung genutzt.

Aufgabe. Setzen Sie die hier noch nicht bearbeiteten Aufgaben aus OpenMPI ebenfalls in OpemMP um. Dies dürfte weniger Aufwand verursachen als die Umsetzung in Threads, und da wir dort schon längst nicht alles nutzen mussten, was die Threadbibliothek hergibt, dürfte sich bei der Umsetzung in OpenMP nicht viel daran ändern. Außerdem dürften Sie aus der Umsetzung in Threads bereits sehr genau wissen, auf was Sie zu achten haben.

Aufgabe. Vergleichen Sie die Ergebnisse mit Threads mit den Ergebnissen mit OpenMP. Wie Eingangs diskutiert, kann OpenMP auf Hardwareeigenschaften zurückgreifen, die in anderen Umgebungen nicht zur Verfügung stehen – vorausgesetzt, die Hardware besitzt solche Eigenschaften. Finden Sie Unterschiede? Können Sie bewusst Code erzeugen, der Unterschiede zeigt? Denken Sie an die Ergebnisse in Tabelle 1 auf Seite 73.

Wie in OpenMPI oder Threads stehen auch in OpenMP über die Pragmas hinaus eine Reihe von Funktionen zur Verfügung, die die Parallelisierung in den Code tragen und in der folgenden Tabelle aufgelistet sind:

Funktion	Beschreibung
omp_destroy_lock	Deinitialisiert eine Sperre.
omp_destroy_nest_lock	Deinitialisiert eine schachtelbare Sperre.
omp_get_dynamic	Gibt einen Wert zurück, der angibt, ob die Anzahl der Threads, die im Folgenden parallelen Bereich verfügbar sind, von der Laufzeit angepasst werden kann.
omp_get_max_threads	Gibt eine ganze Zahl ist, die größer oder gleich der Anzahl von Threads zurück, die verfügbar sind, wenn ein paralleler Bereich ohne num_threads an dieser Stelle im Code definiert wurden.
omp_get_nested	Gibt einen Wert zurück, der angibt, ob geschachtelte Parallelität aktiviert ist.
omp_get_num_procs	Gibt die Anzahl der Prozessoren zurück, die verfügbar sind, wenn die Funktion aufgerufen wird.
omp_get_num_threads	Gibt die Anzahl der Threads im parallelen Bereichs zurück.
omp_get_thread_num	Gibt die Thread-Nummer des Threads zurück
omp_get_wtick	Gibt die Anzahl der Sekunden zwischen Prozessorteilstrichen zurück.
omp_get_wtime	Gibt den Wert der verstrichenen Zeit in Sekunden zurück.
omp_in_parallel	Gibt Wert ungleich 0 (null) zurück, wenn innerhalb eines parallelen Bereichs aufgerufen.
omp_init_lock	Initialisiert eine einfache Zuweisung.
omp_init_nest_lock	Initialisiert eine Sperre.

Funktion	Beschreibung
omp_set_dynamic	Gibt an, dass die Anzahl der Threads, die im Folgenden parallelen Bereich verfügbar sind.
omp_set_lock	Threads blockiert die Ausführung, bis die Sperre verfügbar ist.
omp_set_nest_lock	Threads blockiert die Ausführung, bis die Sperre verfügbar ist.
omp_set_nested	Ermöglicht geschachtelte Parallelität.
omp_set_num_threads	Legt die Anzahl der Threads in den folgenden Bereichen paralleler fest
omp_test_lock	Versucht, eine Sperre festzulegen, blockiert aber nicht
omp_test_nest_lock	Versucht, eine Sperre geschachtelter Threads festzulegen, blockiert aber nicht.
omp_unset_lock	Gibt eine Sperre frei.
omp_unset_nest_lock	Gibt eine schachtelbare Sperre frei.

Man lässt damit natürlich serielle Progammstrukturen hinter sich, die durch eingefügte Pragmas beschleunigt werden, sofern die Hardware das zulässt, aber ansonsten keine Unterschiede zu Singel-Thread-Programmen aufweisen. Programme, in denen diese Funktionen eingesetzt werden, sind von vornherein für Parallelbetrieb konstruiert.

Im Vergleich mit Threads fällt auf, dass konditionelle Blockaden nicht vorgesehen sind, jedoch dort nicht verfügbare Abfragen der Hardware-kapazitäten durchgeführt werden können. Konzeptionell liegt der Schwerpunkt bei Threads mehr in einer sauberen Trennung von Funktionalitäten, während es bei OpenMP um die möglichst effiziente Ausnutzung der Hardware geht. Welches Modell beim Programmentwurf zu Grunde gelegt werden sollte, geht daher aus der Aufgabenstellung hervor.

Will man nun alles miteinander verbinden, bietet sich OpenMP zur Nutzung der Hardware einer Maschine an, OpenMPI zur Verbindung OpenMP-optimierter Maschinen. Zu Übungszwecken können daher die bereits erledigten Aufgaben ein weiteres Mal angefasst werden:

Aufgabe. Kombinieren Sie OpenMPI und OpenMP, indem Sie die OpenMPI-Funktionen durch OpenMP-Direktiven ergänzen. Dabei können Sie zunächst weitgehend das in die OpenMPI-Programme hinüberkopieren, was Sie bei der Umstellung auf OpenMP geändert haben.

Laufzeitmessungen sind nun natürlich problematisch. Ideal wären mehrere Maschinen, die über OpenMPI verbunden sind und jeweils einen Prozess ausführen. Hierzu können Sie sich mit einigen Freunden zusammentun. Berücksichtigen Sie bei Zeitmessungen aber, dass Sie über langsame Netzwerkverbindungen kommunizieren und nicht die Ergebnisse erwarten dürfen, die Rechner mit Hochleistungsverbindungsnetzwerken aufweisen. Wenn Sie nur über einen Rechner verfügen, können Sie die verfügbaren CPUs auf auf Prozesse und Threads aufteilen. Da nun sehr viel zusammen arbeiten muss (das OpenMPI-System läuft ja zusätzlich ebenfalls im Untergrund), können Sie auch überprüfen, ob die OpenMP-Funktionen nutzbare Informationen liefern.

Die OpenMP-Programmierung ist auch dann interessant, wenn Sie nicht mit Parallelrechnern zu tun haben. Da jeder PC inzwischen über mehrere CPUs verfügt, können auch normale Anwendungsprogramme beschleunigt werden. Die Bemühungen der Hardware- und Betriebssystem-Hersteller gehen dahin, auch OpenMP-Programme portabel zu halten: man muss das Programm zwar i.d.R. für die OS-Plattform compilieren, auf der es eingesetzt werden soll, danach sollte es allerdings keine Probleme mit unterschiedlicher Hardware geben. Wenn Sie sich bereits mit Freunden zusammengetan haben, um einen kleinen Rechnerverbund zu realisieren, können Sie auch Vergleiche der Portabilität und Effizienz anschließen.

9 OpenCL

9.1 *Graphic Processing Unit GPU*

Neben den Universal-CPUs existieren seit längeren spezielle Prozessoren für die Grafikberechnung, so genannte GPUs. Eine GPU besitzt mehrere 1.000 RISC-Prozessoren (RISC = reduced instruction set), die verglichen mit der Host-CPU relative wenige Standardoperationen unterstützen, diese aber sehr schnell ausführen können. Im Vergleich mit CPUs ist auch sehr wenig Cache vorhanden, da die Daten in Grafikanwendungen durch die Prozessorenreihe wir durch eine Verarbeitungspipeline durchgereicht wird (Abbildung 9.1).

Der Grund für die andersartige Architektur liegt in der Berechnungsmethode für eine Computergrafik. Ein Bild besteht aus tausenden von Punkten, von denen bestimmte durch Geraden verbunden sind oder als

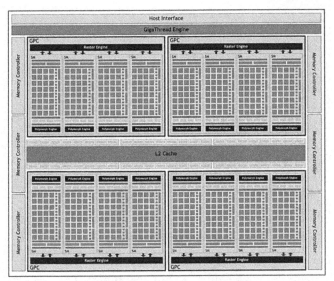

Abbildung 9.1: GPU-Prozessor (nach NVidia)

Aufhängepunkte von Kurven dienen. Werden mehrere Punkte durch ein Netz von Linien verbunden, werden damit in der Regel Flächen definiert, die wie alle Flächen zwei Seiten und bestimmte Materialeigenschaften besitzen. Flächen, Kurven und Punkte werden wiederum zu Objekten gruppiert, die beliebig im Raum verschoben werden können. Hinzu kommen noch einige andere Objekte wie Kameras oder Lichtquellen. Vorgegeben werden von den auf der CPU laufenden Programmen nur die Punkte und Definitionen der Beziehungen zwischen ihnen, was mit Hilfe der OpenGL-Schnittstelle erfolgt (ein ca. 1/10 des Verfügbaren umfassender Ausschnitt aus der Funktionsreferenz ist in Abbildung 9.2 dargestellt). Alles andere – Kurven berechnen, Flächenüberdeckungen auswerten, Licht und Kameraposition berücksichtigen, Perspektiven berechnen usw. – ist Aufgabe der GPU, und das mindestens 25x/Sekunde, wenn das Computerspiel professionell aussehen soll.

Abbildung 9.2: Ausschnitt OpenGL-Funktionsreferenz

Dem hohen Rechenaufwand stehen zwei angenehme Eigenschaften gegenüber:

a) Die notwendigen Operationen beschränken sich auf +,-,*,/ für kleinere ganze Zahlen und Fließkommazahlen des Typs **float** sowie eine Reihe von mathematischen inline-Funktionen, die in der Computergrafik benötigt werden.

246

b) Eine Operation, die auf ein Objekt angewendet werden soll, ist auf alle Unterobjekte in der gleichen Art anzuwenden, wobei die Unterobjekte voneinander unabhängig und damit parallel berechnet werden können.

c) Nacheinander auszuführende Operationen addieren sich, d.h. es können Verarbeitungspipelines definiert werden, die aufgrund von b) parallel ausgeführt werden können.

GPUs tragen diesen Eigenschaften durch hochgradige Parallelität Rechnung, und da der Zunahme der Kernel technisch kein Limit entgegensteht, folgen GPUs im Gegensatz zu CPUs, die an das Geschwindigkeitslimit gebunden sind und daher leistungsmäßig stagnieren, weiterhin dem Mooreschen Gesetz (Abbildung 9.3).

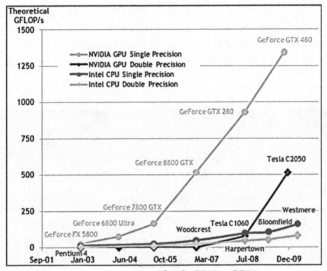

Abbildung 9.3: Leistungsvergleich CPU – GPU

Viele der Aufgaben in den vorhergehenden Kapiteln benötigten auch nur die Operation +,-,*,/ , und wir haben sie durch Aufteilung auf mehrere Threads oder Prozesse beschleunigt. Aber selbst wenn wir zu SCC-Architekturen übergehen: der Parallelisierungsgrad und die Geschwindigkeit einer GPU wird nicht erreicht. Die folgerichtige Überlegung war daher, heterogene Systeme zu entwickeln und jeder Architektur das zu überlassen, was sie am Besten kann.

Die Hardwareentwickler haben dem Rechnung getragen, indem

➤ Speicherschnittstellen zwischen Hostsystem und Grafiksystem eingerichtet wurden, um Daten effizient zwischen den Systemen zu übertragen (Abbildung 9.4),

➤ die im Host-System verwendeten Datentypen wie **double** und weitere auch auf der GPU implementiert wurden,

➤ den verschiedenen Verarbeitungspipelines programmierbare Threadverwalter (Shader) zugeordnet wurden,

➤ die Programmierung der GPU mit Hilfe der Programmierschnittstelle C ermöglicht wurde.

Den Anfang machte NVidia mit der CUDA-Programmierung ihrer Grafikkarten. Weitere Hardwareproduzenten legten nach, was schließlich zum offenen Standard OpenCL führte (inzwischen in der Version 2.0), der CUDA beinhaltet. Inzwischen machen auch viele Anwendungsprogramme wie Photoshop, Matlab usw. Gebrauch von der Möglichkeit, die Grafikhardware eines PCs zur Beschleunigung heranzuziehen.

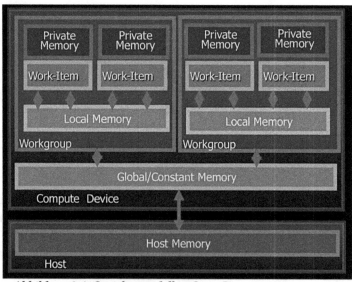

Abbildung 9.4: Speichermodell in OpenCL

Inzwischen get der Trend aufgrund der Stagnation der Geschwindigkeit der einzelnen CPU in die Richtung, für rechenaufwändige Operationen die GPU zu beanspruchen. Die Hauptaufgabe der GPUs ist aber nach wie vor die Erzeugung hochwertiger Grafik, die Hardware-Architektur ist auf diesen Einsatz optimiert, und Anwendungen, die eine GPU nutzen wollen, müssen ihre Daten so strukturieren oder partitionieren, dass sie dazu passen. Die Schnittstellen werden allerdings immer komfortabler und nehmen dem Anwendungsprogrammierer manche Mühe ab. Gleiches gilt für die Datenmodelle: GPUs sind für Grafikanwendungen auf den Datentyp **float** optimiert, mit den neuen Anforderungen legt die Performanz für **double** jedoch inzwischen nach (Abbildung 9.3).

9.2 Betriebsvoraussetzungen

OpenCL ist eine standartisierte Schnittstelle, für die die unterschiedlichen Hardwarehersteller eigene Bibliotheken für den Compiler und den Betrieb zur Verfügung stellen.[79] Die allgemeinen Header und Bibliotheken sind meist auch dabei; falls nicht, findet man sie in den Paketverwaltungen der Betriebssysteme.

Der erste Schritt besteht somit darin, die vorhandene Hardware zu ermitteln und die Entwicklungskits der Hersteller für das betreffende Betriebssystem von den Entwicklerseiten herunter zu laden und zu installieren. Leider ist das noch nicht einheitlich: manche Treibersuiten sind in den Paketverwaltungen des Betriebssystems enthalten, für andere Betriebssysteme stellen die Hersteller komplette Installationspakete bereit, in einigen Fällen (z.B. INTEL/ubuntu) kommt man um eine Reihe von Handgriffen wie Umwandeln der Pakete in installierbare Varianten, Kopieren der Bibliotheken in die passenden Verzeichnisse und Bekanntmachung der Ressourcen in bestimmten OS-Verzeichnissen nicht herum.

Wenn mehrere unterschiedliche GPUs auf einer Platine zur Verfügung stehen, kann man für jeden Typ den passenden Treiber installieren. Da Supercomputerarchitekturen jeder CPU hinreichend GPU-Subrechner zur Verfügung stellen müssen, um optimale Performanz zu erreichen, ist

---

79 Ich folge im Weiteren dem OpenCL-Standard. Programme, die auf CUDA aufbauen, besitzen eine andere Syntax, folgen aber der gleichen Programmarchitektur.

OpenCL darauf eingerichtet, mit mehreren GPUs unterschiedlicher Hersteller in einer Anwendung operieren zu können. Zum Test, ob die Installation erfolgreich ist, genügt das Programm

```
cl_platform_id platform_id;
cl_device_id device_id;

if (clGetPlatformIDs(1, &platform_id,NULL)!= CL_SUCCESS)
    printf("Unable to get platform_id\n");

if (clGetDeviceIDs(platform_id, CL_DEVICE_TYPE_ALL, 1,
                   &device_id, NULL) != CL_SUCCESS)
    printf("Unable to get device_id\n");
```

clGetPlatformIDs liest eine bestimmte Anzahl der auf der Maschine verfügbaren GPU-Platformen in die Variable **cl_platform_id** ein. Diese kann ein Feld sein, wobei der erste Parameter dessen Größe angibt. Im dritten Parameter wird die Anzahl der auf dem System zur Verfügung stehenden Platformen, zurückgegeben, sofern eine Speicheradresse angegeben wird (hier ist NULL, also keine Wertrückgabe, angegeben, weil nur nach einer Plattform gefragt wird und deren Abwesenheit ohnehin einen Fehler auslöst).

clGetDeviceIDs gibt eine ID-Liste der zur Verfügung stehenden GPUs einer Plattform aus, wobei nach bestimmten GPU-Typen gefragt werden kann. Wie zuvor kann ein Feld nebst dessen Größe angegeben werden, wobei der letzte Parameter wieder spezifiziert, wie viel Einheiten zur Verfügung stehen (hier ebenfalls wieder NULL).

Ein derartiges Testprogramm ist meist Bestandteil der Entwicklungsumgebung, und wenn alles korrekt installiert ist, wird die MIB (Management Information Base) der GPU mit Hilfe der Methoden **clGetPlatformInfo(..)** und **clGetDeviceInfo(..)**, auf die wir hier aber nicht näher eingehen, ausgegeben:[80]

```
NAME: Intel(R) Core(TM) i5-4430 CPU @ 3.00GHz
VENDOR: Intel(R) Corporation
PROFILE: FULL_PROFILE
VERSION: OpenCL 1.2 (Build 92)
EXTENSIONS: cl_khr_icd ...
DRIVER_VERSION: 1.2.0.92

Type: CPU
```

---

80 Eigentlich wäre „Managed Data in the MIB" exakter.

```
EXECUTION_CAPABILITIES: Kernel Native
GLOBAL_MEM_CACHE_TYPE: Read-Write (2)
CL_DEVICE_LOCAL_MEM_TYPE: Global (2)
SINGLE_FP_CONFIG: 0x7
QUEUE_PROPERTIES: 0x3

VENDOR_ID: 32902
MAX_COMPUTE_UNITS: 4
MAX_WORK_ITEM_DIMENSIONS: 3
MAX_WORK_GROUP_SIZE: 8192
PREFERRED_VECTOR_WIDTH_CHAR: 1
PREFERRED_VECTOR_WIDTH_SHORT: 1
PREFERRED_VECTOR_WIDTH_INT: 1
...
```

Die Liste ist noch um einges länger und gibt Auskunft über implementierte Datentypen, Speichernutzung, Prozessorenzahl und Gruppierung und weiteres. Als Anwendungsentwickler muss man darauf aber nur bei speziellen Optimierungsproblemen zurückgreifen.

9.3 Schritte zur GPU-Programmierung

9.3.1 Programmcode für die GPU

Zum Verständnis der GPU-Programmierung beginnen wir mit dem einfachen Beispiel der Addition zweier Vektoren:

```
for(i=0;i<n;i++)
    vres[i]=v1[i]+v2[i];
```

Das Work Item auf einer GPU kann/soll ein solches Programm in der Regel nicht ausführen.[81] Seine Aufgabe beschränkt sich auf die Ausführung von

```
vres[i]=v1[i]+v2[i];
```

Damit es das machen kann, benötigt es den Code, Zugriff auf die Speicherstellen der Vektoren sowie einen Indexwert i.

---

81 Work Item = einzelnes Rechenwerk einer GPU. Wenn auch sprachlich vielleicht etwas unschön, verwende ich im Weiteren die offiziellen Begriffe.

Intern werden die Work Items zu Work Groups zusammengefasst. Die maximale Größe einer Work Group ist durch die Hardware vorgegeben und kann über **clGetDeviceInfo(..)** ermittelt werden. Innerhalb einer Work Group ist jedem Work Item eindeutig eine fortlaufende Prozess ID zugeordnet. Die Durchführung der Aufgabe wird der Work Group übertragen, die den Code, die Daten und den Index an die einzelnen Work Items übergibt. Eine Work Group entspricht dem oben erwähnten Threadverwalter oder Shader.

Genügt eine Work Group nicht, um die komplette Schleife abzuarbeiten, oder werden aus bestimmten Gründen mehrere Work Groups eingerichtet, werden diese in eine gemeinsame Verarbeitungsschlange eingebunden. Jede Work Group erhält zusätzlich einen Startindex (Work Gruppe ID), der zu den internen Thread IDs der Work Items addiert wird. Damit verfügt nun jeder Thread über eine eindeutige globale Nummer, die für den Index **i** verwendet werden kann. Der auf der zusammengehörenden Gruppe von Work Groups auszuführende Code, der so genannte Kernel, reduziert sich damit auf

```
// Kernel (Device-Code)
__kernel void sumVec(float *v1,
                     float *v2,
                     float *vres) {
    int id = get_global_id(0);
    vres[id] = v1[id] + v2[id];
}
```

__kernel signalisiert, dass dieser Code nicht für die CPU bestimmt ist. Die Funktion **get_global_id(0)** übernimmt die Indexberechnung aus Thread-ID und Work Group ID. Wir kommen später darauf zurück, wie Indizes allgemein zu berechnen sind und was die Null als Übergabeparameter bedeutet.

Der Code ist normaler C-Code und kann innerhalb des Anwendungsprojektes untergebracht werden, aber da der Compiler über **__kernel** stolpert, muss er aus dem Übersetzungsprozess herausgehalten werden. Übersetzt wird er später; wieso das so ist, sehen wir gleich.

9.3.2   Einbindung der GPU

Zur Einbindung in eine Anwendung beginnen wir wieder mit der Feststellung, welche GPU Einheit zur Verfügung steht.

```
clGetPlatformIDs(1,&platform_id,NULL);
clGetDeviceIDs(platform_id, CL_DEVICE_TYPE_ALL, 1,
               &device_id,NULL);
```

Für die Plattform und deren vorhandene Einheiten wird ein Kontextobjekt generiert.

```
cl_context context;
properties[0]= CL_CONTEXT_PLATFORM;
properties[1]= (cl_context_properties) platform_id;
properties[2]= 0;
context = clCreateContext(properties,1,&device_id,
               NULL,NULL,&result_code)
```

properties ist ein Feld, dessen letztes Element den Inhalt Null haben muss, um das Feldende zu spezifizieren. Hier genügt die Angabe der Plattform, wozu zwei Parameter notwendig sind, nämlich eine Kennzeichnung, dass eine Plattform festgelegt wird, und welche das ist. Sollen die GPU-Einheiten in speziellen Anwendungsfällen, beispielsweise interoperativer Multimediadarstellung, benutzt werden, sind weitere **properties** festzulegen, was für unseren Zweck aber nicht notwendig ist.

Die nächsten beiden Felder legen fest, wie viele GPU-Einheiten durch den Kontext belegt werden sollen (hier wieder nur eine Einheit; es können aber mehrere Einheiten in den gleichgen Kontext gelegt werden). Um auf Misslingen der Kontextgenerierung passend reagieren zu können, können in den folgenden, hier mit **NULL** belegten Parametern eine Funktionsadresse und eine Datenadresse zur Fehlerbehandlung angegeben werden. Wir begnügen uns mit **result_code** als Rückgabewert, der im Fall **result_code != CL_SUCCESS** einige 50 verschiedene Fehlercode enthalten kann. Dies schließt ein, dass die Hardware zwar erkannt wird, aber die notwendigen Treiber im System nicht gefunden werden können. Wird ein Kontext geliefert, ist das System grundsätzlich erst einmal arbeitsfähig.

GPU und CPU arbeiten asynchron, d.h. jede Einheit entscheidet selbst, wann sie eine Aktion ausführt. Damit eine GPU die Befehl der CPU auch in der gewünschten Reihenfolge ausführt, ist für jede GPU eine Ausführungswarteschlange zu deklarieren.

```
cl_command_queue command_queue;
command_queue = clCreateCommandQueue(
        context,device_id,NULL,&result_code);
```

Im dritten Parameter (hier wieder **NULL**) können im Bedarfsfall spezielle Eigenschaften festgelegt werden, beispielsweise ob Kommandos in der Schlange sequentiell nacheinander (Standard) oder in beliebiger Reihenfolge je nach Verfügbarkeit der entsprechenden Ressourcen abgearbeitet werden sollen.

Der Trend, dass die Methoden die Übergabe einer Vielzahl von Parametern erlauben, jedoch mit **NULL** oder **0** aufgerufen werden, hat seinen Grund und wird sich fortsetzen. **NULL** entspricht der Standardkonfiguration, und man sollte nur mit einem guten Grund davon abweichen. Wir werden im weiteren die Standardkonfiguration verwenden und uns Erläuterungen, was die **NULL** jeweils bedeutet, zunächst ersparen. Nur so viel sei verraten, um Ihnen bei merkwürdigen Ergebnissen die Fehlersuche zu erleichtern: die Funktionen geben entweder einen Fehlercode zurück (bei Gelingen **CL_SUCCESS**) oder erwarten als letzten Übergabeparameter die Adresse einer **cl_int**-Variablen für die Übermittlung des Fehlercodes, sofern sie ein anderes Objekt als Rückgabewert generieren. Wir füllen auch dieses Feld mit **NULL** auf.

Mit einer **command_queue** haben wir einen Descriptor/Handle für die Kommunikation mit einer bestimmten GPU. In einer Anwendung können auch mehrere **command_queue**s für eine einzelne GPU deklariert werden. Die Schlangen sind unabhängig voneinander und können gleichzeitig betrieben werden; lediglich bei Arbeiten mit den gleichen Daten muss man wieder dafür sorgen, dass keine Konflikte entstehen. Die Schlangen können nun beauftragt werden, bestimmte Kernel auszuführen, aber deren Code haben wir bisher nur als Quellcode.

9.3.3   Erzeugen der Kernel-Binaries

Da erst jetzt festlegt, welche Umgebung genutzt werden soll, kann die Erstellung der Kernel-Binaries auch erst jetzt erfolgen. Die Quellcodes der __**kernel**-Module (es können mehrere sein) werden in zwei Schritten kompiliert. Im ersten Schritt werden die Quellcodes als C-Strings an die Funktion **clCreateProgramWithSource** übergeben

```
cl_program program;
program = clCreateProgramWithSource( context,
        1,(const char **) &ProgramSource,
        NULL, NULL);
```

Dabei kann es sich um einen einzelnen String oder ein Feld von Strings handeln, so dass der Aufrufparametersatz mit dem von **main(..)** vergleichbar ist. Wie der Quellcode an diese Stelle gelangt, ist Sache des Anwendungsprogrammieres: die Strings können als String-Konstante im Anwendungsprogramm oder in zuvor einzulesenden Moduldateien stehen.

Aus dem Programmobjekt wird anschließend der Binärcode generiert.

```
clBuildProgram( program,0,NULL,NULL,NULL,NULL);
```

Bei Fehlern (die Methode gibt einen Wert ungleich **CL_SUCCESS** zurück) kann mit **clGetProgramBuildInfo** das Ergebnis überprüft werden (Abbildung 9.5).

```
char buffer[4096];
size_t length;
clGetProgramBuildInfo(program,device_id,
        CL_PROGRAM_BUILD_LOG,
        sizeof(buffer),buffer,&length);
printf("%s\n",buffer);
```

Die Fehlermeldungen entsprechen üblichen Compilermeldungen.

Das Übersetzen der Quellcodes ist natürlich ein Prozess, der einige Zeit kostet, was im Einsatzfall stören kann. Mit Hilfe der Funktion **clGet-ProgrogramInfo(..)** kann der Binärcode ausgelesen und gesichert und bei erneuter Anwendung mit **clCreateProgramWithBinary(..)** wieder eingelesen werden. Bezüglich der Details sei auf die Dokumentation verwiesen.

In der Syntax steht zwar „Programm", aber eigentlich haben wir eine Bibliothek erzeugt, die unter Umständen mehrere Kernelbinaries enthalten kann. Um gezielt Kernelmodule aufrufen zu können, benötigen wir in der Anwendung eine Art Funktionsliste, deren Einträge anhand der Kernelnamen erzeugt werden.

```
cl_kernel kernel;
kernel = clCreateKernel(program,"square",NULL );
```

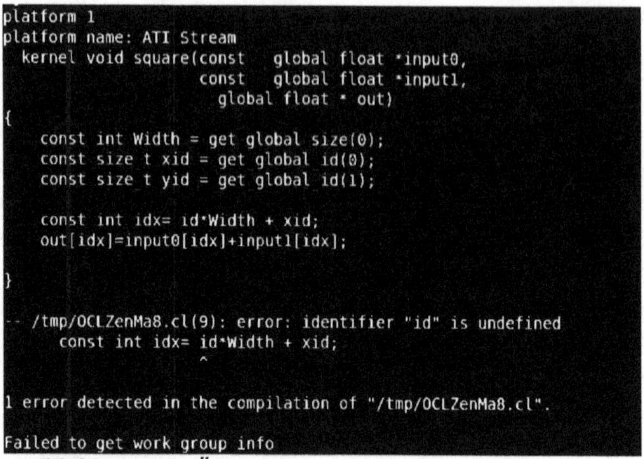

```
platform 1
platform name: ATI Stream
  kernel void square(const   global float *input0,
                     const   global float *input1,
                             global float * out)
{
    const int Width = get global size(0);
    const size t xid = get global id(0);
    const size t yid = get global id(1);

    const int idx= id*Width + xid;
    out[idx]=input0[idx]+input1[idx];

}

-- /tmp/OCLZenMa8.cl(9): error: identifier "id" is undefined
      const int idx= id*Width + xid;
                     ^

1 error detected in the compilation of "/tmp/OCLZenMa8.cl".

Failed to get work group info
```

Abbildung 9.5: *Übersetzungsergebnis eines OpenCL-
Kernel*

Damit stehen nun die Codes bereit, und wir können uns der Vereinbarung der Daten zuwenden.

Werden die GPU-Ressourcen nicht mehr benötigt, können sie in der in-
versen Reihenfolge wieder freigegeben werden.

```
clReleaseKernel(kernel);
clReleaseProgram(program);
clReleaseCommandQueue(queue);
clReleaseContext(context);
```

9.3.4   Datendeklaration

Um den Code in Abbildung 9.5 ausführen zu können, d.h. zwei Fließkommazahlen miteinander multiplizieren, muss zunächst eine Verbindung des GPU-Speichers mit dem CPU-RAM-Speicher hergestellt werden. Anstelle des Datentyps **float** in Abbildung 9.5 verwenden wir allerdings hier **double**. Für die Übergabe werden Buffer-Objekte deklariert,
die das Rangieren der Daten managen. In unserem Beispiel sollen 12
Wertepaare bearbeitet werden:

256

```
cl_mem idata1 = clCreateBuffer(context,
       0,12*sizeof(double),NULL,NULL);
cl_mem idata2 = clCreateBuffer(context,
       0,12*sizeof(double),NULL,NULL);
cl_mem odata = clCreateBuffer(context,
       0,12*sizeof(double),NULL,NULL);
```

Die Pufferdeskriptoren werden an einen bestimmten Kontext und damit an einen bestimmten GPU-Typ gebunden. Was genau festgelegt wird, überlassen das einstweilen dem System.[82] Die Puffer können später für die Übergabe verschiedener Daten oder Datentypen verwendet werden. Sie müssen nur groß genug sein, die maximale Blockgröße der auszutauschenden Daten aufnehmen zu können.

Für jeden Kernel ist festzulegen, aus welchem dieser Pufferobjekte sich seine Übergabevariablen bedienen sollen. Dies erfolgt für jede Übergabevariable einzeln.

```
clSetKernelArg(kernel,0,sizeof(cl_mem),&idata1);
clSetKernelArg(kernel,1,sizeof(cl_mem),&idata2);
clSetKernelArg(kernel,2,sizeof(cl_mem),&odata);
```

Damit ist der Deklarationsteil beendet und die Programmausführung kann beginnen.

9.3.5   Codeausführung

Die Pufferobjekte sind Übergabepunkte für Daten. Damit Daten des Hosts in einer bestimmten GPU verfügbar werden, sind sie unter Angabe der Ausführungs-Warteschlange in den Puffer zu kopieren:

```
clEnqueueWriteBuffer(command_queue,idata1,
       CL_FALSE,0,12*sizeof(double),
       &indata1,0,NULL,NULL);
clEnqueueWriteBuffer(command_queue,idata2,
       CL_FALSE,0,12*sizeof(double),
       &indata2,0,NULL,NULL);
```

---

82 Pufferbereich können auf dem Host, der GPU oder beiden liegen, zusätzlich können unterschiedliche Schreib/Leserechte bestehen (Abbildung 9.4). Wollte man das direkt hier erklären, würde der Absatz etwas länger, hätte Auswirkungen auf das Folgende und würde schließlich zu dem Ergebnis führen, dass keiner mehr so genau weiß, an welcher Stelle im Projekt man gerade steckt.

CL_FALSE spezifiziert, ob die Funktion den Host blockiert oder nicht blockiert. Die Blockierungslogik ist uns aus OpenMPI bereits bekannt: bei nicht blockierender Operation (**CL_FALSE**) dürfen die Variablen **indata1/indata2** nicht bedient werden, so lange die Transaktion nicht abgeschlossen ist (vergleiche **MPI_Request**). Da wir nicht vorhaben, die Daten vor Abholen des Ergebnisses zu verändern, können wir hier ohne Blockierung fortfahren.

Die Blockierungslogik betrifft natürlich nicht nur die CPU, die ggf. warten muss, bis die Daten für die GPU kopiert sind, auch die GPU muss unter Umständen warten, bis Kommandos abgeschlossen sind. Möglicherweise hat die CPU ja bereits neue Kommandos in die **command_queue** geschrieben, bevor die GPU zur Bearbeitung gekommen ist. In der Standardkonfiguration werden die Kommandos in der Schlange aber nacheinander in der Reihenfolge des Eintreffens abgearbeitet, so dass wir hierauf ebenfalls keine Rücksicht nehmen müssen.

Der nächste Auftrag an die **command_queue** ist die Ausführung des Kernel:

```
const size_t global[] = { 12 };

clEnqueueNDRangeKernel(command_queue,kernel,
            1,NULL,global,NULL,0,NULL,NULL);
```

Hier treten nur zwei neue Parameter auf. Der dritte Parameter (1) spezifiziert die Dimension der Aufgabe. Möglich sind die Werte

1 = Vektoren, was hier zutrifft,

2 = Matrix oder 2-dimensionales Feld, beispielsweise ein dititales Foto, oder

3 = Tensor oder 3-d-Matrix, notwendig für die Berechnung einer Computergrafik.

Im vierten Parameter steht die Größe der Aufgabe, hier in einem Feld der Dimension 1. Was es genau mit der Dimension und den Parametern im Feld **global** auf sich hat, diskutieren wir gleich. Wie Sie sicher bemerken, tauchen Parameter, die mit Work Groups in Verbindung zu bringen sind, in diesem Aufruf nicht auf. Auch das überlassen wir dem System.

Im leztzten Schritt sind die fertigen Daten von der GPU abzuholen:

```
clEnqueueReadBuffer(command_queue,odata,
    CL_TRUE,0,12*sizeof(float),
    &outdata,0,NULL,NULL);
```

Diesmal wird ein blockierender Befehl verwendet (**CL_TRUE**). Das dürfte verständlich sein: wir wissen nicht, wann die GPU den Kernel ausführt. Würden wir die Methode nicht blockierend aufrufen, können drei verschiedene Fälle eintreten:

a) Die Aufgabe landet auf der **command_queue**, wird aber noch nicht ausgeführt, da das Kommando davor noch nicht abgeschlossen ist. Auf der Host-Variablen sind immer noch die alten Werte zu finden.

b) Die Methode kann sofort ausgeführt werden, ist aber noch nicht fertig, wenn das Host-Programm wieder anläuft. Nur ein Teil der Daten ist neu berechnet.

c) Die Methode kann ausgeführt werden und ist schnell genug, die Daten anzuliefern, bevor der Host sich darum kümmert. In diesem Fall ist alles korrekt, allerdings dürfte das die Ausnahme sein.

Aufgabe. Die Beschreibung hat zwar nun einige Seiten Text erfordert, die Umsetzung in ein Beispielprogramm ist aber relativ einfach und kurz. Arbeiten Sie ab Kapitel 9.2 alles zu einer lauffähigen Anwendung auf.

9.4   Events

Bei der Nutzung von OpenCL sind zwei Hardware-Einheiten am Werk, die beide optimal genutzt werden sollten, d.h. während eine Einheit arbeitet, sollte die andere nicht gezwungen sein, so lange zu warten. Die OpenCL-Kommandos notieren denn auch den Befehl in der **command_queue** und geben die Kontrolle an die CPU des Mainboards zurück. Ausgeführt werden die Kommandos in der **command_queue** nach Bereitschaft der Grafikprozessoren. Der Ablauf ist mithin asynchron und verlangt eine Synchronisierung der Datenübergabe, wenn sinnvolle Ergebnisse herauskommen sollen.

Die simpelste Synchronisierungsmaßnahme ist

```
clFinish(command_queue);
```

Das Hauptprogramm wird so lange angehalten, bis die **command_queue** vollständig beendet wurde. In vielen Anwendungen kommt man mit dieser Synchronisation aus, wenn die auf der Grafikkarte fertig berechneten Daten wieder in das Hauptprogramm zurück gelesen werden sollen.

Eine feinere Steuerung beginnt bei der Übertragung der Daten in den Datenpuffer:

```
cl_event write_event;
clEnqueueWriteBuffer(command_queue,idata2,
       CL_FALSE,0,12*sizeof(double),
       &indata2,0,NULL,&write_event);
```

In diesem Befehl sind zwei Steuerungsgrößen vorhanden, von denen wir eine bereits kennen: **CL_FALSE** sorgt dafür, dass das Hauptprogramm unmittelbar weiterarbeiten kann, die Daten aber möglicherweise noch nicht in den Puffer transferiert sind. **CL_TRUE** blockiert so lange, bis der Transfer abgeschlossen ist.

Die zweite Steuerungsgröße ist **cl_event**, die die Abarbeitung der Kommandos in der **command_queue** kontrolliert. Arbeitet das Hauptprogramm nämlich weiter, so hat es unter Umständen mehrere weitere Kommandos in die **command_queue** eingefügt, bevor der Befehl ausgeführt wird. **write_event** ist eine eindeutige Kennung für das Kommando, mit dem kontrolliert werden kann, dass das Kommando

```
clEnqueueNDRangeKernel(command_queue,kernel,
       1,NULL,global,NULL,1,&write_event,&calc_event);
```

erst ausgeführt wird, wenn die Übertragung in den Puffer abgeschlossen ist. **write_event** ist hier ein Feld von **cl_event**s mit der Größe 1, was im Parameterfeld vor dem Feldzeiger angegeben wird (die Ausführung eines Kommandos kann auch von mehreren Events abhängen, beispielsweise die Kernelausführung von vielen Pufferschreiboperationen). Die Kernelausführung ihrerseits wird hier auch mit einem Event verknüpft, das man beispielsweise bei Rücklesen des Puffers einsetzen kann.

In sehr einfachen Anwendungen, die sich auf das Schreiben der Puffer-daten, die Ausführung des Kernels und das Rücklesen der Daten be-schränken, kann man oft auf Events verzichten und sich auf eine Synchronisation mit **clFinish(..)** beschränken. Beim Aufruf mehrerer Kernel hintereinander und komplexeren Datentransfers kommt man um solche Steuerungsmaßnahmen aber nicht herum (siehe Kapitel 9.8). Speziell beim Datenaustausch gilt:

- Hauptprogrammvariable:

  ◆ CL_TRUE: dürfen sofort wieder überschrieben werden

  ◆ CL_FALSE: dürfen erst nach Erledigung des **write_event** wieder überschrieben werden.

- Buffer: darf erst nach Erledigung des **calc_event** überschrieben werden.

Ob Events anstehen, kann gezielt mit

```
clWaitForEvents(1,eventlist);
```

kontrolliert werden, wenn **clFinish(..)** nicht eingesetzt werden soll.

Aufgabe. Analysieren Sie den folgende Code

```
for(int i=0;i<n;i++){
    clEnqueueWriteBuffer(command_queue,idata,
            CL_FALSE,0,sizeof(int),&i,
            0,NULL,&write_event);
    clEnqueueNDRangeKernel(command_queue,kernel,
            2,NULL,global,NULL,0,NULL,NULL);
}
```

Welche Synchronisationsprobleme liegen vor und wie können sie beseitigt werden? Hinweis: es sind mehrere Lösungen möglich. Sie können die Schleife „abbremsen" oder durch vermehrten Speichereinsatz auch ohne Bremse durchlaufen lassen.

9.5   *Work Groups / Matrixmultiplikation*

Wir erinnern: eine Matrixmultiplikation wird mathematisch durch

$$C = A * B \ , \quad c_{i,j} = \sum_{k=1}^{N} a_{i,k} * b_{k,j} \ , \quad 1 \le i,j \le N$$

beschrieben. Wir haben es mit einem zweidimensionalen Problem zu tun, dessen globale Dimensionen durch ein Tupel $D = (N_x, N_y)$ beschrieben wird. N_x und N_y sind die Anzahlen der Spalten und Zeilen der Matrix A bzw. Zeilen und Spalten der Matrix B, wenn die Multiplikation definiert sein soll.

Wenn man sinngemäß den Kernelaufruf aus dem letzten Kapitel auf dieses Problem ansetzt, bietet sich folgende Lösung für quadratische Matrizen $(N_x = N_y)$ an:

```
const size_t global[] = { N , N };

clEnqueueNDRangeKernel(command_queue,kernel,
           2,NULL,global,NULL,0,NULL,NULL);
```

wobei ein passender Kernelcode dieser wäre:

```
__kernel void mulm(__global double *C,
                   __global double *A,
                   __global double *B,
                   const unsigned int n)\n
{
  size_t idx;
  size_t idy;
  idx = get_global_id(0);
  idy = get_global_id(1);
  double sum=0;
  size_t k;
  for(k=0;k<n;k++)
     sum=sum + A[idy*n+k] * B[k*n+idx];
  C[idx+idy*n] = sum;
}
```

Hierin stecken die Überlegungen:

1. Jedes Work Item berechnet genau ein Element der Ergebnismatrix. Es muss hierzu auf eine komplette Zeile der ersten und eine komplette Zeile der zweiten Matrix zugreifen.

2. Die Thread-IDs der Work Items werden nicht als fortlaufende Zahlen vergeben, sondern als Tupel entsprechend der Dimensi-

on des Problems. Sie können im Kernelcode daher einzeln mittels **get_global_id(dim)** abgefragt werden.

Sehen wir uns als Hintergrund das Work Group Modell an: Work Items können zu 1-, 2- oder 3-dimensionalen Modellen gruppiert werden, wodurch (zunächst) eine logische oder globale WorkGroup entsteht. Eine globale Work Group mit { 4 , 4 , 4 } Work Items in einem logischen Würfel koordiniert genauso viele Work Items wie eine lineare Group mit 64 Work Items.

Solche logischen oder globalen Work Groups entsprechen aber nicht den physikalischen oder lokalen Work Groups. Wenn man außer **global** nichts angibt, überlässt man es dem Shader, wie die Gesamtaufgabe in lokale, den Hardwareressorucen entsprechenden Arbeitsgruppen zerlegt werden. Die lokale oder physikalische Größe ist aber auch vom Programmierer konfigurierbar:

```
const size_t global[] = { N , N };
const size_t local[] = { 4 , 4 };

clEnqueueNDRangeKernel(command_queue,kernel,
            2,NULL,global,local,0,NULL,NULL);
```

definiert eine feste lokale Arbeitsgruppengröße. Damit sind folgende Funktionsmodelle verbunden:

- **global**. Der Shader reserviert zwar für die Aufgabe die entsprechende Anzahl von WorkItems, kann diese aber beliebig nach Verfügbarkeit der Hardwareressourcen auf Arbeitsgruppen beliebiger Größe verteilen und aufrufen. Deshalb ist eine Synchronisation der zwischen verschiedenen WorkItems nicht möglich ist.

- **local**. Die WorkItems können in drei Dimensionen angeordnet werden, wobei

```
dim_1 * dim_2 * dim_3 <= MAX_WORK_GROUP_SIZE
```

gilt (hardwareabhängig sind u.U. nicht alle theoretischen Kombinationsmöglichkeiten zulässig). Der Shader starten die Berechnung erst dann, wenn die komlette Anzahl an WorkItems zur Verfügung steht. Alle WorkItems arbeiten gleichzeitig, weshalb auch eine Synchronisation untereinander innerhalb der Gruppe möglich ist.

Arbeitstechnisch werden so viele (lokale) Arbeitsgruppen wie möglich gleichzeitig aktiviert, wenn der Befehl von der Kommandoschlange zur Ausführung kommt. Die Arbeitsgruppen sind untereinander jedoch nicht synchronisiert. So lange alle WorkItems unabhängig voneinander arbeiten dürfen, garantiert der Verzicht auf eine Definition lokaler Gruppen die maximale Effizienz.

Wenn Ergebnisse eines WorkItems von anderen verwendet werden sollen, ergibt sich aus der Zufälligkeit der Ausführung ein Problem. Innerhalb der Kernelcodes kann man Synchronisationspunkte in Form einer **barrier()** vorsehen, wie wir dies auch schon von OpenMPI kennen. Allerdings setzt das voraus, dass alle WorkItems gleichzeitig aktiv sind, und das sind die, die in einer **local**-Definition zusammengefasst sind. So lange **global** die Obergrenzen von **local** nicht überschreitet oder eine Synchronisation in **local**-Größe ausreichend ist, ist das Synchronisationsproblem gelöst, allerdings auf Kosten der Effizienz.

Ist **global** größer und muss komplett synchronisiert werden, besteht das Problem weiter, da die verschiedenen **local**-Groups nach wie vor untereinander nicht synchronisiert werden. Es bleibt dann nur die Möglichkeit, die Aufgabe in mehrere Kernelaufrufe zu zerlegen. **global** wird auf **local** begrenzt, und durch das Feld **offset** im Befehl

```
clEnqueueNDRangeKernel(command_queue,kernel,
          2,offset,global,local,0,NULL,NULL);
```

wird angeben, welcher Pufferbereich in einem Kernel bearbeitet werden soll. **offset** wird jeweils bei Aufruf der Funktion **get_global_id()** zu den Indizes der globalen Arbeitsgruppe addiert, d.h. man muss sich im oben dargestellten Kernel um nichts weiter kümmern.[83] Ist beispielsweise ein Feld der Größe 128*128 zu bearbeiten, die Grenze der Hardware für lokale Arbeitsgruppen liegt jedoch bei 64*64, so kann das gesamte Feld mit 4 Kernelaufrufen bearbeitet werden:

---

83 Wenn man es aus irgendwelchen Gründen genauer wissen muss, kann mittels **get_global_offset(..)**, **get_local_size(..)**, **get_group_id(..)** und einige andere Methoden im Kernelcode auch sehr detailliert ermittelt werden, wie der Systemstatus aussieht.

```
global[2] = { 64,64 }
local[2]  = { 64,64 }

1. Lauf: offset = { 0,0 }
2. Lauf: offset = { 64,0 }
3. Lauf: offset = { 0,64 }
4. Lauf: offset = { 64,64 }
```

Wenn man nun weiß, dass die Kernel 1+2 sowie 3+4 synchronisiert werden müssen, verbindet man diese über Events.

Übernehmen wir nur das, was wir benötigen, so lautet der komplette erste Ansatz, das Produkt zweier Matrizen auf einer GPU zu berechnen:

```
cl_mem MA = clCreateBuffer(context,0,
              DIM*DIM*sizeof(double), NULL,NULL);
cl_mem MB = clCreateBuffer(context,0,
              DIM*DIM*sizeof(double), NULL,NULL);
cl_mem MC = clCreateBuffer(context,0,
              DIM*DIM*sizeof(double), NULL,NULL);

clSetKernelArg(kernel,0,sizeof(cl_mem),&MC);
clSetKernelArg(kernel,1,sizeof(cl_mem),&MA);
clSetKernelArg(kernel,2,sizeof(cl_mem),&MB);
clSetKernelArg(kernel,3,sizeof(unsigned int),&n);

clEnqueueWriteBuffer(command_queue,MA,CL_FALSE,
        0,DIM*DIM*sizeof(double),&A(0,0),0,NULL,NULL);
clEnqueueWriteBuffer(command_queue,MB,CL_FALSE,
        0,DIM*DIM*sizeof(double),&B(0,0),0,NULL,NULL);

const size_t global[] = { DIM , DIM };
clEnqueueNDRangeKernel(command_queue,kernel,2,
        NULL,global,NULL,0,NULL,NULL);

clFinish(command_queue);
clEnqueueReadBuffer(command_queue,MC,CL_TRUE,
        0,DIM*DIM*sizeof(double),&C(0,0),0,NULL,NULL);
```

Versuche mit verschiedene Größen führen zu folgenden Ausführungszeiten:

N	CPU [ms]	GPU [ms]
10	0,014	0,160
100	3,667	0,203

N	CPU [ms]	GPU [ms]
200	9,56	2,85
500	159	9,25
750	680	37,3
1000	2640	298

Hier ist allerdings nur die Kernelausführungszeit gemessen, das Kopieren der Puffer ist nicht berücksichtigt, nimmt aber nur wenig Zeit in Anspruch ($<0,1$ ms). Für die Messung ist ein kleiner Trick notwendig, da die GPU asynchron zur CPU arbeitet. Der Befehl **clFinish(command)** sorgt für die notwendige Synchronisation: er blockiert die Programmausführung auf dem Host so lange bis sämtliche Kommandos auf der Warteschlange abgearbeitet sind.

Bei sehr kleinen Matrixdimensionen lohnt der Aufwand nicht, da zu viel Zeit für die Verwaltung aufgewendet werden muss, bei $100 < N < 800$ zeigt sich ein extremer Gewinn von 18 – 21, und erst bei noch größeren Dimensionen flacht der Gewinn wieder ab, weil die Matrizen auf dem GPU-Speicher nicht mehr sinnvoll unterzubringen sind.

Einen kleinen Nebeneffekt kann man am Rande betrachten: vergleicht man die auf der CPU gewonnenen Ergebnisse mit denen auf der GPU, ergeben sich Differenzen von $1 - 8 * 10^{-13}$ bei Matrixgrößen von 100 – 1.000, obwohl formal der gleiche Algorithmus verwendet wird. Der Grund liegt in der unterschiedlichen Implementierung der Rechenwerke für den Typ **double**. Der ist in der Norm IEEE 754 verbindlich mit einem 64 Bit-Format einschließlich der Rechenvorschriften definiert. GPUs halten sich i.d.R. exakt an diesen Standard, während viele CPUs traditionell mit einem erweiterten 80 Bit-Format rechnen. Zwar wird das beim Abspeichern im RAM wieder auf 64 Bit gekürzt, Akkumulationen finden jedoch im 80 Bit-Format statt, was bei Skalarprodukten mit vielen Summanden zu den vergleichsweise erheblichen Differenzen führt.

> **Aufgabe.** Anstelle der Aufgabe **C=A*B** kann auch eine verkürzte Multiplikation der Art **A*=B** durchgeführt werden, in der das Ergebnis auf dem ersten der Faktoren abgelegt wird. Wenn Sie sich die Multiplikationsformel genauer anschauen, genügt es dazu, jeweils eine komplette

Zeile der Ergebnismatrix zu berechnen und diese anschließend in die erste Faktormatrix umzuspeichern, da diese im weiteren Verlauf der Rechnung nicht mehr benötigt wird. Technisch benötigt man dazu nur einen Vektor, der in OpenCL als Puffer definiert werden muss, aber gar keinen Datenaustausch mit dem Hauptprogramm durchzuführen braucht. Bei einer zeilenweisen Erstellung des Ergebnisses kann im Kernel mit **barrier(CLK_GLOBAL_MEM_FENCE)** (siehe folgendes Kapitel) gearbeitet werden, um die Übertragung der komplett berechneten Zeile auf die Matrix innerhalb einer Arbeitsgruppe zu synchronisieren; die Zeilen werden durch einzelne Kernelaufrufe abgearbeitet, die ebenfalls zu synchronisieren sind und über **offset**-Angaben die Information erhalten, welche Zeile bearbeitet wird. Mit anderen Worten: Sie können alles theoretisch diskutierte einmal praktisch ausprobieren.

Aufgabe. Greifen Sie auch die Eigenwertberechnung noch einmal auf und erarbeiten Sie eine OpenCL-Lösung.

Hinweis. Je komplexer die Parallelisierung wird, desto schwieriger wird es, Fehler zu finden. Die neue Methode liefert nach einer Erweiterung nicht mehr die Daten, die Sie mit der einfachen Referenzimplementierung erhalten, aber warum?

Glücklicherweise ist in den Kernelcodes die Möglichkeit zum Tracen vorgesehen: auch wenn Ihnen der GPU-Compiler ziemlich schnell Fehlermeldungen liefert, wenn Sie auf geläufige Methoden auf dem Hauptrechner zurückgreifen, **printf(..)** versteht er. In der Regel lässt sich damit schnell herausbekommen, was schief läuft. Der Rest kann komplizierter werden, da bei der Zusammenarbeit mehrerer Systeme viele Regeln zu beachten sind.

Im Internet findet man im Anschluss an das erzielte Ergebnis noch weitere Diskussionen zur Optimierung, die sich hauptsächlich am Speichermodell aus Abbildung 9.4 auf Seite 248 aufhängen. Jedes Work Item muss auf zwei Matrizen zugreifen, die formal im globalen Speicher liegen und sämtlichen Arbeitsgruppen zugänglich sind. Von einer Kopie der Zeilen in den lokalen Speicher eines Work Items und der Spaltenelemente in den lokalen Speicher einer Arbeitsgruppe verspricht man sich weitere Geschwindigkeitssteigerungen, wobei es allerdings notwendig ist, die Arbeitsgruppengröße selbst festzulegen. Ich würde davon aber abraten: eine erfolgreiche Arbeitsgruppendefinition auf System A muss auf einem System B nicht funktionieren (die Spanne reicht von besser über schlechter bis gar nicht, d.h. falsche Ergebnisse), und die vorhandene Hardware- und Softwareoptimierung wird durch Herumdoktorn oft ebenfalls eher verschlimmbessert.

9.6 Skalarprodukte

In der Matrixberechnung haben wir bereits Skalarprodukte berechnet, allerdings wurde jedes Skalarprodukt von einem Work Item berechnet und interferenzfrei auf einem globalen Speicherplatz abgelegt. Das Ziel jetzt besteht darin, ein einzelnes Skalarprodukt zu parallelisieren, d.h. gefragt ist nach s in

$$s = \sum_{k=1}^{N} a_k * b_k$$

Aus OpenMP wissen wir, dass nicht einfach auf s summiert werden darf, da die Operation nicht atomar ist und für den Datentyp **double** auch keine atomaren Operationen existieren. Wenn die Pufferinhalte nicht konstant bleiben müssen, lässt sich die Operation aber folgendermaßen zerlegen:

(1) Im ersten Schritt werden die Produkte $a_k = a_k * b_k$ erzeugt und eine Abstandsvariable $d = 2$ initialisiert.

(2) Für alle durch d teilbaren $k+1$ $\left(\forall k: d | k+1 \right)$ berechnen wir Teilsummen $a_k = a_k + a_{k+d/2}$.

(3) Wir erhöhen $d = d * 2$ und wiederholen Schritt (2) für $d < 2 * N$

Im ersten Schritt werden hierdurch die Summen (1+2 , 3+4 , 5+6 , 7+8 ,...) gebildet, im zweiten (1+3 , 5+7 , ...) und so fort, bis nach der letzten Operation die Gesamtsumme auf dem Index 1 zu finden ist. Nach (1) und jedem Verdichtungsschritt (2) müssen die Work Items allerdings synchronisiert werden, zusätzlich ist zu kontrollieren, dass die Bereichsgrenzen nicht überschritten werden. Das führt uns zum Kernel

```
__kernel void skalarprod(__global double *v,
                         __global double *w){
    size_t id = get_global_id(0);
```

```
size_t ng = get_global_size(0);
size_t d = 2;
v[id] *= w[id];
barrier(CLK_GLOBAL_MEM_FENCE);
while(d<2*ng) {
    if(id%d == 0 && id+d/2 < ng)
        v[id]+=v[id+d/2];
    d*=2;
    barrier(CLK_GLOBAL_MEM_FENCE);
}
};
```

Aufgabe. Implementieren Sie die Anwendung komplett einschließlich Hostcode. Achten Sie darauf, die lokale (physikalische) Arbeitsgruppengröße zu definieren, damit eine Synchronisation möglich ist.

Testen Sie verschiedene Problemgrößen aus. Ab welcher Größe der Vektoren lohnt sich der Einsatz der GPU für die Berechnung?

Da alle Teilsummen parallel berechnet werden, führt die GPU-Nutzung zu einem hohen Gewinn: muss eine Schleife beispielsweise 8192 Durchläufe absolvieren, um alles einzeln zu berechnen, werden auf der GPU nacheinander 4096, 2048, 1024, 512, ... 4, 2, 1 gleichzeitig gebildet und die Summierung ist nach 13 Schritten abgeschlossen, d.h. der theoretische Gewinn liegt bei

$$S = \frac{N}{ld(N)}$$

In der Praxis wird er etwas ausfallen, da die Rechnerhardware für solche Berechnungen optimiert ist und auf der Grafikkarte die WorkItems synchronisiert werden müssen (abgesehen von Transferoperation zwischen den Speicherbereichen).

Achten Sie darauf, dass alle WorkItems bis zum Ende der Berechnung aktiv bleiben müssen, auch wenn sie an der Berechnung nicht mehr teilnehmen und nur noch von **barrier()** zu **barrier()** laufen. Ein vorzeitiges Beenden eines WorkItems führt zum Auseinanderfallen der kompletten Arbeitsgruppe und damit zum Ende der Synchronisation.

Aufgabe. Substituieren Sie in der Aufgabe **A*=B** die Skalarprodukte durch Summantionskernel. Das bedeutet, dass Sie jeden der N Kernel, die jeweils eine Zeile der Ergebnismatrix berechnet haben, nochmals in N Kernel aufspalten, die nun jeweils ein Element der neuen

Zeile berechnen. Testen Sie, wie das System auf diese Verlagerung der Organisation reagiert.

Die Summierung ist um so effektiver, je größer das Problem ist. Wenn in der Nähe der maximalen physikalischen Gruppengröße gearbeitet wird, können die Kernel über ein Event verbunden werden. Die Summierung bedeutet ja, dass zunächst die Produkte auf einem Zwischenvektor gespeichert und anschließend verdichtet werden, d.h. einen weiteren Vektor benötigen Sie ohnehin, da der Vektor aus der Aufgabe $A^*=B$ ja eine komplette neue Zeile aufnehmen muss. Sie bezahlen Effizienz wieder einmal mit mehr Speicheraufwand. Wenn Sie bei einem weiteren Vektor bleiben wollen, muss ein neues Element komplett berechnet und auf den Ziwschenvektor übertragen sein, bevor Sie ein weiteres Element berechnen, d.h. die Kernel müssen über Events synchronisiert werden. Sie kommen dabei mit zwei Event-Variablen aus: die Regel lautet, dass Elemente der Event-Liste, auf die ein Kernel warten muss, nicht identisch mit dem neuen Event für den Kernel übereinstimmen darf. Ist ein Event jedoch in einer Liste an eine **command_queue** übergeben worden, darf die Variabel wiederverwendet werden, wenn das gleiche Event nicht nochmals benötigt wird.

Aufgabe. Bei dieser Vorgehensweise wird ein neues Matrixelement nach dem nächsten berechnet. Möglicherweise kann Ihre Grafikkarte aber auch mehr. Die maximale Arbeitsgruppengröße muss nicht bedeuten, dass sehr hochwertige Karten nicht mehrere Arbeitsgruppen dieser Größe parallel abarbeiten können. Arbeitsgruppen, die über einen eigenen Hilfsvektor verfügen, müssen nicht mit anderen über ein Event synchronisiert werden. Weichen Sie die Eventsynchronisierung auf und testen Sie, was mit Ihrer Hardware möglich ist.

Eine Einschränkung ist die Begrenzung der parallelen Summierung auf die maximale Arbeitsgruppengröße. Das Problem lässt sich durch Verteilung auf mehrere Kernel erledigen:

1. Der erste Kernel erledigt nur die Multiplikation und speichert die Produkte im Hilfsvektor ab. Eine Synchronisation ist nicht notwendig, d.h. eine lokale Arbeitsgruppengröße wird nicht angegeben. Der Kernel muss beendet sein, bevor die Summation anläuft.

2. Der zweite Kernel führt die Summation durch und muss mehrfach aufgerufen werden, da ein Kernel alleine das Problem nicht bearbeiten kann. Das Problem wird dazu in Teile maximaler Kernelgröße zerlegt und in zwei Schritten verarbeitet:

   a) Jeder Kernel berechnet eine Teilsumme für seinen Abschnitt, die sich am Ende im 1. Element des Abschnitts befindet. Die Kernel müssen untereinander nicht synchronisiert werden.

   b) Nach Abschluss von a) (Syncrhonisation!) werden die ersten Elemente jedes Abschnitts zur Gesamtsumme verdichtet.

Aufgabe. Testen Sie auch diese Option aus. b) ist zwar ein Miniprogramm, sollte aber trotzdem auf der GPU durchgeführt werden, um Puffertransfers zum Hauptrechner zu vermeiden.

9.7   *Sortierung*

Auch die Sortieraufgabe lässt sich natürlich in die GPU verlegen, allerdings ist das etwas esoterisch. Wie wir festgestellt haben, rentiert sich eine Parallelisierung erst bei sehr großen Feldern oder alternativ bei einem extrem hohen Aufwand bei der Auswertung der Größenrelation zwischen den Elementen. Beides ist selten gegeben, und wenn wir Aufwand und Randbedingungen bei der OpenCL-Parallelisierung betrachten, ist eine Parallelisierung des Bubblesort-Algorithmus ähnlich den bereits umgesetzten Methoden wohl eher eine Aufgabe 2. Wahl.

Um Ihnen den Spaß am parallelen Sortieren aber nicht auf den letzten Metern zu verderben, bringen wir ohne viel Ausführlichkeit in der Darstellung das bitonische Sortieren als weiteren Sortieralgorithmus ins Spiel. Er dürfte im Vergleich zu den anderen Algorithmen relativ unbekannt sein, so dass vielleicht der Reiz des Neuen zu einer Umsetzung ermuntert.

Eine bitonische Folge besitzt die Vorsortierung

$$a_1 < a_2 < a_3 < ... < a_{n/2} \approx a_{n/2+1} > a_{n/2+2} > a_{n/2+3} > ... a_n$$

Sie besteht somit aus zwei gegenläufig sortierten Teilfolgen. Die Gesamtsortierung kann durch eine Reihe von sortierenden Vertauschungsoperationen jeweils zweier Elemente erfolgen:

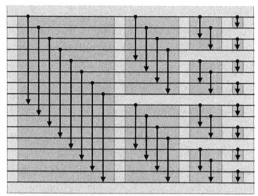

Abbildung 9.6: bitonische Sortierung

Links beginnend wird jeweils ein großes Element der unteren Folge mit dem indexmäßig korrespondierenden kleinen Element der oberen Folge verglichen und das größere Element in die untere Folge verschoben (der Pfeil gib an, wohin das größere Element geschoben wird). Ist a_n das kleinste Element überhaupt, bewegt es sich nie und steht bereits an der richtigen Stellen. Wird es gegen $a_{n/2}$ ausgetauscht, werden auch alle weiteren Element der oberen Folge getauscht, da alle größer als a_n sind, alle Elemente der unteren Folge aber kleiner als das ohnehin kleinere $a_{n/2}$. Der Sprung von Größer zu Kleiner zwischen den Teilfolgen kann natürlich irgendwo erfolgen, weshalb die Sortierung nach dem ersten Schritt fortgesetzt werden muss. Am Ende aller Blöcke steht das größte Element am Beginn der Folge. Ich überlasse es Ihnen, sich anhand dieser Überlegungen oder durch ein kleines Beispiel klar zu machen, dass am Schluss jedes Element auf der korrekten Position ist.

Aufgabe. Die Operationen mit gleichem Abstand zwischen den zu tauschenden Elementen können parallelisiert werden. Eine Synchronisation ist nur notwendig, wenn die Schrittweite verkleinert wird.

Wie beim Bubble/Mergesort hat das Problem einen kleinen Haken: das Feld muss erst einmal eine bitonische Ordnung aufweisen, um sortiert werden zu können. Bei Bubblesort haben wir den ersten Schritt, die Vorsortierung der parallel bearbeiteten Teilfelder, den Prozessen komplett überlassen. Glücklicherweise kann eine bitonische Folge durch ein umgekehrtes bitonisches Blockschema aus einer ungeordneten Folge erzeugt werden, d.h. auch die Vorsortierung ist parallelisierbar, was den Reiz für eine Realisierung auf der GPU ausmacht. Das komplette Sortierschema sieht folgendermaßen aus:

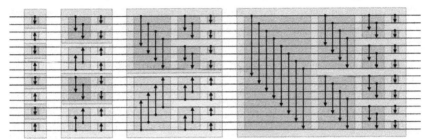

Abbildung 9.7: Bitonische Sortierung, Gesamtablauf

Beginnend bei der Blockgröße 2 werden schrittweise bitonische Folgen der doppelten Blockgröße erzeugt und sortiert, wobei die Sortierungen gegenläufig erfolgen, um im nächsten Schritt die beiden neuen Blöcke wiederum in einer bitonischen Folge vorliegen zu haben und erneut sortieren zu können. Ich überlasse es Ihnen, das Schema im einzelnen zu verifizieren und bezüglich der Sortierrichtung zu verallgemeinern.

Der Algorithmus benötigt lediglich Vertauschungsoperationen und ist daher etwas gradliniger zu programmieren als der Bubblesort. Mit einer Laufzeitordnung $O(n*\log(n)^2)$ in der seriellen Form und $O(\log(n)^2)$ in der parallelen ist der Algorithmus auch sehr effektiv.

Aufgabe. Implementieren Sie diesen Algorithmus. Synchronisation ist zwischen verschiedenen Abständen der zu vergleichenden Elemente notwendig. Realisieren Sie dies durch Verkettung von Kernelaufrufen, da sonst die Feldgröße auf die doppelte Arbeitsgruppengröße beschränkt bleiben würde.

9.8   *Vielteilchenprobleme*

In diesem Kapitel untersuchen wir die Berechnung der Bewegungen von Körpern in einem Schwerefeld, beispielsweise der Planeten im Sonnensystem. Die Art der Problemstellung ist typisch für eine ganze Reihe von technischen Anwendungen und wurde wieder unter dem Gesichtspunkt der leichten Verständlichkeit ausgewählt. Sie bietet zusätzlich den Vorteil, dass sämtlich diskutierten Parallelisierungsmethoden eingesetzt werden können. Wir werden an einigen Stellen, angefangen bei der Theorie, auch etwas ausführlicher auf Aspekte eingehen, deren Nichtbeachtung bei einer Umsetzung zu Fehlern führen kann.

Wie die klassische (newtonschen) Physik lehrt, benötigt man zu einem beliebigen Zeitpunt lediglich die Massen, Positionen und Geschwindigkeiten der Körper, um deren weitere Bewegungen zu berechnen. Der Ausgangsparametersatz besteht somit aus $(2*3+1)*n$ Größen:

$$\left(s_1, s_2, \dots s_n\right) \ , \ \left(\vec{v}_1, \vec{v}_2, \dots \vec{v}_n\right) \ , \ m_1 .. m_k$$

$$s_k = \begin{pmatrix} s_{x,k} \\ s_{y,k} \\ s_{z,k} \end{pmatrix} \ , \ \vec{v}_k = \begin{pmatrix} v_{x,k} \\ v_{y,k} \\ v_{z,k} \end{pmatrix}$$

Mathematisch besteht kein Unterschied zwischen den Orten und den Geschwindigkeiten, für das Verständnis empfiehlt es sich jedoch, zwischen Punkten s (=Orten im Raum) und Vektoren v (=Richtungen mit Größen) zu unterscheiden. Ein Vektor bezieht sich immer auf einen bestimmten Punkt im Raum, hier auf die Positionen der Körper.

In einem Planetensystem wirken zwischen den Körpern Gravitationskräfte. Die Kraft, mit der der Körper k den Körper i anzieht, ist durch

$$\vec{f}_{ik} = \gamma \frac{m_i * m_k}{\left|s_k - s_i\right|^2} * \frac{s_k - s_i}{\left|s_k - s_i\right|}$$

Sie hängt quadratisch vom Abstand der Körper ab; der zweite Term, der ebenfalls den Abstand der Körper im Nenner enthält, dient lediglich zur Normierung des Richtungsvektors. Wichtig für die spätere Umsetzung ist die Richtung der Kraft. Der Körper i wird in Richtung des Körpers k gezogen, was eine bestimmte Reihenfolge der Vektoren in der Differenz erfordert. Bei einem Fehler machen Sie aus einer anziehenden Kraft eine abstoßende, und bei der Berechnung kommt Unfug heraus. Machen Sie sich die korrekten Beziehungen an einer Zeichnung klar (**Aufgabe**).

Die auf einen Körper wirkende Kraft ist eine Summe der Kräfte, die jeweils durch einen der anderen Körper ausgeübt werden:

$$\vec{f}_i = \sum_{k=1}^{n} \vec{f}_{ik}$$

Aufgrund der Symmetrie gilt für die Einzelkräfte $\vec{f}_{ik} = -\vec{f}_{ki}$, d.h. ein Programm braucht nur die Hälfte der Kräfte zu berechnen und zu speichern. Halten wir dies als mögliches Optimierungsdetail gedanklich fest.

Nach Newton bewirken die Kräfte eine Beschleunigung der Körper

$$\vec{f} = m * \frac{d}{dt} \vec{v} = m \frac{d^2}{dt^2} s$$

Setzt man dies in die erste Gleichung ein, erhält man das Differentialgleichungssystem

$$\frac{d^2}{dt^2} s_i = g * \sum_{k=1}^{n} \frac{m_k}{|s_k - s_i|^2} * \frac{s_k - s_i}{|s_k - s_i|}$$

Mit den Anfangsbedingungen $s(t_0), \vec{v}(t_0)$, also Orten und Geschwindigkeiten zu einem Zeitpunkt t_0 , könnte man versuchen, das System geschlossen mathematisch lösen, und für den Computertechniker wäre nichts weiter zu tun. Das gelingt aber nur für wenige einfache Fälle, womit wir wieder im Spiel sind. Um die Bewegungen zu berechnen, wählt man kleine Zeitintervalle Δt und berechnet iterativ jeweils die neue Position und die neue Geschwindigkeit. Der einfachste Ansatz hierfür ist eine lineare Entwicklung:

$$\vec{v}_k(t + \Delta t) = \vec{v}_k(t) + \Delta t * \vec{f}_k(t) / m_k$$

$$s_k(t + \Delta t) = s_k(t) + \Delta t * \vec{v}_k(t)$$

Allerdings liegt man damit bei gleichmäßiger Krümmung der Bahnkurve systematisch daneben, wie man sich an einer Kurve und der jeweiligen linearen Verlängerung mit Hilfe der Tangente leicht klar macht. Abbildung 9.8 zeigt die Ortskurve eines ballistischen Flugkörpers im Schwerefeld, einmal exakt, einmal nach dieser Näherung berechnet.

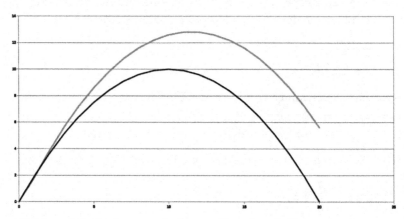

Abbildung 9.8: Ortskurve exakt (untere Kurve) und näherungsweise berechnet

Der einfache Ansatz entspricht der Entwicklung der Ortsfunktion in eine Tailorreihe und Berücksichtigung nur des linearen Gliedes. Eine bessere Näherung erhält man, wenn man die Tailorreihenentwicklung

$$F(x)=F(a)+\sum_{k=1}^{\infty}\frac{F^{(k)}(a)}{k!}(x-a)^k$$

der Bahnkurve erst nach dem 2. statt nach dem 1. Glied abbricht. Mit den bereits angegebenen Beziehungen erhält man (**Aufgabe**)

$$s_k(t+\Delta t)=s_k(t)+\Delta t*\vec{v}_k(t)+\frac{\vec{f}_k(t)}{2*m_k}*\Delta t^2$$

Auf eine Formel mit diesem Aussehen kommt man auch, wenn man die Bewegung eines Körpers im Schwerefeld der Erde betrachtet und die Differentialgleichung für $\vec{s}$ zweimal integriert, wie in Anfängervorlesungen der Physik gerne demonstriert wird. Mit dieser Berechnungsformel sollten wir daher schon recht gute Ergebnisse erzielen können, sofern Δt nicht zu groß gewählt wird.

In dieser Iterationsgleichung stehen nur bekannte Größen, so dass man sich nun an die Bahnberechnung begeben kann. Eine einfache Implementierung hierfür ist

```
// Einzelkräfte
for(i=0;i<n;i++)
    for(j=i+1;j<n;j++)
        berechne_kräfte(i,j);

// Gesamtkraft auf einen Planeten
for(i=0;i<n;i++){
    sum=0;
    for(j=0;j<n;j++)
        sum+=kraft(i,j);
}

// Neue Ortskoordinaten
for(size_t i=0; i<s.size(); i++)
    s[i]=s[i]+(v[i] + F[i]*(dt/(2.0*m[i])))*dt;

// Neue Geschwindigkeiten
  for(size_t i=0; i<v.size(); i++)
    v[i]=v[i]+F[i]*(dt/m[i]);
```

Um das Ganze herum befindet sich noch die Iterationsschleife mit den Zeitvorschüben Δt. Man erkennt unschwer die Problematik: wenn man die Bahnkurve genau ermitteln möchte, müssen die Zeitintervalle klein sein, insbesondere wenn sich die Körper einander nähern und die Kräfte für eine schnellere Änderung der Bewegungsrichtung sorgen. Der Rechenaufwand steigt somit mit den Anforderungen an die Genauigkeit, und da jeder Wert aus drei Einzelwerten besteht ... kurz und gut, es sind eine Menge Schleifen vorhanden, und deshalb bestehen gute Chancen, mit einer Parallelisierung schneller zum Ziel zu kommen. Die Zeitvorschübe können wir für eine Parallelisierung allerdings von vornherein ausklammern, da für jede neue Berechnung erst das Ergebnis der vorhergehenden vorliegen muss.

Aber zunächst zur seriellen Lösung. Sie folgt der Entwicklung des theoretischen Modells und berechnet zunächst eine Kräftematrix, die in einem zweiten Schritt zu den auf einen Planeten wirkenden Gesamtkräften verdichtet wird. Alternativ könnte man die Gesamtkräfte direkt berechnen und dadurch den Speicherplatz für eine Matrix einsparen. Es

277

existieren allerdings eine Reihe von Gründen, es (zunächst) mit der Matrixversion zu versuchen:

- Bei der Umsetzung der Physik in Code können Fehler auftreten: aus den anziehenden Kräften können beispielsweise durch vertauschen der Schleifenvariablen abstoßende werden. Eine weitere Fehlerquelle sind die Dimensionen der beteiligten Größen: die Gravitationskonstante $\gamma = 6{,}674 * 10^{-11} m^3 kg^{-1} s^{-2}$ ist in der Einheit m angegeben. Vergisst man, die Ortskoordinaten von der Dimension km auf m umzurechnen, liegt man gleich um einen Faktor 10^9 daneben, ähnliches gilt für Geschwindigkeitsangaben. Je einfacher der Code aufgebaut ist, desto leichter lassen sich die Ursachen für merkwürdige Ergebnisse finden.

- Durch die Antisymmetrie der Kräfte braucht nur die Hälfte berechnet zu werden, was mit Hilfe einer Matrix leicht, bei der direkten Berechnung der Gesamtkraft aber kaum zu realisieren ist. Der Speicheraufwand wird daher durch Zeiteinsparung honoriert.

- Für die folgende Parallelisierung sollten wir uns möglichst viele Optionen offen behalten. Die Berechnung der Matrix bietet sich dazu geradezu an.

Zur Vereinfachung der Implementation definieren wir uns zunächst eine Klasse für die Vektoren/Punkte nebst einigen Operatorüberladungen:

```cpp
struct P {
    double x,y,z;
    P& operator+=(P const& p);
    P& operator-=(P const& p);
    P operator-() const;
    double operator*(P const& p)const;
    double norm() const;
    P n() const;            // normierter Vektor
};
```

Orte, Geschwindigkeiten und Massen der Körper bringen wir in drei **std::vector**-Objekten unter:

```cpp
vector<P> s;
vector<P> v;
vector<double> m;
```

Sie bemerken, dass hierbei auf die Definition einer Planetenklasse, die alle Größen enthält, verzichtet wurde. Auch das hat wieder gute Gründe:

- Zusammen gehörende Größen liegen hintereinander im Speicher. Wir können daher bereits in der seriellen Version davon ausgehen, dass die Cache-Strategien wirksam eingesetzt werden können. Bei Objekten, die Massen, Orte und Geschwindigkeiten im Speicher verteilen, ist das nicht zu erwarten.

- OpenCL-Code ist reiner C-Code und kann mit Objekten nichts anfangen. Die kompakte Datenansammlung bereitet somit wieder den Einsatz der Parallelisierung vor.

Aufgabe. Implementieren Sie den seriellen Code. Auf der Webseite http://ssd.jpl.nasa.gov/ finden Sie Daten zu den Planeten des Sonnensystems. Beschaffen Sie sich Massen, Ortskoordinaten und Geschwindigkeiten einiger Planeten (z.B. Sonne, Venus, Erde, Mars, Jupiter) zu einem bestimmten Zeitpunkt(z.B. 1.1.2000 0:00 Uhr) und simulieren Sie die Bewegungen über einen größeren Zeitraum (z.B. 1 Jahr). Prüfen Sie, ob die ermittelten Werte korrekt sind, indem Sie a) die ermittelten neuen Positionen wiederum mit Bahndaten von der Webseite vergleichen, b) die Ortskoordinaten in einer Datei speichern und mittels eines Grafikprogramms wie Gnuplot grafisch darstellen lassen.

Auch dabei ist wieder auf Details zu achten. Die Daten sind in unterschiedlichen Koordinatensystemen und für unterschiedliche Bezugspunkte zu erhalten. Mit dem Schwerpunkt der Erde als Koordinatenursprung erhält man beispielsweise

```
mass.push_back(1.988544e+30);      /// Sonne [kg]
mass.push_back(48.685e+23);        /// Venus [kg]
mass.push_back(5.97219e+24);       /// Erde [kg]
mass.push_back(734.9e+20);         /// Mond [kg]
mass.push_back(6.4185e+23);        /// Mars [kg]
mass.push_back(1898.13e+24);       /// Jupiter [kg]

s.push_back(P(1.71651664398659E-01,
           -8.884091156115568E-01,
           -3.851400501774775E-01));   /// Sone (AU)

s.push_back(P(7.208224854447207E-01,
           -1.309983009016502E+00,
           -6.095994550816987E-01));   /// Venus
```

```
s.push_back(P(0.000000000000000E+00,
              0.000000000000000E+00,
              0.000000000000000E+00));      /// Erde

s.push_back(P(1.632373998983545E-03,
              1.861734049568327E-03,
              6.657381175350854E-04));      /// Mond

s.push_back(P(1.527014935495353E+00,
             -1.125152714001175E+00,
             -5.303319566123560E-01));      /// Mars

s.push_back(P(-3.558402622173626E+00,
              2.565694903278902E+00,
              1.186183607163296E+00));       /// Jupiter

v.push_back(P(1.721626633528917E-02,
              2.811539463256241E-03,
              1.218216822296422E-03));       /// Sone (AU/d)

v.push_back(P(3.032906388475589E-02,
              1.698670261512789E-02,
              6.766361744946199E-03));       /// Venus

v.push_back(P(0.000000000000000E+00,
              0.000000000000000E+00,
              0.000000000000000E+00));       /// Erde

v.push_back(P(-4.413873958367026E-04,
              3.768638128455023E-04,
              1.160264318664537E-04));        /// Mond

v.push_back(P(2.053509135026218E-02,
              1.640039962343657E-02,
              7.361458618340400E-03));       /// Mars

v.push_back(P(1.173966320092903E-02,
             -1.775589449943693E-03,
             -6.145988032223847E-04));        /// Jupiter
```

Selbst bei sorgfältiger Normierung aller Werte auf gleiche Dimensionen kommt man mit diesem Parametersatz nicht über Bahnkurven wie in Abbildung 9.11 hinaus. Der Grund ist leicht zu finden: die Erde ist ein Leichtgewicht in der Masseliste, was dazu führt, dass Ort und Geschwindigkeit bereits im ersten Zeitschritt stark von Null abweichen.

Ohne weitere Maßnahmen wirbeln die Daten nur wild durcheinander und ergeben nichts, was sich sinnvoll grafisch darstellen ließe.

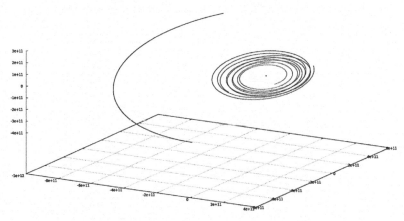

Abbildung 9.9: Sonne, Venus, Erde, Mars, Jupiter, Δt=2 Tage, Simulationsdauer 1.730 Tage

Für die Visualisierung der Daten kann man das Programmpaket GNU-Plot verwenden. Für erste Versuche genügt es, die Koordinaten der Planeten in eine CSV-Datei auszugeben und in einer Konsole GNUPlot starten. Die grafische Ausgabe erfolgt durch

```
splot "orbits.csv" u 1:2:3 pt 6 ps 0.1
```

Weitere Feinheiten der Kommandogestaltung zur gefälligeren Gestaltung der Grafik ergeben sich im Laufe der Zeit, und wem das nicht genügt, der kann GNUPlot-Befehle auch direkt in seinen Code einfügen nud die Grafik interaktiv generieren lassen.

Zurück zum Koordinatensystem. Ausgehend vom angegebenen Koordinatensatz kann man die Sonne in den Koordinatenursprung verschieben, indem man ihre Orts- und Geschwindigkeitskoordinaten von allen anderen Werten abzieht. Da die Sonne das Schwergewicht des Systems ist, braucht man das nur einmal zu machen. Sie bewegt sich im Laufe der Simulation nur wenige Meter vom Zentrum fort, was nicht weiter störend ist. Abbildung 9.9 und Abbildung 9.10 zeigen zwei Simulationen für die inneren Planeten Venus, Erde und Mars sowie den Jupiter. Wenn alle Parameter korrekt berücksichtigt sind, bewegen sich die Planeten um die Sonne. Allerdings muss die Zeitauflösung klein genug gehalten werden muss, um im Maßstab einiger Jahre geschlossene Bahnen zu erhalten. In Abbildung 9.9 ist sie mit 2 Tagen = 172.800 Sekunden deutlich zu groß, Abbildung 9.10 mit 3.600 Sekunden sieht bereits wesentlich besser aus.

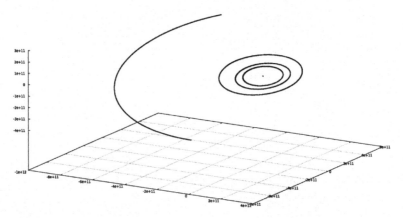

Abbildung 9.10: wie Abbildung 9.9, jedoch Δt=1 Stunde

Will man die Erde im Zentrum belassen, muss man sie nach jedem Zeitpunkt wieder in den Nullpunkt verschieben. Das Ergebnis ist in Abbildung 9.12 zu sehen: man erhält die scheinbaren Bewegungen der anderen Planeten aus Sicht der Erde, wie sie von Astronomen seit Jahrtausenden aufgezeichnet wurden, und kann sich vermutlich lebhaft vorstellen, weshalb man sich in früheren Zeiten mit einem heliozentrischen Weltbild äußerst schwer getan hat.

Zurück zur Programmierung: bei genauerer Betrachtung stellt man fest, dass man nicht nur die Hälfte der Berechnungen einsparen kann, sondern auch die Hälfte der Elemente einer vollständigen Matrix, wie wir sie in Kapitel 6.3.1 konstruiert haben. Eine reduzierte Matrix enthält nur $n*(n-1)/2$ Elemente, und unter Berücksichtigung der Antisymmetrie lautet die Zugriffsfunktion mit Indexarithmetik:

```
template <class T> struct MatrixS {
    ...
    inline T& operator()(size_t z, size_t s) {
    if(z>s)
        return m.at(z*(z+1)/2+s);
```

```
        else
            return -m.at(s*(s+1)/2+z);
}
```

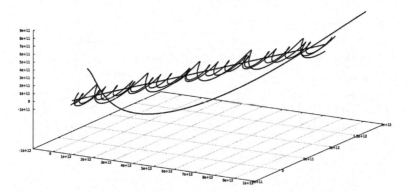

Abbildung 9.11: wie Abbildung 9.9. jedoch geozentrische statt
heliozentrische Sicht

Aus der Art der Indizierung lässt sich die Rückrechnung des Vektorinde-
xes auf die Zeilen- und Spaltenindizes ableiten: während bei voll besetz-
ten Matrizen die Rückrechnung durch eine lineare modulare Gleichun-
gen möglich ist, läuft die Rückrechnung in einer Dreiecksmatrix auf das
Lösen einer quadratischen modularen Gleichung hinaus. Mit

```
index = z*(z+1)/2 + s;
```

erhält man als Umkehrung

```
z=frac(-0.5 + sqrt(0.25+2.0*index));
s=index-z;
```

Wir benötigen diese Beziehungen allerdings erst im Rahmen der Parallelisierung. Für diese bietet sich OpenCL zur Berechnung der Kräftematrix an. Bei vollständiger Matrix kommen zweidimensionale Arbeitsgruppen zum Einsatz

```
__kernel void forces(__global struct P* force,
                     __global struct P* pts,
                     __global double* mass)
{
    int i,j,dim,ij,ji;
```

283

```
double dd;
i=get_global_id(0);
j=get_global_id(1);
if(i>j) return
dim=get_global_size(0);
ij=i*dim+j;
...
```

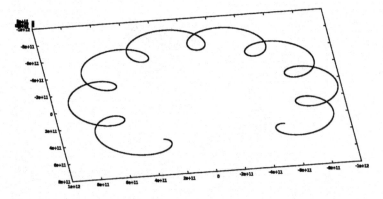

Abbildung 9.12: Scheinbare Jupiter-Bahn im Verlauf von 1.700 Tagen

Bei Ausnutzung der Antisymmetrie kann die Hälfte der WorkItems schnell beendet werden und steht für weitere Aufgaben zur Verfügung. Im Programm auf dem Mainboard wird auf die Definition von Arbeitsgruppen verzichtet

```
clEnqueueWriteBuffer(command_queue,..);
clEnqueueNDRangeKernel(command_queue,kernel,
                  2,NULL,global,NULL,0,NULL,NULL);
clFinish(command_queue);
clEnqueueReadBuffer(command_queue,..);
```

Aufgabe. Damit kann nun zunächst geprüft werden, ob Sie mit der OpenCL-Version weiterhin die Orbits der seriellen Version erhalten. Was machbar ist, hängt von der zur Verfügung stehenden Hardware ab. Einige Grafikkarten unterstützen den Datentyp **double** nicht, sondern nur **float** mit 32 Bit. Zumindest die Berechnung der Kräfte muss dann auf diesen Datentyp so umgestellt werden, dass das Lesen und Schreiben der Puffer noch effizient erfolgen kann. Welche Auswirkungen der andere Datentyp hat, lässt sich in einem seriellen Programm feststellen.

Wird **double** unterstützt, können sich Rechenergebnisse bei längeren Rechnungen unterscheinden (IEEE-64-Bit **double** vs. 80 Bit-extended **double** in Rechenoperationen auf dem Mainborad).

Kommt man zu den gleichen Ergebnissen, ist die Frage nach dem Gewinn zu beantworten. Dazu sind größere Datenmengen als die 6 Testplanten notwendig. Mit Hilfe eines Zufallzahlengenerators können 500 – 1.000 Objekte für die Zeitmessungen erzeugt werden. Dabei ist darauf zu achten, dass die globalen Dimensionen, die die Hardware unterstützt, nicht überschritten werden.

Aufgabe. Die Versuche kann man anschließend mit einer Dreicksmatrix und einem modifizierten eindimensionalen Kernel wiederholen. Am Zeitbedarf der seriellen Variante sollte sich dadurch nichts ändern. Zu beachten ist, dass hierbei die maximale Arbeitsgruppengröße überschritten werden kann. 500 * 500 mag im zweidimensionalen Fall noch von der Grafikkarte geschluckt werden, der eindimensionale Kernel wird mit der Größe 125.000 aber nicht direkt klarkommen. Man muss das Problem daher auf mehrere Kernelaufrufe verteilen, wobei es gnügt, **global** auf die maximale Arbeitsgruppengröße zu beschränken und im Parameterfeld **offset** (unmittelbar vor **global**) den jeweiligen Startwert anzugeben. Die Kernel können in einer Schleife aufgerufen werden, d.h. **clFinish(..)** wird erst aufgerufen, wenn das Endergebnis auszulesen ist.

Aufgabe. Auch die serielle Version kann natürlich mit OpenMP beschleunigt werden. Haben Sie alles so aufgebaut, dass die Cache-Strategien auch in OpenMP wirksam sind? Wie sieht die Gewinnsituation aus, wenn Sie OpenMP mit OpenCL vergleichen?

Berechnung der Gesamtkräfte. Sind die Einzelkräfte berechnet, kann die Verdichtung auf die auf einen Körper wirkende Gesamtkraft erfolgen, wobei sich OpenMP als erste Option anbietet:

```
#pragma omp parallel for
for(int i=0;i<n;i++){
  double sum=0;
  for(int j=0;j<n;j++)
    sum+=F(i,j);
  f(i)=sum;
}
```

Man kann die innere Summierung auch OpenCL-Kerneln überlassen, die ihrerseits logarithmisch addieren.

```
__kernel void sum_forces(__global struct P* force)
{
    int j,step,size,ofs;
    bool cont = false;
    j=get_global_id(0);
    size=get_global_size(0);
    ofs=get_global_id(1)*size;
    step=1;
    while(step<size) {
        if(cont && j%(step<<1)!=step) {
            if(j+step<size) {
                force[ofs+j].x+=force[ofs+j+step1].x;
                force[ofs+j].y+=force[ofs+j+step1].y;
                force[ofs+j].z+=force[ofs+j+step1].z;
            } else cont=false;
        } else cont=false;
        barrier(CLK_GLOBAL_MEM_FENCE);
        step*=2;
    }}
```

Bei dieser Form der Summation werden im ersten Durchlauf die Teilsummen 0←1, 2←3, 4←5, ... berechnet, im zweiten Durchlauf 0←2, 4←6, ... und so fort, so dass zum Schluss die Gesamtsumme auf Position 0 zu finden ist. Zwischen den Durchläufen muss durch die **barrier**-Funktion eine Synchronisation erzwungen werden, da der nächste Durchlauf erst dann gestartet werden darf, wenn alle Kernel die Runde beendet haben. Die weiteren zu beachtenden Regeln haben wir in siehe Kapitel 9.6 auf Seite 268 bereits ausführlich diskutiert

Zu dem Kernel gehört der Hauptprogrammblock

```
clEnqueueWriteBuffer(command_queue,pt,
            CL_FALSE,0,s.size()*sizeof(P),&s[0],
            0,NULL,&cl_pt_write_event);
clEnqueueNDRangeKernel(command_queue,kernel,
            2,NULL,global,NULL,
            1,&cl_pt_write_event,&cl_force_event);
int gsize[2] = { F.size(),F.size()};
int lsize[2] = { F.size(),1 };
clEnqueueNDRangeKernel(command_queue,kernel2,
            2,NULL,gsize,lsize,
            1,&cl_force_event,NULL);
clFinish(command_queue);
...
```

Die korrekte Reihenfolge der Ausführung wird durch Events sicher gestellt. Die lokale Arbeitsgruppengröße wird in **lsize** so konfiguriert, dass
die Summierung einer Zeile synchronisiert abläuft. Der Kernel wird
zweidimensional angelegt, wobei die zweite Dimension die Zeilennum-
mer spezifiziert. Wir überlassen es somit dem System, die Gesamtgrup-
pengröße in die lokalen Arbeitsgruppen zu zerlegen.

Der zweite zu beobachtende Effekt ist, dass die Kräftmatrix im Main-
board-Programm überhaupt nicht mehr benötigt wird. Die Bufferdefini-
tion bleibt zwar trotzdem notwendig, aber der Datentransfer zwischen
den Hardwareeinheiten entfällt.

Aufgabe. Für die anschließende Berechnung der neuen Orte bieten
sich ebenfalls OpenMP und OpenCL an. Da hierbei nur eine Schleife
auszuwerten ist, dürfte der Gewinn durch OpenCL im Gesamtprojekt
allerdings recht bescheiden ausfallen.

Berechnung der neuen Geschwindigkeiten. Dieser Teil ist abgesehen von
den Details der Formeln identisch mit der Berechnung der neuen Orte.
Allerdings kommt hier eine weitere Besonderheit hinzu: da die Geschwindigkeit nicht für die Berechnung der Kräfte benötigt werden,
kann die Berechnung der Kräfte gleichzeitig mit der Geschwindigkeits-
berechnung erneut eingeleitet werden, was sich aber nur dann sinnvoll
ist, wenn OpenCL für die Kräfteberechnung eingesetzt wird. Der Code

```
#pragma omp parallel sections
for(size_t i=0; i<30*24; i++) {
    #pragma omp section
      print_s(2,4);
    #pragma omp section
      V(v,F,mass,day/24);
    #pragma omp section
      forces(f,s,mass);
    total_force(F,f);
    S(s,v,F,mass,day/24);
}
```

teilt die Kraftberechnung einem Thread zu, die Ausgabe der Orte zur
grafischen Darstellung einem zweiten und die Geschwindigkeitsberech-
nung einem dritten, bevor sich alles wieder zur Berechnung der Gesamtkräfte neu versammelt.

Aufgabe. Realisieren Sie diese Mehrfachparallelisierung. Die Lösung erfordert eine Initialisierung der Kräfte für den ersten Durchlauf, um nicht unkorrekte Geschwindigkeiten zu produzieren.

9.9 Ausblick

Die Planetenaufgabe des letzten Kapitels lässt sich zu interessanten Themen nutzen, wenn man die Zahl der erfassten Körper erweitert und weitere physikalische Eigenschaften hinzu nimmt. Einige Beispiele:

- Für die Planten ab der Venus sollten die Bahnen mit den angegebenen Beziehungen sehr genau berechenbar sein, d.h. nach einem längeren Simulationszeitraum sollten die Werte immer noch in der Nähe dessen liegen, was die NASA liefert.

  Anders sieht das für den Merkur, den sonnennächsten Planeten aus. Der befindet sich so nahe an der Sonne, dass seine Bahn aufgrund der von Einstein postulierten Raumkrümmung abweicht. Die Korrektur war einer der ersten experimentelle Nachweise von Einsteins Theorie.

- Die Planten sind keine Punkte, sondern (in guter Näherung) Kugeln mit einer endliche Ausdehnung, so dass die Nebenbedingung

  $$|s_k - s_j| \ge R_k + R_j$$

  erfüllt werden muss (die Radien sind ebenfalls in den NASA-Tabellen enthalten). Bei Erreichen der Grenze tritt eine Kollision auf.

  Man kann dies nun wieder nutzen, um Kollisionsszenarien durchzurechnen, indem man einerseits die Bahnen von Himmelskörpern, die nahe an der Erde vorbeikommen sollen, berechnet und ausprobiert, wie sich Ungenauigkeiten der Position oder Geschwindigkeit auswirken, oder von einer Kollision rückwärts rechnet, wo das Objekt hergekommen ist.

- Nicht mehr für unser Planetensystem interessant sind Kollisionen mit sehr großen Objekten. Solche können jedoch in jungen

Planetensystemen vorkommen, und der eine oder andere Mond steht im Verdacht, Ergebnis einer solchen Kollision zu sein.

Bei einem Stoß müssen Energie und Impuls gleich bleiben, d.h.

$$m_1 * \left\| \vec{v}_1 \right\|^2 + m_2 * \left\| \vec{v}_2 \right\|^2 = m_1 * \left\| \vec{v}\,'_1 \right\|^2 + m_2 * \left\| \vec{v}\,'_2 \right\|^2$$

$$m_1 \vec{v}_1 + m_2 \vec{v}_2 = m_1 \vec{v} *_1 + m_2 \vec{v}\,'_2$$

Für die Berechnung der neuen Vektoren bei elastischen Stößen, bei denen sich die Körper nach dem Stoß getrennt weiterbewegen, sind die Geometrien und die Richtungsvektoren der Objekte im Augenblick des Stoßes notwendig. Auch völlig unelastische Stöße sind relativ problemlos, da nach dem Stoß nur noch ein Körper existiert (das stimmt nur bedingt, so lange man den Drehimpuls vernachlässigt). Komplizierter wird es, wenn aufgrund des Stoßes die Körper zerbrechen. Den Modellideen sind hier kaum Grenzen gesetzt.

• Unterliegen die Körper zusätzlich Reibungskräften, die sie abbremsen, tritt noch als zusätzlicher Kraftterm

$$\vec{f}_{R,k} = -c_r * \vec{v}_k$$

hinzu. Die Beschreibung der Reibung kann auch komplizierter werden, wenn die Körper sich berühren (Haftreibung, Rollreibung) oder zusätzlich zur Eigenbewegung sich das bremsende Medium ebenfalls bewegt.

Die prinzipielle Vorgehensweise bei der Lösung von Vielteilchenproblemen, die man als eine etwas esoterische Aufgabe ansehen kann, taucht bei sehr vielen weiteren wichtigen technischen Fragestellungen auf. Bezüglich der Theorie ist das Plantenmodell sehr einfach aufgebaut, weshalb es sich als Übungsbeispiel anbietet. Andere Einsatzgebiete, die man ähnlich angeht, sind:

➢ Im Maschinenbau muss die mechanische Belastung eines Bauteils untersucht werden, um die Einsatzgrenzen angeben zu können. Dazu werden die Bauteile in sehr viele kleine Volumenelemente unterteilt und die an den Elementgrenzen auftretenden Kräfte analysiert. Dabei wird ebenfalls berücksichtigt, dass sich die Elemente unter der Kraftwirkung verformen. Aus der Analyse geht hervor, wo kritische Belastungen auftreten und wann es zum Bruch des Bauteils kommt.

Waren in früheren Zeiten beispielsweise im Fahrzeugbau langwierige Tests mit Versuchsobjekten notwendig, beschränken sich die Versuchen heute auf den finalen Nachweis, dass die rechnerisch optimierten Teile die Anforderungen erfüllen.

➤ Bei Strömungen spielt die Kompression der Elemente sowie die relative Geschwindigkeit untereinander eine Rolle. Interessant ist meist der Übergang von laminarer zu turbulenter Strömung, da letztere eine andere Energieverteilung im Gesamtsystem bewirkt.

Rechnungen dieser Art werden im Flugzeugbau, bei der Berechnung von Flügeln für Windkraftanlagen und in deren Bereichen, in denen Strömungen optimiert werden müssen, durchgeführt. Auch hier ist der experimentelle Test meist das letzte Glied in einer längeren Reihe rechnerischer Optimierungen.

➤ In der Wetter- und Klimakunde wird die Athmosphäre in Volumenelementen modelliert und die Bilanzen des Stoff- und Energietransports betrachtet. Obwohl man hier weder in der Lage ist, die notwendige Auflösung zu erreichen noch über hinreichend verlässliche Messdaten verfügt noch alle Phänomene hinreichend verstanden hat, um sie überhaupt parametrieren zu können, lehnen sich die Klimaforscher bezüglich der eigenen Wichtigkeit und Seriosität ihre Daten bekanntermaßen am weitesten aus dem Fenster.

Weitere Anwendungen lassen sich überall dort finden, wo man es in der Technik mit Vorgängen zu tun hat, die durch Differentialgleichungen beschrieben werden, und die physikalischen Systeme nicht homogen sind, d.h. an verschiedenen Punkten unterschiedliche Werte aufweisen.

In unserem Planetenmodell sind nur OpenCL und OpenMP als Parallelisierungsmodelle betrachtet worden, da es wenig Sinn macht, bei einer überschaubaren Anzahl von Objekten OpenMPI zu bemühen. In anderen Anwendungen kommen jedoch auch schon einmal 10^8 oder mehr Elemente zusammen, was eine Einheit dann doch etwas überfordert. Häufig tritt dabei der Fall ein, dass Wechselwirkungen nur von kurzer

Reichweite sind. Für die Berechnung der mechanischen Belastung eines Volumenelementes genügen beispielsweise die unmittelbaren Nachbarn. Die via OpenMPI auszutauschenden Informationen zwischen den Rechnern können deshalb begrenzt werden.

Stichwortverzeichnis

293